S. FISCHER

ULRICH TUKUR

DER URSPRUNG DER WELT

Roman

S. FISCHER

MIX
Papier aus verantwortungsvollen Quellen
FSC® C083411

Erschienen bei S. FISCHER

Dieses Werk wurde vermittelt durch die
Montasser Medienagentur, München

Satz: Dörlemann Satz, Lemförde
Druck und Bindung: CPI books GmbH, Leck
Printed in Germany
ISBN 978-3-10-397273-3

Gewidmet dem Andenken an meinen liebenswerten Patenonkel Paul Göz, Richter und Dichter in Stuttgart (1878–1964), der unter dem Pseudonym Paul Goullet Lyrik veröffentlichte, die niemand mehr liest.

Träume und reale Eindrücke sind eng miteinander verwoben. Der Traum ist kein abseitiger Spuk, sondern die eigentliche Wirklichkeit. Still umfängt er unser Leben, und wir sinken ganz und gar in ihn zurück, wenn wir sterben.

Angesichts der rapiden Zerstörung unserer poetischen Spielgründe, die in den geheimnisvollen Wäldern, den lichtverlorenen Ebenen und schattigen Tälern liegen, scheint mir die Beschwörung des Traums essentieller denn je.

Es gibt Menschen, die im Leben einen Auftrag zu erfüllen haben. Dafür werden sie geboren. Manche schrecken vor dieser Aufgabe zurück, andere erkennen sie erst gar nicht, und einige wenige stellen sich ihr.

Goullet wachte auf, ohne dass der Wecker geklingelt hätte.

Etwas Licht fiel durch die geschlossenen Fensterläden seines Hotelzimmers. Eine Weile starrte er in den dämmrigen Raum, dann wanderte sein Blick ziellos und noch von Müdigkeit umschattet über die mit Stuck verzierte Zimmerdecke und blieb an einem altertümlichen Messingleuchter hängen. Er betrachtete ihn einen Augenblick und fand ihn schön. Als er auf die Uhr sah, war es kurz vor acht.

Von draußen drang das leise Geräusch vorbeifahrender Autos zu ihm hinauf in den dritten Stock. Autos, die durch Pfützen fuhren. Es schien zu regnen.

Goullet stand auf, ging ins Bad und zog sich an. Bevor er sein Zimmer verließ, warf er einen prüfenden Blick auf seinen Schnurrbart im Spiegel neben der Tür. Er hatte sich ihn erst vor kurzem stehen lassen.

Wenig später saß er im Frühstücksraum des Hotels, der in einem engen Gewölbe des Souterrains untergebracht war. Er war der einzige Gast und wurde von einer jungen maghrebinischen Angestellten bedient. Er unterhielt sich etwas mit ihr, sie tat ihm leid, denn er wusste, wie schwer es diese Menschen hier im Augenblick hatten. Er aß ein frisches, noch warmes Baguette, das er mit gesalzener normannischer Butter bestrich und mit Ziegenkäse belegte. Der französische Kaffee war wie immer schrecklich, er schmeckte bitter und etwas säuerlich. Nach ein paar Schlucken ließ er ihn stehen.

An der Rezeption lieh er sich einen Regenschirm und trat hinaus auf die Rue Saint-Séverin, bog links in die Rue du Petit Pont, die er bis zum Quai de Montebello entlangspazierte. An der Straßenecke blieb er stehen, erblickte rechter Hand die mächtige Kathedrale der Notre-Dame de Paris und die Seine, die grau und gleichgültig unter den steinernen Brücken dahinfloss. Ein paar Schritte entfernt sah er eine Bank, die zwischen einer Litfaßsäule und einem von Nässe tropfenden Rhododendron stand. Er ging hin, wischte das Regenwasser von der Sitzfläche und ließ sich für einen Augenblick nieder.

Seit zwei Tagen hielt er sich nun in Paris auf. Er war gekommen, weil er die Stadt nicht kannte und es als Makel empfand, nie hier gewesen zu sein, und weil er ein Gemälde sehen wollte, dessen Abdruck er vor Jahren in einem Schrank seines Großvaters entdeckt und das ihn nicht mehr losgelassen hatte. Vor allem aber wollte er fort von zu Hause.

In seiner Heimat hatte sich das Leben fundamental geändert, Unruhen und Gewaltausbrüche waren an der Tagesordnung, in letzter Zeit ging es in den Städten besonders schlimm zu, es herrschte die giftige Atmosphäre der Hysterie und des Hasses, die ihm, der eher unauffällig und beobachtend durchs Leben trieb, verwirrte und mit Schrecken erfüllte. Schon vor dem baltisch-russischen Konflikt und dem Zusammenbruch der Türkei und dem dortigen Bürgerkrieg, den die Ermordung des türkischen Präsidenten ausgelöst hatte, war sein Land Ziel einer gewaltigen Immigration verzweifelter Menschen aus aller Herren Länder geworden, die sich kaum mehr in die bestehenden Verhältnisse einfügten. Es hatte sich nach jahrelangen Herumstreitereien und hilflosen Versuchen überforderter Politiker, diesem Umstand ordnende Strukturen zu verleihen, selbst aufgegeben und war in einen Zustand von Erschöpfung und Fatalismus gesunken, der politischen Abenteurern und Extremisten ausreichend Raum gab, den letzten Rest gesellschaftlichen Zusammenhalts zu zerstören.

In Frankreich hatte vier Jahre zuvor eine nationalistische Koalition die Macht an sich gerissen und aus einem kriselnden, von korrupten Eliten beherrschten und religiösen Fanatikern tyrannisierten Land einen Staat geformt, in dem Polizei, Militär und Geheimdienste scheinbar alles fest im Griff hatten und eine Ruhe herrschte, die ans Unheimliche grenzte. Das normale Leben lief weiter, als wäre nichts geschehen, die Museen, Theater, Kinos und Kaufhäuser waren geöffnet, und die Menschen gingen in die Cafés und Restaurants. Goullet hatte zum ersten Mal seit langer Zeit wieder das Gefühl, die Straßen seien einigermaßen sicher und es könne ihm nichts geschehen. Es war zum Lachen, aber hundert Jahre zuvor hatte es sich zwischen beiden Ländern genau umgekehrt verhalten. Trotzdem war nichts Beruhigendes daran, und die Welt um ihn herum schien ihm noch unwirklicher als sonst, denn die Ruhe, die herrschte, war trügerisch. Etwas Blutrotes und Gefährliches brodelte darunter.

Vor zwei Tagen war der Hochgeschwindigkeitszug, der ihn nach Paris bringen sollte, gleich hinter der Grenze angehalten und von französischen Sicherheitskräften durchsucht worden. Etwa ein Dutzend Passagiere, meist nordafrikanischen Aussehens, hatte man abgeführt und auf dem Perron zusammengetrieben, wo sie völlig verängstigt beieinanderstanden. Goullet konnte sehen, wie sie von bewaffneten Männern abgeführt wurden und am Ende des nebeligen Bahnsteigs verschwanden. Als er die Augen seiner Mitreisenden suchte, fand er sie nicht. Sie blickten zu Boden oder hielten sich tief in ihrer Cyberwelt versteckt.

Bei Reims wiederholte sich das Gleiche keine zwei Stunden später noch einmal. Diesmal kontrollierte ihn ein junger Soldat, verglich die Daten seines Passes mit einer unsichtbaren Leitstelle und sah Goullet lange und misstrauisch an, bevor er ihm sein Dokument mit einem Nicken wieder aushändigte. Es war alles in Ordnung.

Nichts war in Ordnung. Goullet, der mit Vornamen Paul hieß, aber immer mit seinem Nachnamen gerufen wurde, verstand die Welt weniger denn je. Er faltete seinen Schirm zusammen, steckte ihn zwischen die Holzleisten der Parkbank und schlug den Mantelkragen hoch. Es war kalt, aber es regnete kaum noch, und der Wetterbericht, der im Hotel auslag, hatte sogar sonnige Abschnitte im weiteren Verlauf des Tages angekündigt. Vielleicht würde er heute in den Louvre gehen und sich drei oder vier Bilder aussuchen, in denen er sich wegträumen konnte. Es war seine Art von Befreiung, der sanfte Eintritt in eine phantastische Welt und die Möglichkeit, den magischen Stillstand eines Gemäldes zu überwinden und es für sich in Bewegung zu setzen. Das geheimnisvolle Leben, das er darin fand, wundersame Geschichten, die sich immer weitererzählten und ihn forttrugen, bis alle Schwere von seiner Seele genommen war und sich das einstellte, was dem Wort Glück am nächsten kam.

Er könnte aber auch gleich das Musée d'Orsay besuchen, sagte er sich, um das Bild zu sehen, dessentwegen er auch nach Paris gekommen war. Gustave Courbet hatte es 1866 gemalt und »Der Ursprung der Welt« genannt. Es zeigte den nackten Torso einer Frau und im Zentrum ihre Vagina.

Paul Goullet war als einziges Kind einer angesehenen Stuttgarter Familie aufgewachsen, die mit einigem Stolz auf ihre hugenottische Vergangenheit blickte. Nach dem

Tod seines Vaters Richard, eines emeritierten, knochendürren Mathematikprofessors der Tübinger Universität, der wunderbar Klavier spielen konnte, zu dem er aber nie eine wirkliche Beziehung fand, war ihm ein ansehnliches Erbe zugefallen. An seine Mutter konnte er sich nur dunkel und mit Mühe erinnern; sie starb, als er noch keine sieben Jahre zählte.

Lange konnte er nicht verstehen, warum es sie nicht mehr gab. Die Leere, die ihr Tod in seiner Kinderseele hinterlassen hatte, war wie ein riesiger, unbehauster Raum, in dem er sich fortan bewegte und dem er nie mehr wirklich entkam. Ihren Körper aber hatte er nicht vergessen, den weißen Leib, die glatte Haut und ihren warmen, milchigen Geruch. Bis sie starb, hatte er in ihrem Bett geschlafen, und ihr Körper war allgegenwärtig, er war schön und fest, und später träumte er nachts oft davon. Aber ihr Gesicht hatte sein Gedächtnis ausgelöscht, und so sehr er sich anstrengte, auch nur einen Teil zurückzuholen – es schien für immer verloren. Es war keine Trauer, die er darüber empfand, es war Wut.

An die Stelle seiner Mutter trat wenig später die unverheiratete Halbschwester seines Vaters, ein seltsam verhuschtes Wesen mit Namen Elsbeth, das sich anfangs rührend um ihn gekümmert und später mehr und mehr zurückgezogen hatte. Am Ende schien es, als sei sie Teil der schweren Möbel und Bücherschränke geworden und hinter den unzähligen Bildern verschwunden, die die

Wände seines Elternhauses zierten. Es waren Ölgemälde und Pastelle, die sein Großvater Rudolf in den vierziger Jahren des letzten Jahrhunderts angefertigt hatte und in leuchtenden Farben Landschaften und Menschen der südfranzösischen Küste zeigten. Über diesen Großvater wusste er nicht viel, und obwohl nur wenig, ja fast nie über ihn gesprochen wurde, war er doch allgegenwärtig.

Alles in diesem dunklen Haus schien mit ihm auf geheimnisvolle Weise verknüpft, und Goullet hatte schon früh das Gefühl, dass sich hinter diesem Menschen, der kurz nach seiner Geburt und im hohen Alter verstorben war, etwas Ungeheuerliches verbarg.

Sein Arbeitszimmer im ersten Stock gab es immer noch. Die Eichenholztür mit den kassettenartigen Vertiefungen, die sich gleich links neben dem Treppenabsatz befand, war verschlossen und so düster und abweisend, dass er nicht wagte, sich dahinter etwas vorzustellen. Er wusste von Elsbeth, dass sein Großvater Oberverwaltungsgerichtsrat in Stuttgart und sehr angesehen gewesen war, aber schon Mitte der 1960er Jahre seinen Beruf aufgegeben hatte, um in den Vorruhestand zu gehen. Die Gründe hatte sie ihm nie gesagt, und wenn sie von ihm sprach, dann nur in Abwesenheit ihres Bruders Richard, seines Vaters, und sie tat es so vorsichtig, als hätte sie Angst, dabei ertappt und bestraft zu werden.

Meist zog sie ihn in das Kaminzimmer mit dem alten Flügel, das hinaus auf die Terrasse führte und nur selten betreten wurde. Die Geschichten, die er dort vernahm, waren seltsam und verwirrend, und er hatte immer das Gefühl, als wollte sie ihm eigentlich etwas anderes erzählen. Auf sein wiederholtes, hartnäckiges Nachfragen, warum kein Bild oder Photo seiner Mutter im ganzen Haus existierte, hatte sie ihm schließlich zu verstehen gegeben, dass ihr Bruder, sein Vater, es so gewünscht hätte. Er hatte jede Erinnerung an sie auslöschen wollen, weil sie in Sünde gegangen sei. Goullet war darüber zutiefst beunruhigt, denn er wusste nicht, was sie meinte, und wieder und wieder fragte er nach, bis sie ihn endlich wissen ließ, dass sich seine Mutter im Alter von fünfundvierzig Jahren mit Schlaftabletten das Leben genommen hatte.

Als er nach der Beerdigung seines Vaters durch alle Hinterlassenschaften, Akten und Dokumente ging, entdeckte er ein amtliches Schriftstück, dem er entnahm, dass die Goullets ihn im Alter von drei Monaten von einer nicht benannten Person adoptiert hatten. Der Umstand, nicht das leibliche Kind seiner Eltern zu sein und also niemandem anzugehören, erschreckte ihn nicht sonderlich, sondern bestätigte ihm nur, was er schon immer geahnt hatte. Goullet war seinen Eltern weder äußerlich noch in seiner Seele ähnlich; dunkel wie ein Süditaliener, besaß er ein gut geschnittenes, schmales Gesicht, eine edle, schön geschwungene Nase und Haupthaar von geradezu unwirklichem Schwarz.

Sein südländisches Aussehen und die dunklen, etwas verhangenen Augen signalisierten Leidenschaft, in die sich ein Schuss Melancholie mischte, und standen in heftigem Widerspruch zur Mittigkeit seines Temperaments, das die bürgerlich schwäbische Welt, in der er groß geworden war, in ihm ausgeprägt hatte.

Es war ihm selbst ein Rätsel, dass er kein großes Bedürfnis empfand, sich Klarheit über seine Herkunft zu verschaffen. Sein Vater war tot, er hatte nie geredet, und das war es dann auch.

Goullet verspürte in sich eine seltsame Bindungslosigkeit und offenkundige Unfähigkeit, aus allem, was er erlebte, ein klares, deutliches Gefühl zu beziehen, und es erstaunte ihn und tat ihm bisweilen auch weh, aber da ihm all das Teil seiner Persönlichkeit schien, akzeptierte er es schließlich und lebte damit. Es war ja nicht, dass er nichts fühlte, er konnte sich freuen und ausgelassen sein, er empfand auch so etwas wie Wut und Mitleid, aber doch gleichzeitig auch immer eine gewisse Entfernung zu allen seelischen Affekten, ganz so, als sortierte eine Art Filter in ihm aus, was seine Seele überfordern oder auch nur in den geringsten emotionalen Aufruhr versetzen könnte.

Wann genau er aus dem Inneren der Dinge, dem Kern der Empfindungen herausgetreten war, konnte er nicht sagen. Es muss ein schleichender Vorgang gewesen sein, der schon bald nach dem Tod seiner Mutter eingesetzt und ihn unmerklich an eine kühle, nüchterne Peripherie geführt hatte und darüber hinaus an einen Ort, der ihn irgendwie teilnahmslos und wie von Ferne auf das blicken ließ, was uns sonst mit Haut und Haaren auffrisst: das Leben.

Es erschien ihm wie ein wildes Getümmel, das hinter einer Glaswand stattfand, interessant und kurios, aber ohne Sinn und Substanz, ein Theaterstück, in dem grell geschminkte Darsteller unter idiotischen Verrenkungen ihm etwas vorspielten, das er gar nicht sehen wollte.

Menschen kamen ihm entweder todtraurig oder abgrundtief lächerlich vor, und er selbst bildete vor sich keine Ausnahme. Seine Entrücktheit versteckte sich jedoch geschickt hinter einer einnehmenden Freundlichkeit und zeigte mitunter erstaunliche Risse und Ungereimtheiten, ganz so, als wäre auch das Innere nur Fassade, die in ihrer letzten Schicht einen Kern verbarg, der nicht zu verstehen oder vielleicht auch gar nicht vorhanden war.

Die Wolken hingen immer noch tief und bleischwer über der Stadt, aber es hatte aufgehört zu regnen. Goullet stand auf, überquerte die Straße und lief rechts den Quai de Montebello entlang flussaufwärts. Es waren nur wenig Menschen unterwegs, hin und wieder zeigten sich patrouillierende Sicherheitskräfte und Polizeiautos, die über das nass glänzende Straßenpflaster heulten. Es war Sonntag, und das Wetter lud nicht gerade zum Spazierengehen ein.

Er überlegte, ob er umdrehen und ins Musée d'Orsay gehen sollte, als er an einem der wenigen offenen Bücherstände der Bouquinisten vorbeikam, die seit jeher ihren Handel an den Quais der Seine betreiben.

Ein älterer Mann mit langem Haar, das in Strähnen unter einer beigen Schirmmütze hervorhing, einem struppigen Schnurrbart und einer erloschenen Pfeife im Mund war gerade dabei, den letzten seiner blaugrünen Holzkästen aufzuschließen. Dann setzte er sich auf einen kleinen Schemel und strich seinen von der Feuchtigkeit zerknitterten Lodenmantel glatt.

Als Goullet sich der Auslage näherte, blickte er ihm gerade ins Gesicht und musterte ihn, als wolle er sich klar darüber werden, ob dieser morgendliche Kunde, der erste übrigens an diesem grauen, verregneten Tag, seiner bibliophilen Schätze auch würdig sei.

Wie traurig seine Augen sind, dachte Goullet, er ist einer dieser eigenwillig verrutschten Gestalten, die alte Bücher lieben, deren Zauber sich nur noch ihm und einigen wenigen Menschen erschließt und die kaum zu verkaufen sind, weil sie niemand mehr schätzt. Sicher wird er sich nicht einmal von ihnen trennen wollen, aber von irgendetwas muss er ja doch leben.

Goullet grüßte und kassierte den Ansatz eines Lächelns und ein paar mürrische Worte, die unverständlich waren. Er lächelte vorsichtig zurück, dann ließ er seinen Blick über die zahlreichen Bücherrücken schweifen, die liebevoll platziert in den Regalen der Boîtes standen, alte

Ausgaben mit schwarz- und goldgeprägten Namen berühmter Autoren wie Balzac, Lamartine, Musset, Zola, Hugo und solchen, von denen er noch nie gehört hatte. Daneben standen Kunstbücher, hingen Kalender, lagen historische Zeitungen und Künstlerkarten längst vergessener Granden der Pariser Bühnen und des französischen Films. Er stöberte in einer Kiste mit graphischen Arbeiten, die in Schutzfolien steckten und zog eine kolorierte Federzeichnung von Pascin hervor, die ein nächtliches Gelage in einem Pariser Café Ende des 19. Jahrhunderts zeigte, dann eine Radierung von Daumier (er fragte sich, ob es Originale oder nur Kopien waren) und stieß plötzlich auf ein hübsch verziertes, in rostrotes Leder gebundenes Photoalbum, das sich aus irgendeinem Grunde in die Gesellschaft dieser erlauchten Blätter und Kunstdrucke geschlichen hatte. In der rechten oberen Ecke waren zwei goldene Lettern eingestanzt: PG. Es waren die Initialen seines Namens.

Vorsichtig nahm er das Album in die Hand und schlug es auf.

Gleich auf der ersten Seite steckte die schwarzweiße Photographie eines Mannes in einem am oberen Rand rundgebogenen Passepartout. Er trug eine Kreissäge als Kopfbedeckung, ein Herrenstrohhut, wie er Anfang des 20. Jahrhunderts Mode war, einen tadellosen, eleganten Anzug und lehnte sich lässig an ein Holzgeländer. Sein Blick war auf einen Punkt gerichtet, der sich irgendwo links hinter dem Photographen befand.

Goullet starrte das vergilbte Portrait an, ungläubig, fasziniert. Als er begriff, dass er sich nicht täuschte, überkam ihn ein namenloser Schrecken, und sein Herz fing an heftig zu schlagen. Dieser Mensch, der da vor über einem Jahrhundert für einen unbekannten Photographen posiert hatte, daran bestand kein Zweifel, war er selbst: Paul Goullet. PG.

Fieberhaft überschlug er nun Seite um Seite und fand sich in immer neuen Haltungen und Positionen, allein auf einer Brücke stehend, beim Billardspiel, auf eine Wiese hingelagert, umgeben von ihm unbekannten Personen, vor Gebäuden und Automobilen und in Landschaften, von denen er nicht sagen konnte, wo sie sich befanden.

Trotz der morgendlichen Kälte brach ihm der Schweiß aus. Er ließ das rote Album sinken und hob den Kopf. Die Kathedrale vor ihm, deren Steinfassade sich vom Grau des Himmels leuchtend abhob, sah er nicht, er blickte in seine eigene, innere Welt und fühlte, dass der Kokon, in den er über Jahre eingesponnen und von allem abgesondert lebte, plötzlich aufzubrechen schien.

Das Album kostete dreißig Francs (Frankreich war drei Jahre zuvor zu seiner alten Währung zurückgekehrt). Goullet zahlte den Betrag, ohne den Versuch zu unternehmen, den Preis zu drücken. Er dachte auch nicht mehr an seinen Besuch im Musée d'Orsay und ging geradewegs zurück ins Hotel. Er war viel zu aufgeregt, sich mit irgendetwas anderem zu beschäftigen. Sein Pariser Aufenthalt hatte plötzlich eine Bedeutung gewonnen, die sich anschickte, sein Leben völlig auf den Kopf zu stellen. Das Album schien ihm ein Wink des Schicksals, und er fühlte eine Entschlossenheit, ihm zu folgen, die ihn erstaunte, ja mit Stolz erfüllte. Fünfunddreißig Jahre hatte er nicht gewusst, was er mit sich anfangen sollte, und nun stand er, wie es ihm schien, an einem Wendepunkt.

Goullet legte das Album auf den kleinen Schreibtisch seines Hotelzimmers und ging ins Bad. Lange blickte er sich im Spiegel an, und plötzlich glaubte er in das Gesicht eines Menschen zu sehen, der ihm zum Verwechseln ähnlich war. Hätte er – Goullet – in diesem Augenblick seinen Kopf auf die Seite gelegt, wäre der, der ihn durchs Spiegelglas hindurch unverwandt anstarrte, womöglich in seiner Stellung verharrt, ohne sich auch nur einen Millimeter zu bewegen. Er tat es nicht, denn er hatte Angst, dass genau das geschehen würde. Ihn überkam ein merkwürdiger Schwindel, und er musste sich am Waschbecken festhalten. Er schloss die Augen, beugte sich hinab, tastete nach dem Wasserhahn und öffnete ihn. Röchelnd trat das Wasser aus, er befeuchtete sein erhitztes Gesicht und ging, ohne noch einen Blick auf sich zu werfen, zurück ins Zimmer. Dort nahm er die Photographien aus ihren Passepartouts, um nach Anhaltspunkten auf den Rückseiten zu suchen. Aber er fand nichts. Es hatte sich niemand die Mühe gemacht, festzuhalten, wer auf dem Bild zu sehen oder wo es aufgenommen worden war. Er wollte schon aufgeben, als er auf einem Photo, das PG beim Billardspiel zeigte, in der umseitigen rechten oberen Ecke, winzig klein und kaum leserlich, ein Datum entdeckte: 24.3.1928.

Vom Portier des Hotels ließ er sich eine Lupe aufs Zimmer bringen und unterzog noch einmal alle Bilder einer eingehenden Überprüfung. Tatsächlich fand sich auf der Rückseite einer zweiten Photographie, die PG, auf einer Treppe sitzend, abbildete, der Name »Banyuls«, ein Ort, von dem er nicht wusste, wo er lag. Irgendwo im Süden des Landes vermutlich.

Goullet seufzte und fuhr sich mit der rechten Hand über die Augen. Wirre Gedanken und Bilder schossen ihm durch den Kopf. Eine Landschaft mit Palmen und Zypressen, wie er sie von den Gemälden seines Großvaters kannte, Gebirgshänge, an denen der Wein üppig emporwuchs, dann sah er sich durch eine schwach erleuchtete, nächtliche Gasse eilen, eine Haustür ging auf, und eine Frau trat heraus, überschüttet vom gelben Licht einer nahen Gaslaterne. Sie warf eine Zigarettenkippe aufs Straßenpflaster und zog ihn in einen dunklen Eingang, in dem fünf reglose Gestalten in schwarzen Mänteln standen und ihn ängstlich, aber auch erwartungsvoll anblickten. Am Boden lagen Koffer und Rucksäcke. Er lief an ihnen vorbei und öffnete rechts eine schmale Tür, hinter der sich ein fensterloser Raum auftat. Er hatte eine merkwürdige, dreieckige Form. Von der Decke baumelte eine matt glimmende Glühbirne. Er blickte in das Gesicht einer Frau, sie schien zu weinen, dann sah sie zu Boden, und er löschte das Licht.

Als er die Tür schloss, befand er sich plötzlich wieder in der Küche des elterlichen Hauses in Stuttgart. Ein regnerischer, windiger Herbstnachmittag vor über fünfundzwanzig Jahren. Er war gerade zehn Jahre alt geworden. Der Vater und Tante Elsbeth hatten in der Stadt zu tun, er saß an einer Schularbeit, mit der er nicht recht vorankam. Im Büro des Vaters schlug ein offenes Fenster dumpf und unregelmäßig gegen den Rahmen. Er ging hinüber, um es zu schließen, und als er sich wieder umdrehte, stand er vor dem großen Schreibtisch seines Vaters. Es war ein modernes Möbelstück, nicht unelegant, aber es passte nicht zur übrigen Einrichtung des Hauses, die seit bald hundert Jahren keine wesentliche Veränderung erfahren hatte. Ohne es wirklich beabsichtigt zu haben, trat er an den Schreibtisch heran und begann die Schubladen aufzuziehen. Er fand alles Mögliche darin, Stifte und andere Schreibutensilien, Brillen, Dosen, Dokumente, Geräte, deren Sinn und Nutzen er nicht verstand, sogar einen Rasierpinsel und eine kleine Schüttelmadonna, und in der letzten Schublade Schreibpapier und Umschläge verschiedener Größen. Er hob sie etwas an und erblickte zuunterst am Boden einen fleckig angelaufenen Schlüssel mit Bart und einem Anhänger, auf dem »Vater« stand. Er nahm ihn in die Hand, horchte ins Haus hinein und stieg mit klopfendem Herzen die Treppe hinauf in den ersten Stock. Der Schlüssel passte.

Mit der linken Schulter drückte er die sperrige Tür auf. Es war ein pechschwarzes Loch, in das er sah, dem ein unangenehmer, modriger Geruch entströmte. Nach einigem Suchen ertastete er rechts von der Tür einen Lichtschalter und drehte ihn an. An der Zimmerdecke flammte eine Glühbirne in einer Schale aus marmoriertem Glas auf und warf ein fahles Licht auf ein paar Möbel, die sich erschrocken an die Wände drückten: ein Biedermeierschreibtisch, ein schmaler Aktenschrank mit Rollverschluss und ein großer Bücherschrank, dessen Glastüren rückseitig mit blassen, gerafften Stoffgardinen versehen waren. Im Schatten daneben, auf einer Kommode mit hübschen Intarsien und schadhaften Messingbeschlägen, stand ein kleines, an die Wand gelehntes Ölgemälde, das ihm sofort auffiel.

Es zeigte eine malerisch verfallene Steinhütte, die sich in eine mit vielerlei südländischen Pflanzen bewachsene Felsspalte schmiegte. Neben der schweren Holztür mit einem Eisenring war eine Art Wegkapelle oder Altar mit dem Relief einer sitzenden Madonna in die Mauer eingelassen. Ihr Kopf fehlte, und nur der Hals war zu sehen, der sich wie eine offene Wunde dem Betrachter entgegenreckte.

Auf der anderen Seite des Zimmers standen ein dunkelgrün bezogenes Empiresofa und daneben eine Stehlampe, deren Schirm mit fernöstlichen Motiven dekoriert war.

Über dem Sofa hingen zwei gerahmte schwarzweiße

Photoportraits; ein Frauenkopf neben dem eines Mannes mit schmalem, kantigem Gesicht und kurz geschnittenen Haaren, der den Jungen mit einem neugierigen, ja fast amüsierten Blick so fixierte, dass er sich sofort durchschaut und ertappt fühlte. Die Augen hinter der ovalen Schildpattbrille besaßen aber auch etwas verstörend Ironisches, und er hätte schwören können, dass sie sich bewegten, sich schlossen und blitzschnell wieder öffneten und jeden seiner Schritte im Zimmer verfolgten.

Es war sein Großvater Rudolf, das wusste er. Tante Elsbeth, die ihren Familiensinn gegenüber ihrem verhärteten Bruder nie wirklich zur Geltung bringen konnte, Hüterin der Photoalben, Familienbücher und anderer Erinnerungsstücke, hatte ihm hin und wieder Bilder aus jenen fernen Tagen gezeigt, als die Goullets noch eine Familie waren, die diesen Namen verdiente.

Die blonde, etwas mollige Frau mittleren Alters, deren Bild rechts von dem seines Großvaters hing, trug eine kuriose Frisur mit hochtoupierten, von einer Schleife zusammengehaltenen Haaren und musste seine Großmutter sein. Er erinnerte auch sie aus einem der Photoalben.

An der Stirnseite des Zimmers, neben dem geschlossenen und mit einer Holzplatte zugenagelten Fenster, befand sich ein weiteres Portraitphoto, das seine Aufmerksamkeit erregte.

Das Gesicht der jungen Frau war ihm gänzlich unbekannt. Es hatte etwas Südländisches und war ausnehmend hübsch; ihre Augen strahlten hell und lebendig, sie lachte, und die Zähne, die sie dabei entblößte, waren weiß und makellos. Ihre Nase war der seines Vaters verblüffend ähnlich, lang, mit schmalem Rücken und einer leichten Krümmung, keine Hakennase, eine gute Nase, eine mit Charakter. Das kurzgeschnittene, schwarze Haar fiel ihr keck ins Gesicht, und es kam ihm so vor, als wäre sie gar nicht vergangen und aufgehoben in einer alten Photographie, sondern blickte ihm leibhaftig und wie durch ein geöffnetes Fenster in die Augen und würde ihn schon in der nächsten Sekunde mit heller Stimme zu sich rufen. Er hätte zu gern gewusst, wer sie war; die Photographie schien allerdings um einiges älter als die seiner Großmutter.

Als er wieder auf das Bild des Großvaters sah, fiel ihm plötzlich auf, dass sich der Ausdruck seines Gesichts verändert hatte, die sanfte Ironie war einer Schärfe und Boshaftigkeit gewichen, die ihn erschreckte. All das war seltsam und verwirrend, und weil er unten im Haus ein Geräusch gehört zu haben glaubte, entschloss er sich zu gehen. Da fiel sein Blick auf den Aktenschrank, über dem ein großes Hirschgeweih hing. Der Schlüssel steckte, nach kurzem Zögern ging er hin und drehte ihn um. Polternd rauschte der Rollladen nach unten und gab den Blick frei auf etwa ein Dutzend Fächer, die vollgestopft waren mit Zetteln, Dokumenten und Papieren aller Art. Ganz unten, in einem Hohlraum, lag eine schwarze, abgenutzte Aktentasche. Als er sie herausnahm, entdeckte er zwei Initialen, die über dem Messingverschluss in das

Leder gepresst waren: WB. Er öffnete die Tasche und fand darin ein dickes Manuskript, dessen Seiten über und über mit Korrekturen versehen waren. Irgendetwas Wissenschaftliches. Er steckte sie zurück, zog eine der oberen Schubladen heraus und blickte auf einen Stapel mit Bleistiftzeichnungen und Skizzen, Köpfe von Männern, einige kahlgeschoren und voller Blessuren. Ansatzweise waren offene Hemdkragen zu sehen oder ein Drillich, wie ihn Menschen in Gefängnissen trugen.

Ein Portrait fiel ihm besonders auf und verstörte ihn. Es zeigte einen schwarzhaarigen, jungen Mann, dem man offensichtlich ein Auge ausgeschlagen hatte, während das andere blutunterlaufen und voller Hass auf den Betrachter blickte. Das Seltsamste war der Leberfleck über der rechten Augenbraue. So einen hatte er auch, an der gleichen Stelle und in exakt der gleichen Form.

Als Nächstes hielt er eine alte, an den Rändern eingerissene schwarzweiße Photographie in der Hand, die einen Mann abbildete, der aufrecht dastand und herausfordernd in die Kamera grinste. Er hatte schwarzes Haar, einen dunklen Fleck auf der Stirn und schien dem Menschen auf der Bleistiftzeichnung sehr ähnlich. Neben ihm saß eine Frau auf einem Stuhl und blickte mit halb geöffneten Augen stumpf und schläfrig vor sich hin. Mit seiner rechten hatte sie der Mann am Genick gepackt, um zu verhindern, dass sie nach vorne kippte.

Die Ähnlichkeit mit der jungen Frau, deren Bild an der Wand neben dem Fenster hing, fiel ihm sofort auf. Sie hatte dieselben Gesichtszüge, und auch die Frisur war identisch. Das Photo schien leicht überbelichtet und besaß etwas Künstliches. Vielleicht war es mit einem Blitzlicht aufgenommen worden.

Im Fach darunter lagen Kunstdrucke von Gemälden alter Meister, die er nicht kannte. Er nahm ein paar der schönen, kolorierten Blätter an sich und erblickte plötzlich zuoberst des liegengebliebenen Stapels eine farbige Postkarte mit dem Torso einer nackten Frau, deren gespreizte, weiße Schenkel sich ihm entgegenstreckten und seinen Blick auf ein schwarzes Dreieck in der Bildmitte zogen, auf eine üppig behaarte Scham, die sich zu einem dunkelrötlichen Spalt öffnete, einem Schlund, der ihn anblinzelte und zu verschlingen drohte.

Er nahm die Karte in die Hand. Der Leib mit der hellbronzefarbenen Haut und den blauen, mäandernden Äderchen hatte keinen Kopf und keine Füße, und er starrte lange darauf, bis sich in der Traumtiefe seiner Erinnerung etwas löste und langsam in sein Bewusstsein stieg. Die Gewissheit nämlich, dass es der Körper seiner toten Mutter war, den er da vor sich hatte.

Ihn überkam eine Hitzewallung und gleichzeitig eine Glückseligkeit, die wie eine riesige Welle alles überflutete, bis sich seine ungeheure Anspannung in einer Art körperlicher Explosion löste, die ihn fast zu Boden warf. Er spürte zu seinem Entsetzen, dass seine Hose nass geworden war.

Auf einmal waren Schritte auf der Treppe zu hören.

Blitzschnell schob er sich die Postkarte mit dem nackten Frauentorso unters Hemd. Die anderen Blätter warf er zurück in die Schublade. Kaum hatte er den Rollschrank geschlossen, flog die Tür auf, hinter die er in seiner Panik gesprungen war, und der Vater trat in den Raum. An die Ohrfeige, die er ihm verabreichte, nachdem er ihn hinter der Tür hervorgezogen hatte, erinnerte sich Goullet bis auf den heutigen Tag. Es war das erste und einzige Mal, dass ihn sein Vater berührt hatte, und es lag eine derartige Gewalt darin, als wollte er ihre stumme und körperlose Beziehung mit einem einzigen Schlag überwinden, einem Schlag, in dem alle unterlassenen Schläge und Berührungen aufgingen.

Goullet schreckte hoch, es hatte an die Zimmertür geklopft. Ein junges Mädchen, am Hals und im Gesicht von Narben entstellt, unter denen der Rest einer schlecht entfernten Tätowierung hervorschien, steckte den Kopf herein und fragte, ob sie die Minibar aufstocken solle. Als er verneinte, nickte sie ihm zu, schloss die Tür und entfernte sich auf dem Flur. Goullet war erschrocken über ihren Anblick und musste sofort an den obskuren Anti-Tribalismus-Erlass denken, den die französische Regierung vor einiger Zeit verfügt hatte, nach dem sichtbare Tätowierungen und andere Manipulationen des Körpers streng verboten und strafbar waren. Betroffen davon war auch die Anbringung von Graffiti in öffentlichen Räumen.

Goullet wandte sich wieder den auf dem Schreibtisch

liegenden Photographien zu. Noch immer hielt er die Lupe und das kleine Bild in der Hand. Als er es erneut umdrehte, um es noch einmal genauer zu betrachten, stockte er. Er hielt das Glas dichter über das Profil des Mannes, dem er aufs Haar glich, und entdeckte in der Vergrößerung über der rechten Augenbraue den Leberfleck, den auch er genau an dieser Stelle besaß. Er sprang auf, rannte zurück ins Badezimmer, und noch bevor er die Toilette erreicht hatte, erbrach er sich.

Wenig später saß er bleich und schweißnass auf dem Rande der Badewanne und starrte auf die beigen Kacheln an der Wand ihm gegenüber. Er war völlig verwirrt, aber immerhin wusste er nun, dass sein unbekannter Vorläufer sich vor über einhundert Jahren an einem Ort namens Banyuls aufgehalten hatte.

Schon am nächsten Vormittag verließ er das Hotel und machte sich auf den Weg zum Gare de Lyon, um die Spur aufzunehmen, die zu verfolgen das Schicksal ihm auferlegt hatte.

Über Perpignan entlud sich ein heftiges Gewitter, als Goullet an einem Spätnachmittag Ende April dort eintraf. Bis Montpellier war die Fahrt ereignislos verlaufen, dann war er umgestiegen und hatte den Zug Richtung Barcelona genommen. Ihm fiel auf, dass die Menschen kaum miteinander sprachen, es herrschte eine merkwürdige Stille, die so gar nicht zum heiteren Licht des Frühlings und der sprichwörtlichen Lebendigkeit der

Südfranzosen passte. Der Zug war nicht voll besetzt, und so saß er allein und schaute hinaus auf die vorbeifliegenden Dörfer und Kleinstädte und eine zersiedelte Landschaft, die immer südlicher wurde und schon die Nähe des Mittelmeeres in sich trug. Der Frühling war hier viel weiter fortgeschritten als im nördlichen Paris; Bäume und Pflanzen blühten, und die Natur stand in üppigem Grün und würde erst wieder unter der Glut der Sommersonne ermatten, bis sie der Herbst dann einer letzten Verzauberung zuführte.

Hinter Narbonne bemerkte Goullet eine Frau mittleren Alters in unauffälliger Kleidung, die im Gang zwischen den Sitzreihen hin- und herlief. Immer wieder blieb sie stehen und blickte sich um, als würde sie verfolgt. Dann ließ sie sich für einen Augenblick irgendwo nieder, sprang aber gleich darauf wieder auf, um fluchtartig den Waggon zu verlassen. Wenig später kehrte sie zurück und setzte sich Goullet schräg gegenüber. Er sah, dass sie versuchte, ihn anzulächeln und Kontakt mit ihm aufzunehmen. Was war mit ihr los, und warum hatte sie sich nicht auf einen der anderen leeren Plätze gesetzt? Er wagte nicht, sie anzusprechen, und so nahm er ein Buch aus seinem Koffer und begann zu lesen. Sie wandte ihr Gesicht ab und starrte aus dem Fenster, und ihre Augen waren dunkel und unruhig. Über den Hügeln und Bergen, die den Horizont im Westen säumten, waren schwarze Wolken aufgezogen, die ein schweres Unwetter anzukündigen schienen.

Plötzlich ging ein Ruck durch den Körper der Frau, und sie richtete sich gerade auf. Goullet ließ sein Buch sinken. Sie sah ihm direkt in die Augen und öffnete ihren Mund, als wollte sie etwas sagen. Einen Moment lang verharrte sie in dieser Stellung, atmete dann aber nur heftig aus und sank wieder kraftlos in ihren Sitz zurück. Sie schlug die Hände vors Gesicht.

»Vous ne vous sentez pas bien, Madame? Puis-je vous aider?« Goullet hatte sie angesprochen, obwohl er es eigentlich gar nicht wollte.

Sie richtete sich wieder auf, legte blitzschnell ihren Zeigefinger auf die Lippen und deutete mit der linken Hand an die Decke des Abteils, als wollte sie ihm mitteilen, dass von dort Gefahr drohe und er schweigen solle. Dann schob sie den Ärmel ihres grauen Pullovers hinauf und zeigte auf eine Narbe am Oberarm, unter der sich kaum sichtbar ein kleines, dunkles Viereck abzeichnete. Wieder legte sie den Zeigefinger auf ihre Lippen.

In diesem Augenblick begann es draußen zu regnen, und innerhalb kürzester Zeit schüttete es, als hätte der Himmel alle Schleusen geöffnet, und ein Sturm brach los, der die schweren Regentropfen gegen die Scheiben des fahrenden Zuges peitschte, bis die vorbeitreibende Welt hinter dicken Schlieren herabwallenden Wassers verschwand. Es wurde stockdunkel, und im fahlen Licht des Abteils wirkten die wenigen Fahrgäste wie Gespenster, die sich ängstlich in ihre Sitze drückten. Irgendwann drosselte der Zug seine Geschwindigkeit, und ein Blitz zerriss die künstliche Nacht, dem ein greller, ohrenbetäubender Donner folgte. Wie eine Bombe, die es in tausend Stücke zerreißt, dachte Goullet erschrocken. Dann erblickte er auf einmal die Lichter von Perpignan, und bald darauf schob sich ein regennasser Bahnsteig ins Viereck des Zugfensters, auf dem sich Dutzende von Polizisten und bewaffnete Uniformierte mit ihren Hunden spiegelten. Sie schienen den ganzen Bahnhof abgeriegelt zu haben.

Das Gesicht der Frau ihm gegenüber war kreideweiß geworden. Hektisch zog sie ein Stück Papier und einen Stift aus ihrer Handtasche und schrieb etwas, dann drückte sie ihm den Zettel und ein dünnes, unbeschriftetes Kuvert in die Hand. »Gott segne Sie, Monsieur!« Sie küsste ihn auf die Wange und hastete den Gang hinunter zum Ausgang.

Der Zug hatte angehalten, Goullet stand auf. Er fühlte sich elend, und sein Herz schlug rasend schnell. Laute Rufe und verzweifelte Schreie, wie sie Menschen in großer Not von sich geben, drangen vom Perron ins Innere des Abteils.

Schnell warf er einen Blick auf den Zettel in seiner Hand: »Bitte bringen Sie diesen Brief nach Port-Vendres, 2, Rue Victor Hugo, gegenüber dem Platz mit dem großen Obelisken. Der Zug fährt nach Portbou. Es ist nur eine kurze Strecke. Gott sei mir gnädig. Gott schütze Sie. Danke! Vernichten Sie dieses Schreiben.«

Port-Vendres, Rue Victor Hugo 2; er wiederholte die

Adresse dreimal, dann zerriss er den Zettel, verstreute die Schnipsel unter den Sitzen und schob sich das Kuvert in die Unterhose.

Es regnete und stürmte immer noch, als er mit seinem Koffer den Zug verließ und sofort von drei bewaffneten Männern umringt wurde. Sie forderten ihn auf mitzukommen. Sie liefen eine Treppe am Ende des Bahnsteigs hinunter und gelangten in eine Unterführung, in der überall Gruppen von Personen standen, die festgehalten und kontrolliert wurden. Er blickte um sich, konnte aber die Frau, die ihm den Brief gegeben hatte, nicht entdecken. Schließlich erreichte er mit seinen Bewachern die Bahnhofshalle (dass sie ihm irgendwie bekannt vorkam, die rundgebogenen Fenster unterhalb der Decke, die ganze Struktur des Raumes, daran erinnerte er sich erst später) und wurde in einen langen Flur geleitet, an dessen Ende sich eine Tür befand, durch die er in einen grell erleuchteten, schlauchförmigen Raum gestoßen wurde. Die Wände waren kahl, nur hinter einem langen Tisch aus blitzendem Stahl, über dessen gläserne Oberfläche oszillierende Bilder und Symbole huschten, hing ein großes Portrait des Staatspräsidenten und darüber die Worte: LA FRANCE RESSURGIT. PURETÉ. DIGNITÉ. HONNEUR.

Hinter dem Tisch saß ein Beamter in blauer Uniform und manipulierte den riesigen Monitor vor sich mit knappen, schwebenden Bewegungen seiner Hand. Nach kurzer Befragung über Sinn und Zweck seines Aufenthaltes behielt der Beamte Goullets Pass und Koffer ein und forderte ihn auf, vor der Tür zu warten.

Goullet hatte sich inzwischen etwas beruhigt, immerhin war er nicht leibesvisitiert oder durch einen Scanner geschickt worden, und auch der Ton, in dem die Befragung stattfand, war moderat, ja fast höflich gewesen.

Jetzt stand er draußen im Flur und beobachtete ein ständiges Kommen und Gehen von Menschen verschiedenster Herkunft. Viele schwarze und arabisch aussehende Personen waren darunter; niemand von ihnen begehrte auf, ihr Temperament schien seltsam erloschen.

Die drei Uniformierten, die ihn am Bahnsteig abgeholt hatten, standen etwas abseits, behielten ihn aber ständig im Auge. Sie rauchten. An den Wänden hingen Aschenbecher aus Blech, und Goullet wunderte sich, dass das Rauchen hier erlaubt war, obwohl das Land doch nur so vor Einschränkungen und Verboten strotzte. Er fragte einen der drei Uniformierten nach einer Zigarette, er hatte schon lange nicht mehr geraucht, aber jetzt war ihm auf einmal danach. Er wollte sich spüren, sich weh tun und fühlen, ob er überhaupt noch vorhanden oder schon unversehens Teil einer virtuellen Welt geworden war, die ihn wie ein menschliches Hologramm durch künstliche Räume jagte, von besessenen Programmierern ausgedacht und von Mächten gesteuert, die sich jeglicher Deutung und Kontrolle entzogen.

Er hatte sich schon während seiner Kindheit und Schulzeit nicht zu sehr in diese Welt hineinziehen lassen, instinktiv spürte er, dass sie ihm nicht guttat; er war nicht bereit, seine Autonomie für den schnellen und bequemen Zugang zu Daten aller Art aufzugeben und die permanente Manipulation durch Informationsflüsse zu akzeptieren, die am Ende nur den einen Sinn und Zweck hatte, die Abhängigkeit der Menschen zu potenzieren und sie seelisch und finanziell auszuräumen. Er hatte auch nie begreifen können, warum sie diesen Totalitarismus hinnahmen und sich willfährig einem System unterwarfen, das ihnen nichts weniger als die eigene Würde nahm.

Für ihn bestand die Würde des Menschen vor allem darin, Geheimnisse zu haben und sie vor Angriffen unbefugter Schnüffler zu schützen. Das Geheimnis, das er verteidigen wollte, war seine eigene Welt, waren seine Träume, die mannigfaltigen Bilder und Sinneseindrücke, die ihn vom Anfang seines Lebens bis zu diesem Tag begleitet und einen unverwechselbaren, in sich schwebenden Kosmos geschaffen hatten, ein unendlich feines, leuchtendes Gespinst von Gefühlen und Erinnerungen, das seine Seele war. Auch wenn er spürte, dass einiges darin im Argen lag und ihn immer wieder Phantasien heimsuchten, die ihm kaum begreiflich und verstörend waren, ging das alles nur ihn und niemanden sonst etwas an.

Und darum hatte er gleich nach seinem Schulabschluss die Verbindung zu dieser alles umschlingenden Krake, die sich das weltweite Netz nannte, gekappt und sich bis auf den Besitz einer Kreditkarte und eines Kontos bei einer kleinen Privatbank so ziemlich allem entzogen, was gemeinhin als unerlässlich oder erstrebenwert galt. Eine Weile lang besaß er noch ein mobiles Telephon einfacher Bauart, war aber dann irgendwann dazu übergegangen, nötigenfalls andere Menschen höflich zu fragen, ob er ihr Gerät für ein kurzes Gespräch benutzen dürfe. Da er stets gewinnend auftrat und gut aussah, bereitete ihm diese Art der verdeckten Kommunikation keine größeren Probleme. So war er allmählich fast unsichtbar geworden, und weil ihm diese Welt wenig bedeutete, litt er nicht darunter.

Die Zigarette, die ihm einer der drei Uniformierten bereitwillig aushändigte, war stark, ohne Filter und von gelber Farbe. Goullet musste husten und bemerkte, dass die Wachen ihn angrinsten. Kurz darauf löste sich einer aus der Gruppe und kam auf ihn zu. Goullet fiel auf, dass er sehr grüne Augen hatte, so unwirklich grün, als wären sie aus Glas. Er nahm Goullet die Zigarette aus der Hand und bedeutete ihm, wieder in den Verhörraum zu gehen.

Als Goullet eintrat, stand die Tür, die sich rechts hinter dem Verhörtisch befand, für einen Augenblick offen, lange genug, um in der Mitte des Raumes dahinter eine Person auszumachen, die seitlich zu ihm gefesselt auf einem Stuhl saß. Er erkannte die Frau aus dem Zug, ihr Gesicht und der graue Pullover waren voller Blut. Die Tür wurde zugeschlagen, und Goullet spürte, wie der Boden unter ihm nachgab. Er konzentrierte sich darauf, nicht umzufallen. Der Beamte hinter dem Tisch sah ihn lange an und verzog keine Miene. Dann fragte er, ob irgendwer während der Zugfahrt Kontakt zu ihm aufgenommen oder ihm etwas gegeben hätte.

Goullet verneinte und zwang sich, seinem Gegenüber fest in die Augen zu schauen. Er hatte Angst vor dem, was jetzt kommen würde. Aber nichts geschah. Der Beamte verzog seinen Mund zu einem dünnen Lächeln, nickte, legte den Pass auf den Tisch und deutete auf seinen schwarzen Koffer, der in der Ecke stand. Goullet durfte gehen. Wieder schien alles in Ordnung.

Der nächste Zug nach Port-Vendres fuhr in einer halben Stunde. Er hatte herausgefunden, dass Banyuls gleich hinter Port-Vendres lag und er also keinen Umweg in Kauf nehmen musste. Er wollte den Brief, den er immer noch am Leibe trug, so schnell wie möglich loswerden; das war er der unbekannten Frau schuldig, die offensichtlich ins Räderwerk einer erbarmungslosen Politik geraten war. Goullet fragte sich, wie viele Menschen in diesen Tagen wohl ein ähnliches Schicksal erlitten. Meldungen, denen er allerdings nicht wirklich traute, und Gerüchte sprachen von Lagern im ganzen Land und Hunderttausenden, die man darin eingesperrt oder in andere Länder abgeschoben hatte.

In der Bahnhofshalle überfiel ihn ein seltsames Déjà-vu. Trotz der starken baulichen Veränderungen glaubte er, in einem Raum zu stehen, den er schon öfter durchquert hatte. An Stelle der mit Neonröhren bestückten Kunststofflampen, die an der Decke der Halle angebracht waren, sah er plötzlich vier große Belle-Epoque-Lüster, deren geschliffene Glasschalen von runden, verzierten Messingplatten herabhingen. Und die gebogenen Fenster im oberen Teil des Raums, die nach wenigen Metern von einer eingezogenen Zwischenwand abgeschnitten wurden, um Platz für eine riesige elektronische Leuchttafel zu schaffen, erstreckten sich wieder hinunter bis zum Fußboden.

Goullet trat durch eine hölzerne Schwingtüre auf den Bahnhofsvorplatz, wo sich gleich rechts ein Zeitungs- und Blumenstand befand. Etliche Fahrradtaxis mit kleinen Anhängern für Fahrgäste standen daneben und wurden von zwei jungen Männern bewacht. Sie trugen Knickerbocker, offene, weiße Hemden und derbe Halbschuhe.

Schräg gegenüber auf der anderen Seite des Platzes lag das Hotel Terminus, ein imposanter, viereckiger Kasten, fünf Stockwerke hoch, mit bauchig geschwungenen, schmiedeeisernen Balkonen und hohen Fenstern. Von den Geländern hingen Blumenkästen mit Geranien und Petunien, die in üppigen Farben leuchteten.

Auf dem Platz standen Menschen in Grüppchen zusammen und unterhielten sich. Es herrschte keine echte Geschäftigkeit, eher eine Art erregter Stillstand oder erzwungener Müßiggang, als wäre die Zeit stehengeblieben und es gäbe keine Richtung mehr, in die man sich bewegen könnte, und auch keinen Grund mehr, es zu tun. Wie um diesen Eindruck zu bestätigen, schob ein Mann eine leere Transportkarre polternd über den Platz, um sie irgendwo abzustellen bis zu dem Tag, an dem das normale, tätige Leben zurückkehren würde. Einige Frauen standen schwatzend um einen kleinen Gemüsestand mit aufgestapelten Holzkisten herum, deren Inhalt mehr als mager war. Ein paar Kohlköpfe, Karotten, Lauch, Kartoffeln, Äpfel, das war alles.

Goullet lief auf das Hotel zu und kam an einer Holzbank vorbei, auf der drei junge Frauen mit weißen Sonnenbrillen und hochgesteckten Frisuren saßen. Sie waren modisch gekleidet, lachten und winkten ihm zu wie einem guten Bekannten. Er grüßte zurück, dann wollte er die Straße am Ende des Platzes überqueren, musste aber kurz stehen bleiben, weil ein Lieferwagen vorüberfuhr und eine Limousine mit einem unförmigen schwarzen Aufbau über dem Kofferraum; zweimal knallte es aus dem Auspuffrohr wie ein Gewehrschuss, ehe sie um die Ecke bog und verschwand. Mit dem Verkehr verhielt es sich ansonsten wie mit dem Obst- und Gemüseangebot. Er war kaum vorhanden.

Als Goullet am Eingang des Hotels mit dem gewölbten Jugendstilvordach angelangt war, marschierte ein Trupp schwarzblau uniformierter Milizionäre in Baretts und Gamaschen den Boulevard herauf direkt auf ihn zu. Kurz bevor sie ihn erreichten, rumpelte ein Lastwagen mit einer Ladung Kohlensäcke aus einer Seitenstraße und verdeckte sie für einen Augenblick. Goullet sprang in den dunklen Eingang des Hotel Terminus.

Er fuhr herum. Jemand hatte ihn am Arm gepackt und »Prosper!« ins Ohr geflüstert. Dann noch einmal, leise und eindringlich: »Prosper!« Goullet blickte sich um. Er stand noch immer mitten in der Bahnhofshalle, aber es war niemand in seiner Nähe, nur ein junger Mann in einem altmodischen Anzug aus blassgrünem Tweed, der auf die Leuchttafel starrte. Er trug einen breitkrempigen Hut, den er sich schräg ins Gesicht gezogen hatte, und rauchte. Er passte überhaupt nicht hierher, denn alles an ihm entsprach der kecken Eleganz einer längst vergangenen Epoche.

Goullet sammelte sich und ging Richtung Ausgang. Die automatische Tür schob sich auseinander, und er lief unter ein Dach aus Glas und Stahl, das den ganzen vorderen Teil des Bahnhofs überspannte. Das Unwetter hatte sich verzogen, es war merklich kühler geworden und über dem leeren Platz hing ein feiner Nebel, der im schräg einfallenden Licht der Abendsonne eigentümlich leuchtete.

Auf einem Parkplatz links vor einem großen Verwaltungsgebäude standen Fahrzeuge, Busse und Lastwagen des französischen Militärs und der Polizei. Davor Männer in Uniformen.

Am anderen Ende des Platzes erhob sich grau und abweisend ein hoher, viereckiger Bau, in dessen Erdgeschoss eine Snackbar untergebracht war, und Goullet konnte die Silhouetten einiger Gestalten ausmachen, die sich hinter den erleuchteten Fenstern bewegten. Ein paar Meter unterhalb des Daches stand an der Wand in verwitterten Lettern der Schriftzug »Hotel Terminus«. Alle Fensterläden des Gebäudes waren verschlossen, und es gab auch keine Balkone mehr.

Goullet überquerte den Platz und zog seinen Koffer hinter sich her. Was hatte es nur mit diesem Hotel auf sich, und konnte es wirklich sein, dass er schon einmal hier gewesen war?

Offensichtlich existierte das Hotel nicht mehr, und als er vor dem Eingang stand, sah er eine große, hässliche Tür aus Eisenblech und Glas, schlecht eingepasst in ein Mauerwerk, von dem der Putz bröckelte. Ein abgerissenes Plakat, das auf irgendeine längst stattgefundene Veranstaltung hinwies, klebte an einem der verdreckten Sichtfenster. Nichts ließ erahnen, wie prächtig dieser Eingang und das ganze Hotel einmal gewesen waren.

Er lief den Boulevard Charles de Gaulle weiter hinunter Richtung Innenstadt und wunderte sich, dass fast alle Läden geschlossen hatten. Ein Café und eine Apotheke waren in Betrieb und ein Friseursalon, in dem niemand saß. Die einstige Prachtstraße machte einen heruntergekommenen, verlassenen Eindruck. Dann stieß er auf ein riesiges, mehrstöckiges Stadtpalais mit prächtigem Mansardendach und Türmchen, das sich hinter ein paar hohen Palmen in den Abendhimmel erhob. Ein Immobilienbüro befand sich im Erdgeschoss des verwahrlosten Gebäudes, war aber geschlossen oder nicht mehr in Betrieb. Goullet konnte nicht sagen warum, aber er wusste sofort, dass er das Stammhaus der Zigarettenpapierfabrik Bardou vor sich hatte, deren Produktionsstätten sich in den rückwärtigen Gebäuden befanden. Er sah die prachtvolle Eingangshalle vor sich, eine Marmortreppe mit rotem Teppich und an der mit hellblauen Seidenstoffen bezogenen Wand alte Holzstiche, die Schlachtenszenen irgendeines antiken Krieges darstellten. Und wie ein Blitz fuhr ihm ein Name ins Bewusstsein: Lacroix.

Sieben Buchstaben. Kein Gesicht.

Was das alles zu bedeuten hatte, konnte er nicht sagen, aber nach all dem, was er in den letzten Tagen erlebt hatte, glaubte er auf einmal zu verstehen, dass nichts auf dieser Welt verschwand. Auch wenn die Dinge schon längst der Vergangenheit angehörten, so schwebten sie doch irgendwo hinter den Hüllen und ramponierten Fassaden dessen, was übrig geblieben war, und drängten aus dem Dunkel ans Licht.

Er warf einen kurzen Blick auf seine Taschenuhr (Tante Elsbeth hatte sie ihm nach dem Tode seines Vaters geschenkt; es war ein Erbstück seines Großvaters) und sah, dass es Zeit war, zurück zum Bahnhof zu gehen. Wenig später saß er im Regionalzug nach Portbou.

Die Sonne ging über den dunstigen Bergen der Pyrenäen unter, die den Horizont im Westen begrenzten, der Himmel war feuerrot, und der Zug fuhr durch eine grüne, mit Kiefern- und Pinienwäldern bestandene Ebene. Hinter Obstplantagen, Pferdekoppeln und Weinbergen schimmerte ein dünner, dunkelblauer Streifen Meer.

Goullet fuhr durch die Landschaft seines Großvaters. Ihm war, als folgte er der Einladung eines Menschen, von dem er nur wenig wusste und dessen Macht und Einfluss auch nach seinem Tod ungebrochen schien. Seine Tante muss ihm verfallen gewesen sein, denn immer wenn sie von ihm sprach, belebte sich ihr graues, geducktes Wesen, und sie bekam rote Wangen wie ein Mädchen, das für einen Filmstar schwärmt. Aber sie redete nur leise von ihrem Vater und im Schutze des abgeschiedenen Kaminzimmers, das ihr Bruder nie betrat.

Goullet erinnerte sich vor allem an die Geburtstagsgeschichte, die sie ihm öfter erzählt hatte. Zu diesem Anlass pflegte sein Großvater stets unter dem entzückten Beifall aller Verwandten und geladenen Gäste mit einem Riesensatz über die gedeckte Festtafel zu springen, ohne dass auch nur ein einziges der filigranen Mokkatässchen oder mundgeblasenen Champagnergläser ins Wackeln geriet, um dann auf den Händen quer durch den Saal zum Flügel zu balancieren und die Anwesenden mit Schlagern und zotigen Liedern zu unterhalten, bis sie am Boden lagen vor Lachen und Begeisterung, und er seine Einlage mit der Revolutionsetüde von Chopin virtuos beendete. Er war ein passionierter Jäger, unterhielt ein eigenes Jagdrevier im Schönbuch bei Tübingen und war im Tennisspiel allen überlegen, die es mit ihm aufnehmen wollten.

Das Schweigen seines Vaters konnte sich Goullet nur mit dem Hass auf einen Menschen erklären, der stark, umwerfend charmant und ihm in jeder Hinsicht überlegen war. Er war kein Vorbild, er war unerreichbar, und darum schloss er die Erinnerung an ihn, den Lebemann, Karrieristen und gleichgültigen Vater, den er trotz allem nicht loslassen konnte, in eine kalte Kammer ein, die niemand betreten durfte.

An dem Tag, als ihn sein Vater in diesem Zimmer ertappt und zum ersten und einzigen Mal geschlagen hatte, erschien Elsbeth in seinem Kinderzimmer. Er hatte Stubenarrest bekommen und lag auf seinem Bett, verwirrt und den Kopf voll bedrückender Gedanken. Das Bild mit dem nackten Frauentorso hatte er unter seinen Unterhemden im Kleiderschrank versteckt. Er dachte an seine tote Mutter und an das, was ihm selbst körperlich widerfahren war, er fühlte die Ohrfeige seines Vaters, von der seine Wange immer noch glühte, dann glaubte er auf einmal das helle Lachen der jungen, hübschen Frau zu hören, die er links neben dem Bild seines Großvaters gesehen hatte.

Als seine Tante zu seiner Überraschung den Raum betrat (das hatte sie noch nie getan) und sich zu ihm aufs Bett setzte, richtete er sich auf und fragte sie ohne Umschweife, wer die Frau sei, deren Bild neben dem seines Großvaters hing. Elsbeth, die ihm etwas Tröstendes hatte sagen wollen, schwieg erschrocken still und verharrte eine Weile reglos auf der Bettkante. Im Zimmer war es dunkel, draußen rüttelte der Wind an den Fensterläden, und der Regen rauschte auf die Blätter der alten Buchen vor dem Haus.

Plötzlich ergriff sie seine Hand, und er spürte, dass sie zitterte.

»Dein Vater und ich …«, sagte sie leise, »wir haben nicht dieselbe Mutter.«

Dann schwieg sie, vielleicht suchte sie die Worte, um etwas auszusprechen, das ihr noch nie über die Lippen gekommen war.

»Dein Vater wurde in Frankreich geboren«, fuhr sie schließlich zögerlich fort, »in Toulouse, als dein Großvater im Krieg dort war. Seine Mutter war eine Südfranzösin, die er dort kennenlernte. Sie hieß Antoinette. Ich weiß nicht sehr viel darüber, er hat kaum je darüber gesprochen. Ich weiß nur, dass sie ein Jahr nach der Geburt deines Vaters, das war 1943, plötzlich verschwand und nie wieder auftauchte. Vater hat dann nach seiner Rückkehr bald geheiratet, die Zeiten waren ja furchtbar, und er brauchte jemanden, der sich um den Jungen kümmerte, den er mit nach Hause genommen hatte. Ach, das ist alles schrecklich.«

Dass sein Vater gar nicht sein leiblicher Vater und er adoptiert worden war, erwähnte sie mit keinem Wort. Sie strich ihm mit ihrer schmalen, kühlen Hand übers Haar, dann stand sie auf und verließ das Zimmer.

Kurz vor Argelès-sur-Mer sah Goullet das Mittelmeer zum ersten Mal ganz dicht vor sich liegen. Eine endlose, glatte Wasserfläche, grau und schläfrig unter einem Himmel, der schnell an Licht verlor. Am östlichen Horizont verschwammen die letzten schwarzen Wolken der abziehenden Gewitterfront in Dunst und Dunkelheit. Die weißen Häuser, die die weite Bucht von Argelès säumten, lagen da wie hingewürfelt. Der Zug kam im Bahnhof des Hafenstädtchens zum Stehen, niemand stieg aus, niemand ein. Es war keinerlei Bewegung auf dem Perron zu sehen, aber plötzlich tauchte vor dem Zugfenster der Kopf eines jungen Mannes mit schmalem Oberlippenbart auf, der ihn durch die Fensterscheibe anstarrte.

Goullet erschrak und wandte ihm den Rücken zu.

Der Zug setzte sich wieder in Bewegung, und als er sich zurück zum Fenster drehte, sah er, dass der seltsame Mensch draußen neben dem Waggon herlief, dann rannte und ihn nicht aus den Augen ließ. Plötzlich lächelte er, als hätte er ihn hinter der Scheibe erkannt, hob den rechten Arm und winkte Goullet zu wie einem guten Bekannten. Schließlich aber gab er auf, blieb schwer atmend stehen und blickte dem Zug hinterher, bis er hinter der nächsten Kurve verschwand. Sein Anzug war grün, und er hielt einen Hut in der Hand.

In diesem Moment packte Goullet die Angst zum zweiten Mal. Eine kalte, elementare Hand, die sich straff um seine Kehle legte und ihm die Luft nahm, dieselbe, die er auch im Hotelzimmer gespürt hatte, als er über dem roten Album saß. Aber er war entschlossen, damit fertig zu werden, er wollte seinen Weg weitergehen bis zum Ende, das war seine Aufgabe.

Über Collioure fuhr der Zug weiter nach Port-Vendres. Es war kurz nach sieben und fing an zu dämmern, als Goullet dort eintraf. Mit ihm stiegen eine blonde Frau und ein hochgewachsener Mann aus, dem Aussehen nach skandinavische Touristen, die aber schnell verschwanden. Die Bahnhofshalle, die er durchqueren musste, um nach draußen zu gelangen, war der seltsamste Raum, den er je betreten hatte. Viereckig, rosa gekachelt, leer; an einer Wand hing als einzig vorhandener Gegenstand ein beiges Telephon, wie es kein Mensch mehr benutzte, und an der Decke summten einige Neonröhren hinter verdreckten Kunststoffverschalungen, auf denen unzählige Fliegen hockten. Die ehemaligen Schalterfenster waren mit einer grauen Folie überklebt. Die Türen sprangen mit überraschender Heftigkeit automatisch auf, als er sich ihnen näherte, und machten dabei ein fauchendes Geräusch. Das Gebäude selbst war alt und stand ganz für sich auf einem verlassenen, sandigen Platz. Schräg gegenüber, in einer Entfernung von vielleicht einhundertfünfzig Metern, erblickte Goullet ein Hotel, das wie eine Miniaturausgabe des Terminus von Perpignan wirkte. Es war geschlossen.

Er ging die Straße hinunter, die einzige, die es gab und die, wie er hoffte, ins Zentrum von Port-Vendres führte, und zog den Koffer hinter sich her, dessen Rädchen nicht mehr ganz rund liefen. Nach einer kurzen Strecke passierte er ein leerstehendes Gendarmeriegebäude, das von einem schadhaften Metallgitterzaun umstanden war. Es schien schon ziemlich lange verlassen. Hinter einem der Fenstergitter hing kopfüber eine tote, halbverweste Taube. Goullet musste lächeln, denn er fand, dass dieses morbide Stillleben die ganze bedrückende Leblosigkeit, auf die er überall stieß, treffend widerspiegelte: eine verrottete Polizeistation für einen toten Vogel.

Was war nur aus Frankreich geworden? In Deutschland herrschte das blanke, aufgeheizte Chaos, das sich im Netz schon längst in einen virtuellen Bürgerkrieg ausgewachsen hatte. Und hier nun eine Kühle und Leere, die alles lähmte und verschluckte, was sich ihr näherte oder in ihr einrichten wollte. Ein schwarzes Loch. So empfand er es wenigstens. Es war ein Gefühl, eine vorsichtige Erkenntnis, die sich aus einer Vielzahl von Beobachtungen und Erlebnissen zusammensetzte. Er bezog keinerlei Nachrichten von außerhalb, Zeitungen gab es so gut wie keine mehr, die Fernsehapparate waren aus den Hotels verschwunden. Ihm blieb nur, seine Umgebung aufmerksam zu beobachten und zu studieren. So war er jeder fremden Beeinflussung enthoben, aber das Minimum an Informationen, die ihn allerdings unverfälscht erreichten, war ihm für den Augenblick mehr als genug.

Von der Feuerwehrstation, die gleich hinter dem Gendarmeriegebäude lag, ließ sich nicht sagen, ob sie noch in Betrieb war. Sie schien intakt, aber es war niemand zu sehen, und es brannte auch nirgends ein Licht. Dann lief er durch ein neueres Wohnviertel voll trister Mietshäuser und stieß am Straßenrand auf eine Anlage mit vier riesigen Waschautomaten, die unter einem Wellblechdach nebeneinander standen. Die Trommeln waren mit Wäsche befüllt und drehten sich; daneben saßen ein paar Jugendliche auf einer Bank, die ihn nur kurz ansahen, als er grüßte. Ihre Augen hatten einen leblosen, glasigen Ausdruck, sie waren identisch gekleidet, und sie sprachen nicht miteinander. Sie schienen irgendeiner Musik zuzuhören, denn alle drei wippten im gleichen Rhythmus mit den Füßen. Goullet konnte die Quelle ihrer Zerstreuung jedoch nicht ausmachen, sie trugen weder Kopfhörer noch andere Geräte am Körper. Er hatte das Gefühl, als handelte es sich um eine Gruppe Schwachsinniger oder Taubstummer, aber das konnte nicht sein.

Über ein gewundenes Sträßchen erreichte er schließlich einen Hohlweg mit einer Treppe, die steil hinunter zum Hafen führte.

Dort waren die Lichter angegangen und spiegelten sich blitzend im schwarzen Wasser des Hafenbeckens, wo Fischerboote und ein paar Segelyachten leise vor sich hin schaukelten. Auf der gegenüberliegenden Seite stand ein großes, weißes Gebäude mit einem mächtigen Kran, an dessen Quai ein Frachtschiff festgemacht hatte. Ein paar erleuchtete Cafés und Restaurants säumten die Uferpromenade, vor denen Menschen zu Abend aßen oder einen Aperitif zu sich nahmen. Es war ein hübscher Ort, und Goullet fand, dass alles so aussah, wie es sich für ein echtes Touristenstädtchen gehörte. Er setzte sich an den Tisch einer kleinen Bar direkt am Quai Pierre Forgas und bestellte ein Glas roten Banyuls. Als der Kellner den Wein brachte, fragte er ihn nach der Rue Victor Hugo. Der Kellner wies die Promenade hinauf und erklärte, nach vielleicht dreihundert Metern, noch vor dem Platz mit dem großen Obelisken müsse er links abbiegen, es sei ganz nah, und er würde keine drei Minuten benötigen. Dann zog er die Luft ein, als wollte er noch etwas hinzufügen, aber er schwieg. Er blieb einfach vor dem Tisch stehen und glotzte ihn an. Goullet war irritiert, und weil der Kellner, der ungewöhnlich klein gewachsen war und einen viel zu großen Kopf hatte, keine Anstalten machte, sich zurückzuziehen, stürzte er das Glas Banyuls hinunter und bat um die Rechnung. Da ging ein Ruck durch den kleinen Mann mit der schwarzen Hose und dem weißen Hemd, als hätte man ihn aus einem Traum gerissen, und er sagte stotternd: »Excusez-moi, Monsieur, deux francs cinquante, s'il vous plaît!« Goullet legte drei Francs auf den Tisch, stand auf und ging, und der Kellner starrte ihm noch lange regungslos hinterher.

Goullet hätte auch ohne seine Anweisung genau gewusst, wo die Rue Victor Hugo lag, aber es war ihm unheimlich, und er wollte sich nicht darauf verlassen.

Kurz darauf stand er vor einem schmalen, dreistöckigen Haus mit hellblauen Fensterläden und einem Balkon im zweiten Stock. Das Haus Nr. 2 lag etwas zurückversetzt, und ein Schild neben dem Eingang wies es als Pension mit Bed and Breakfast aus.

Goullet, der sich noch gar nicht überlegt hatte, wo er die Nacht verbringen wollte, war erleichtert, vielleicht würde er hier ein Zimmer bekommen.

Er öffnete die Tür und trat vorsichtig ein. Es war so dunkel, dass er erst fast nichts erkennen konnte; nur eine kleine Lampe mit Rüschenschirm, die auf einem Tischchen neben der Rezeption stand, warf etwas Licht in den Raum. Im Schatten dahinter erkannte er eine Treppe, die steil hinauf in die oberen Stockwerke führte. Rechts und links davon befand sich je eine Tür. Die Einrichtung war altmodisch, aus dunklem Holz, und wirkte warm und gemütlich. Ein paar Bilder mit Landschaftsmotiven der Côte Vermeille hingen an den Wänden, und gleich links neben dem Eingang zwei gerahmte Photographien, die eine Sängerin mit langen schwarzen Haaren, Stirnband und wehenden Gewändern zeigten, die Hände um ein Mikrophon gelegt und das Gesicht ins Licht eines gleißenden Bühnenscheinwerfers getaucht.

Jemand hustete hinter der Tür neben der Rezeption, trocken und leise, dann öffnete sie sich, und eine alte Frau trat in den Flur. Sie ging so gebeugt, dass sie den Mann, der ganz in ihrer Nähe stand, erst gar nicht bemerkte. Als er sich räusperte, um auf sich aufmerksam zu machen, hob sie erstaunt den Kopf und sah ihn an. Ihre Augen waren wach und klar, sie trug ein etwas verwischtes Rot auf den Lippen, eine Halskette aus alten Granatsteinen, Ohrringe, und die vielen Falten und Runzeln im Gesicht (Goullet schätzte sie auf weit über achtzig) konnten nicht verbergen, dass sie einmal eine schöne Frau gewesen war.

Goullet grüßte und wollte eben nach einem Zimmer für die Nacht fragen, als er bemerkte, dass die alte Dame plötzlich wie eingefroren wirkte. Sie starrte ihn an, und die einzige Bewegung, die er registrierte, fand in ihren Augen statt. Sie weiteten sich ganz langsam, als erblickten sie etwas so Ungeheuerliches, das die Sinne und das Hirn eines Menschen zwar erfassen, aber nicht deuten konnten.

Goullet, dem Ähnliches nun wiederholt zugestoßen war, und der sich diesbezüglich über nichts mehr wunderte, fragte mit fester Stimme, und ohne seiner Gereiztheit Raum zu geben, nach einem Zimmer für die Nacht.

Hatten eben noch Überraschung und Entsetzen ihr Gesicht beherrscht, so verlieh auf einmal eine erwachende Neugier der alten Dame einen erstaunlichen Elan.

»Aber ja, Monsieur, für heute Nacht können Sie ein Zimmer haben, nur morgen ist leider alles besetzt.« Ihre Stimme war ganz anders, als er es erwartet hätte, überraschend tief und rau. »Haben Sie einen Ausweis, Monsieur?«

Sie hatte sich hinter ihre kleine Rezeption begeben, das Deckenlicht im Flur angeschaltet und blickte ihm unverwandt ins Gesicht. Goullet legte seinen Pass auf die hölzerne Ablage, sie nahm ihn an sich und setzte sich eine Brille auf.

»Oh, Sie sind aus Deutschland, Monsieur! Ihr Französisch ist ganz ausgezeichnet. Herzlich willkommen. Das Zimmer kostet fünfzig Francs, wenn es Ihnen nichts ausmacht.« Sie hatte das auf Deutsch gesagt, und es klang fast akzentfrei.

»Die Nummer 7 im zweiten Stock, es wird Ihnen sicher gefallen.« Sie legte den Zimmerschlüssel auf die Ablage.

Er griff in seine Jackentasche und hielt ihr das Kuvert hin.

»Ich soll Ihnen diesen Brief hier übergeben, Madame, eine Frau hat ihn mir im Zug nach Perpignan zugesteckt und Ihre Adresse genannt. Ich kannte sie nicht, sie war sehr nervös, ich habe sie nach einer Razzia im Bahnhof nur noch einmal kurz gesehen, ich glaube, man hat sie misshandelt. Wenn ich irgendetwas tun kann …«

Sie nahm das Kuvert an sich, blickte ihm forschend in die Augen und schüttelte den Kopf.

»Wenn Sie noch etwas essen wollen, Monsieur«, sagte sie, »dann empfehle ich Ihnen das ›Obélisque‹ in der Rue Jules Ferry, etwas abseits der Touristenlokale, die haben den besten Fisch in der Stadt, und die Einheimischen sind unter sich. Das Haus gibt es schon lange. Ich kann Ihnen einen Tisch reservieren.«

Goullet nickte, bedankte sich und nahm den Schlüssel. Ja, er würde ihr Angebot gerne annehmen und könne in einer halben Stunde im Restaurant sein, er wolle sich nur etwas frisch machen.

Als er kurz darauf die Treppe wieder hinabstieg, fand er den Eingangsbereich so, wie er ihn bei seiner Ankunft angetroffen hatte, düster und menschenleer. Die Patronne hatte sich zurückgezogen, eine Uhr tickte leise an der Wand hinter der unbesetzten Rezeption.

Er wusste genau, wie er zum »Obélisque« gehen musste. Aber was zum Teufel steckte bloß dahinter? Er kannte diesen Ort, wie auch Perpignan, ohne jemals hier gewesen zu sein, und er wurde ganz offensichtlich für jemanden gehalten, den seine Mitmenschen in keiner guten Erinnerung hatten; sein Vorläufer, jener ihm unbekannte PG, musste also eine Person von mindestens zweifelhaftem Charakter gewesen sein. Goullet hatte ein ungutes Gefühl, war aber nach wie vor fest entschlossen, dem Geheimnis dieser Existenz, die womöglich auch die seine war, auf die Spur zu kommen.

Er lief links in das nächste Gässchen, bog die übernächste Querstraße wieder links ab, über den Place Bélieu hinweg, und dann rechts in die Rue Jules Ferry hinein.

Das »Obélisque« war kein sehr attraktives Lokal, es war klein, nüchtern eingerichtet und nicht einmal halb besetzt. Eine Speisekarte gab es nicht, nur eine Tafel mit dem Tagesangebot, die an der Wand links neben der Theke hing. Als Goullet eintrat und etwas verlegen grüßte, wurde es für einen Augenblick still im Raum, und die Gäste drehten sich nach ihm um.

Der Wirt, der hinter seiner Theke ein Weinglas polierte, nickte ihm zu und wies mit einer Kopfbewegung auf einen gedeckten Tisch, der in unmittelbarer Nähe vom Eingang stand. In der rechten Ecke am Ende des Gastraumes, neben einer Tür, die zu einem der hinteren Räume führte, saß eine Gruppe von drei jüngeren Männern und einer Frau. Sie war rothaarig und außergewöhnlich schön. Als Goullet Platz genommen hatte, sah er ein paarmal zu ihr hinüber und bemerkte jedes Mal, dass auch sie ihn im Blick hatte, während die anderen sich leise miteinander unterhielten und so taten, als ginge er sie nichts an.

Der Wirt, ein vierschrötiger Mensch mit Glatze, einer roten, knollenförmigen Nase und verschmierter Schürze, die er über seinen mächtigen Bauch gebunden hatte, trat an seinen Tisch und reichte ihm die Hand.

»Sie kommen von Françoise, nicht wahr? Haben Sie ein Glück, Sie hätten es hier nicht besser treffen können! Sie sprechen doch Französisch, oder nicht?«

Goullet nickte und richtete sich auf eine längere Ansprache ein.

»Françoise ist ein schräger Vogel, sag ich Ihnen, die gibt's schon viel länger als uns alle zusammen. War mal 'ne richtige Berühmtheit, müssen Sie wissen, und wenn sie ein, zwei Gläschen intus hat, singt sie noch manchmal. Na ja, was man so singen nennt!« Er lachte, und sein Bauch wackelte vor Vergnügen. »Wollen Sie Fisch, Monsieur? Ich hab was ganz Spezielles für Sie, einen Opah, einen noch jungen, nicht so großen, gab's hier früher nie, aber seit ein paar Jahren schwimmt das sonderbarste Zeug da draußen rum. Rotes Fleisch, sehr schmackhaft. Den Wein lassen Sie meine Sorge sein. Warten Sie, ich zeig Ihnen das Prachtstück.«

Er ging und kam kurz darauf mit einer Flasche Weißwein und einer Servierplatte zurück, auf der ein oval geformter, bunter Fisch von der Größe eines stattlichen Saint-Pierre lag, mit blaugrünem Rücken und tiefroten Flossen.

»Der verschwindet im Ofen unter einer feinen Kräuterkruste, dazu unsere Beilagen, in Ordnung? – Vorspeise?«

Goullet nickte.

»Voilà, ich mache Ihnen gratinierte Miesmuscheln, Spezialität des Hauses, ich weiß, es gibt sie überall, aber nirgends so gut wie bei uns. Der Wein kommt aus Collioure und ist der beste, den Sie in der Gegend kriegen, auf Ihr Wohl!« Er schenkte Goullet ein Glas ein und lief mit dem Tablett zurück in die Küche.

Goullet entspannte sich, zum ersten Mal seit langer Zeit fühlte er sich einigermaßen wohl, ja er freute sich auf das Essen und fand den kalten Wein, nachdem er einen Schluck gekostet hatte, so trinkbar und gut, dass er sein Glas in einem Zug leerte und sich sofort nachschenkte.

Die Moules farcies, die auf seinen Tisch kamen, brodelten in einem mit feinsten Kräutern gewürzten Olivenöl und waren bedeckt von einer köstlichen, goldbraunen Panade, die nicht zu trocken war. Goullet schwebte im Himmel und bestellte sich eine zweite Flasche Wein.

Wenig später brachte der Wirt den fertig gegarten und filetierten Fisch auf einem Bett buttrig glänzender Rosmarinkartoffeln, dazu eine kleine Auflaufform mit karamellisiertem Chicorée. Er nickte ihm aufmunternd zu und wünschte einen guten Appetit.

Den hatte Goullet, und er konnte sich nicht erinnern, jemals etwas so Köstliches wie diesen mit frischen Kräutern und grobem Salz gewürzten, herrlich saftigen Fisch gegessen zu haben. Im Ofen hatten die Aromen einander perfekt durchdrungen und zu einer Geschmackseinheit zusammengefunden, die … Goullet rülpste.

Erschrocken schaute er auf und legte sich die Serviette vor den Mund. Niemand schien es gehört zu haben, obwohl sich die eingeschlossene Luft, die aus der Tiefe seines Körpers schnell nach oben gestiegen und nicht mehr aufzuhalten gewesen war, fast knallend befreit hatte.

Instinktiv sah er nach der hübschen Frau am Ende des Raums, und in genau diesem Moment standen die vier von ihrem Tisch auf. Die drei Männer liefen langsam durch das Lokal und sahen ihn im Vorbeigehen kurz an, dann verschwanden sie auf die Straße. Die junge Frau machte halt am Tresen und redete mit dem Wirt. Goullet konnte nicht hören, was sie sprachen, aber er hatte das Gefühl, dass er Gegenstand dieser Unterhaltung war, denn immer wieder trafen ihn kurze, knappe Blicke der beiden. Nach etwa einer Minute verabschiedete sie sich und drehte sich an der Tür noch einmal zu ihm um. Sie lächelte kaum merklich. Ihr Blick traf ihn tief, und er hatte das Gefühl, dass er diese Frau mit den verwirrend schönen Augen bald wiedersehen würde.

Er war jetzt der letzte Gast, und als der Wirt sich mit einer Flasche Banyuls zu ihm an den Tisch setzte, bedankte sich Goullet für das ausgezeichnete Essen und fragte nach der Rechnung. Er lallte ein wenig und spürte deutlich, dass er müde und angetrunken und im Übrigen mehr als satt war. Es schien ihm das Beste, auf die Nachspeise und den Kaffee zu verzichten und möglichst bald zurück zur Pension und ins Bett zu gehen.

Die Rechnung sei schon bezahlt, sagte der Wirt und schenkte ihm und sich selbst ein Glas ein. »Hélène hat Sie eingeladen. Vielleicht mag sie Ihren Schnurrbart …«

Er lachte und nahm einen Schluck, dann stand er auf und lief hinter den Tresen.

Plötzlich erklang laute Musik aus einem Lautsprecher, der an der Decke hing, ein sinfonisches Stück für Klavier und Orchester.

Goullet erkannte das Stück sofort, sein Vater hatte sich eine Weile mit der Partitur abgemüht; es war César Francks musikalische Hommage an das Gedicht »Les Djinns« von Victor Hugo.

Der Wirt setzte sich wieder und rückte seinen Stuhl dichter an Goullet heran. »Nehmen Sie mir's nicht übel, dass ich neugierig bin«, sagte er, und die Musik übertönte fast seine Stimme, »ich bin Lucien, und wie heißen Sie?«

»Paul. Paul Goullet.«

»Wie?« Lucien hatte nicht verstanden, und Goullet wiederholte seinen Namen etwas lauter.

»Ah. Aber Sie sind nicht von hier, obwohl Sie verdammt nochmal so aussehen. Woher kommen Sie? Italien?«

»Aus Deutschland. Stuttgart«, erwiderte Goullet und griff nach seinem Glas. Er spürte, dass der Wirt ihn beobachtete, und es war ihm unangenehm.

Das Klavier im Radio beendete eine längere solistische Einlage mit einer dramatischen Kadenz, dann setzte das Orchester wieder ein.

»Was machen Sie hier?«, fragte Lucien, der sich eine Zigarette angezündet hatte, »warum sind Sie in Frankreich, mein Freund?«

»Ich mache … eine Reise«, sagte Goullet nach kurzer Überlegung, »ich bin auf der Suche nach jemandem, der mir sehr ähnlich sieht. Ich habe sein Bild zufällig in einem alten Photoalbum entdeckt, und ich möchte herausfinden, wer es war. Vielleicht können Sie mir helfen? Es ist ziemlich absurd, denn dieser Mensch ist hier vor langer Zeit gewesen, in Banyuls, vor ziemlich genau einhundert Jahren … Warten Sie …«

Er zog das Photo von PG hervor, das ihn am Zaun stehend zeigte, und von dem er sich ein paar Kopien in seinem Pariser Hotel hatte machen lassen.

Lucien legte die qualmende Zigarette in den Aschenbecher, nahm das kleine Bild in beide Hände und sah es lange an. Schließlich schüttelte er den Kopf. »Er sieht

Ihnen wirklich verdammt ähnlich, aber ... tut mir leid, ich habe keine Ahnung. Lassen Sie mir das Photo hier, vielleicht finde ich was raus. Und fragen Sie Françoise, wenn sich jemand an die alten Zeiten erinnert, dann sie ...«

In diesem Augenblick brach die Musik mitten im Stück ab. Es erklang eine kurze Erkennungsmelodie, dann verkündete die erregte Stimme eines Nachrichtensprechers, dass der französische Staatspräsident anlässlich eines offiziellen Besuches in Belgien vor wenigen Minuten Opfer eines Anschlags geworden war. Man hätte ihn sofort in eine Spezialklinik geflogen und kämpfe um sein Leben. Die Suche nach den Verantwortlichen und ihren Hintermännern würde eingeleitet, bis auf weiteres übernähme der Chef der Staatspolizei die politischen Geschäfte.

Luciens Gesicht war aschfahl geworden, selbst das tiefe Rot war aus seiner Nase gewichen.

Goullet konnte die Tragweite dieser Neuigkeit nicht wirklich ermessen, aber er sah die ungeheure Wirkung, die sie auf Lucien hatte, und ihm schien, dass auch sein Aufenthalt in diesem Land davon nicht unberührt bleiben würde. Noch während der Nachrichtensprecher sich weiter über den Anschlag, seine Umstände und Folgen verbreitete, stand der Wirt auf und verabschiedete sich; er müsse schließen und hätte noch einiges zu erledigen. Er reichte Goullet die Hand und schob ihn zur Tür hinaus.

Es war spät, fast Mitternacht, und über den Dächern der dunklen Häuser sah Goullet die Sterne. Die Lichter des »Obélisque« erloschen hinter ihm, und er ließ sich vom Nachtwind, der kühl von den Bergen herabstrich, durch die Straße hinunter zum Hafen treiben.

Eine Weile stand er fröstelnd am Quai und betrachtete ein paar Möwen, die auf dem Deck eines der Segelboote aufgereiht nebeneinander saßen und schliefen. Unter dem Rumpf des Bootes bewegten sich die Schatten kleiner Fische. Dann erblickte er im schwarzen Wasser vor sich in perspektivischer Verzerrung sein Spiegelbild, wie es schlingerte, schaukelte und schwankte, sich hin und her bewegte, auseinanderriss, zitternd wieder zusammenfloss und erneut in kleinen Wellen zerlief. Er musste lächeln, denn der Mann im Wasser, diese oszillierende Erscheinung dort unter ihm, die nie eine klare Form finden würde, war er.

Und plötzlich schoss ihm ein ganz anderer Gedanke durch den Kopf und setzte sich schnell als Gewissheit fest: Der junge Mann im grünen Anzug, der in Argelès neben dem Zug hergelaufen war und den er auch im Bahnhof von Perpignan bemerkt hatte, war Pierre Lacroix, der Sohn des Besitzers der Zigarettenpapierfabrik Bardou! Nur woher wusste er das, woher kannte er den Namen? Und wie konnte es sein, dass er jemanden gesehen hatte, der schon lange tot war und von dessen Existenz er nicht die geringste Ahnung haben konnte? Goullet begriff auf einmal, und er spürte es fast körperlich, dass sein seltsamer Vorläufer sich in ihm zu regen begann und Gestalten ans Licht holte, die ihm helfen würden, bald selbst wieder in Erscheinung zu treten.

Als er wenig später in die Rue Victor Hugo einbog, sah er ein paar Schatten aus der Tür des Hauses Nr. 2 kommen und ihren Weg über den Platz mit dem Obelisken nehmen, diesem seltsamen Monolithen aus Granit, der wie eine riesige Nadel in den nächtlichen Himmel stach. In der Ferne vernahm er das Geheul von Sirenen.

Die Tür zu seiner Pension war noch einen Spalt geöffnet, und als er eintrat, fand er das kleine Foyer hell erleuchtet. Die Patronne saß auf einem Stuhl hinter ihrer Rezeption und rauchte einen Zigarillo. Sie erhob sich, als er zur Tür hereinkam; es dauerte ein wenig und war mühsam.

»Haben Sie gehört, was passiert ist, Monsieur?«, fragte sie und hustete. Ihre Augen huschten unruhig hin und her.

Er nickte und versicherte ihr, dass er bis zu dieser schlimmen Nachricht einen ausgezeichneten Abend verbracht hätte.

»Das freut mich,« sagte sie, »und jetzt mache ich Ihnen einen starken Kaffee! Kommen Sie …« Umwölkt vom Qualm ihrer kleinen Zigarre, an der sie immer wieder zog, traten sie in einen schmalen, dunklen Flur, von dem links wieder eine Tür abging. Sie machte Licht, und Goullet erblickte am Ende des Ganges eine kleine Küche, rechts befand sich ein Bad, daneben vermutlich ihr Schlafzimmer. Er stand in der Wohnung der alten Dame, die Françoise hieß. Der Raum links, in den sie eingetreten war, um das Licht anzuschalten, war ihr Wohnzimmer.

Auf dem Tisch in der Mitte des Raums hingen rote und gelbe Tulpen müde aus einer schmalen Porzellanvase, zwei Aschenbecher voller Zigarettenstummel standen neben einer Schale mit etwas Obst, das wohl schon länger darin lag. Auf einer Anrichte befanden sich ebenfalls Aschenbecher neben einigen ausgetrunkenen Flaschen Wein und an der Wand gegenüber ein altes, schwarzes Klavier mit angeschraubten Kerzenleuchtern, über dem ein eingerahmtes Plakat in knalligen Farben auf ein Konzert hinwies, das am 12. Mai 1967 im Pariser Olympia stattfinden würde. Der Name der Künstlerin, in bonbonfarbenen, verspielten Lettern gedruckt, war Françoise Simon. Die vielen Bilder und Photographien an den Wänden zeigten sie als junge, hübsche Frau mit langen Haaren und schmalem, blassem Gesicht auf den Bühnen verschiedener Clubs und Konzertsäle, immer in der Pose einer sich leidenschaftlich hingebenden Künstlerin. Da hing also das Leben seiner Wirtin, die große Zeit der Françoise Simon, einer Chanson- und Schlagersängerin, die in den sechziger, siebziger Jahren des letzten Jahrhunderts jeder in Frankreich kannte, vor über sechzig Jahren. Goullet hatte ihren Namen nie gehört.

Als Madame Simon sah, dass er die Bilder ihrer Vergangenheit betrachtete, lächelte sie und machte eine knappe, melancholische Geste, die so viel besagte wie ›O ja, eine schöne Zeit, aber vergangen wie ein Rauch‹. Es war klar, dass sie nicht darüber reden wollte.

Sie bat ihn, am Tisch Platz zu nehmen, und er setzte sich mit dem Rücken zur Tür, durch die er eingetreten war. Es tat ihm gut zu sitzen, das Zimmer war geheizt, und er freute sich auf eine Tasse starken Kaffees. Er war noch immer weinselig, und so drangen die Dinge, die er an diesem Tage erlebt hatte, nicht so tief in seine Seele, wie es vielleicht sonst der Fall gewesen wäre.

Als Madame Simon mit dem Kaffee kam, hätte er sie beinahe nach dem Inhalt des Schreibens gefragt, das ihm die Frau im Zug gegeben hatte. Und während er noch darüber nachdachte, ob es richtiger war, zu schweigen und sich bedeckt zu halten, anstatt zu reden und herauszufinden, warum ihm vieles so merkwürdig vorkam und er sich ständig beobachtet fühlte, fragte sie plötzlich: »Junger Mann, was tun Sie hier, warum reisen Sie in dieser schrecklichen Zeit durch unser Land?«

Goullet nahm einen Schluck Kaffee und hielt inne. Seine Augen weiteten sich. Dann nahm er gleich noch einen Schluck.

»Madame Simon«, sagte er feierlich, »ich schwöre, dies hier ist der beste Kaffee, den ich je getrunken habe!«

Und es stimmte tatsächlich; alles, was ihm hier bisher unter dieser Bezeichnung serviert worden war, kam nicht an das heran, was da schwarz und stark in seiner Tasse dampfte.

Sie hatte sich auf den Stuhl neben ihn gesetzt, diese kleine, gebeugte Frau mit der altmodischen Granatkette, den kurzen grauen Haaren und dem rot geschminkten

Mündchen, die in ihrer Art immer noch schön, aber schon lange nicht mehr berühmt war, und sah ihn amüsiert an. Sie wartete auf eine Antwort.

Und dann fasste sich Goullet ein Herz und erzählte ihr von seiner Reise nach Paris, der Entdeckung des Photoalbums an der Seine, seiner Fahrt nach Perpignan, den vielen Kontrollen und von der verängstigten Frau, die ihm den Brief ausgehändigt hatte und dann verschwunden war. Schließlich zog er eine der kopierten Photographien von PG aus seiner Jackentasche und hielt sie ihr hin.

Sie zögerte, nahm das Bild widerwillig in die Hand, schaute kurz darauf und gab es ihm schnell wieder zurück, als hätte sie sich daran schmutzig gemacht. »Das könnten genauso gut Sie sein!«, sagte sie spitz. »Ich habe keine Ahnung, wer das ist, weiß ich denn, wer Sie sind?«

Sie wirkte auf einmal seltsam ungehalten, stand auf, stellte die leere Kaffeetasse auf das kleine Tablett neben das Zuckerdöschen und sagte plötzlich leise und hart: »Hoffentlich krepiert er!«

»Wer?«, fragte Goullet überrascht.

»Der Präsident. – Wann wollen Sie morgen frühstücken?«

»Um neun«, erwiderte er, noch immer etwas irritiert, »und vielen Dank für den Kaffee!«

Aber da war sie schon mit dem Tablett Richtung Küche gegangen.

Goullet wollte eben in den Flur treten, als seine Augen

eine schwarzweiße Photographie streiften, die in einem altmodischen Rahmen rechts neben der Tür hing. Er blieb stehen, trat dichter an das Bild heran und betrachtete es genauer. Es zeigte einen beleibten Mann mittleren Alters in einem doppelreihigen Anzug, mit sympathischem, von einem kräftigen Schnauzbart dominierten Gesicht, der seinen Arm um eine hübsche, junge Frau gelegt hatte. Sie schmiegte sich an ihn, ihr Haar war schwarz und kurz geschnitten, die Nase auffallend groß und edel, und ihr Lachen … und die weißen, makellosen Zähne … die leuchtenden Augen … Goullet erstarrte. Er sah sie lange an, und hatte er es anfangs nicht glauben wollen, so war er sich jetzt vollkommen sicher: Die junge Frau, die ihn da aus dem dunklen Holzrahmen dieser alten Photographie anstrahlte, war Antoinette, die Mutter seines Vaters und Geliebte seines Großvaters! Mitten im Krieg war sie verschwunden und nie wieder aufgetaucht. Seine Tante hatte es ihm erzählt.

Einen Augenblick noch stand er fassungslos davor und fragte sich, was in aller Welt dieses Bild an der Wand eines Wohnzimmers in Port-Vendres zu suchen hatte, dann verließ er fluchtartig das Wohnzimmer der Madame Simon und hörte auch nicht mehr, dass sie ihm eine angenehme Bettruhe wünschte.

In dieser Nacht hatte Goullet einen merkwürdigen Traum.

Er war wieder im elterlichen Haus in Stuttgart und

stieg die Treppe hinauf zum Zimmer seines Großvaters, genau zwölf Stufen. Oben angekommen, stolperte er und verlor das Gleichgewicht. Er hielt sich am Geländer fest, aber es riss aus seiner Verankerung, so dass er rückwärts hinabstürzte und mit dem Hinterkopf auf eine der Steinfliesen schlug, die den Fußboden am unteren Ende der Treppe bedeckten. Er spürte keinen Schmerz, nur eine intensive Wärme, die sich an seinem Hinterkopf ausbreitete, und ihn überkam eine tiefe, sinnliche Müdigkeit und die ruhige Gewissheit, dass dies das Ende war, und das Leben aus nichts anderem bestand als einer Ansammlung von elektrostatisch aufgeladener Flüssigkeit, die jetzt durch ein Loch in seinem Schädel langsam auf den Fußboden lief und sich in einer dunkelroten Lache verteilte.

Er schloss die Augen, und als er sie ein letztes Mal öffnete, stand seine Mutter über ihm. Sie war nackt, und er sah ihre Scham direkt über sich. Sie beugte sich hinunter, kniete sich neben ihn hin, schob die Arme unter seinen Leib und zog ihn zu sich heran. Er lag in ihrem Schoß, und erst jetzt erkannte er, dass sie das Gesicht der jungen Frau aus dem »Obélisque« hatte. Da fing sein ganzer Körper an zu zittern, und er versank in einer Nacht, die so schwarz und unendlich war wie das Weltall.

Als Goullet am nächsten Morgen erwachte, schien die Sonne. Er öffnete die Tür zum Balkon, drückte die hölzernen Fensterläden auf, und sein erster Blick fiel auf den Obelisken, der ihm gegenüber in der Mitte des Platzes stand und sich in den blauen Morgenhimmel reckte wie ein mahnender Finger, als wollte er sagen: Du hast es bis hierher geschafft, nun geh weiter, geh bis ans Ende, und nichts soll dich aufhalten!

Um kurz nach neun saß er im kleinen Frühstücksraum gegenüber der Rezeption, und wie so oft in letzter Zeit war er auch hier wieder der einzige Gast. Madame Simon hatte ihm noch am Abend zuvor erklärt, dass das Hotel voll besetzt sei, aber da war niemand, der die Richtigkeit ihrer Aussage hätte bestätigen können. Auf jeden Fall würde er noch einmal versuchen, eine Verlängerung seines Aufenthaltes zu erwirken, und sich Zugang zu ihrem Wohnzimmer verschaffen, um herauszufinden, ob es wirklich Antoinette war, die in dem Bilderrahmen an der Wand hing, oder ob ihm der Alkohol und seine überreizten Nerven nur einen phantastischen Streich gespielt hatten.

Als Madame Simon in den Frühstücksraum schlurfte, wünschte sie ihm einen guten Morgen, betrachtete ihn aber immer noch wie jemanden, dem man mit großer Vorsicht begegnen müsse. Auf seinen Wunsch hin brachte sie ihm zwei Spiegeleier, deren Eigelb er verstrich und mit dem frischen Baguette aufstippte, das in einem Körbchen auf dem Tisch lag. Ihr Kaffee war wieder hervorragend, und Goullet fragte sich, woher sie nur die Kraft nahm, in ihrem hohen Alter und ganz allein noch eine Pension mit kleiner Gastronomie zu betreiben.

Auf seine etwas umständlich formulierte Frage, ob

nicht vielleicht doch noch ein Zimmer für ein oder zwei Nächte zur Verfügung stünde, antwortete sie ihm knapp, dass die für heute angekündigte Reisegruppe kurzfristig abgesagt hätte und er seinen Aufenthalt ohne weiteres verlängern könne.

Goullet reservierte für zwei weitere Tage und machte sich auf den Weg zum Hafen. Es war Samstag, und er wollte bei dem schönen Wetter ein wenig spazieren gehen, um in Ruhe über das nachzudenken, was ihm gestern passiert war und welche Schritte er als Nächstes gehen wollte.

Im Hafen herrschte Betrieb, überall liefen Menschen herum und hielten ihre Gesichter in die milde Frühlingssonne; ein paar Boote hatten am Quai festgemacht, und Männer in orangefarbenen Gummiparkas verkauften frischen Fisch. Kuriose Verkaufsstände standen aufgereiht vor dem Hafenbecken, Buden aus rostigem Stahl mit gewölbten Dächern und schmalen, offenen Fenstern, durch die Austern und andere Meeresfrüchte gereicht wurden, um sie mit einem Glas Wein an aufgestellten Tischchen zu sich zu nehmen. Der Vormittag war in ein heiteres Licht getaucht, es war angenehm warm, und vom Meer her wehte eine leichte Brise. Goullet wollte sich wohl fühlen, aber es gelang ihm nicht. Er spürte, dass die Atmosphäre gestört und seltsam aufgeladen war. Es herrschte nicht die heitere Gelassenheit eines normalen Samstagmorgens, der entspannt das ersehnte Wochenende einleitete.

Auf einmal war ein seltsames Geräusch, ein Brummen in der Luft, das anschwoll, als näherte sich ein Schwarm Hornissen. Von Norden her sah er fünf kleine schwarze Punkte die Küste entlangfliegen. Es waren Hubschrauber, die Port-Vendres nur wenig später mit höllischem Lärm überquerten und schnell Richtung spanischer Grenze verschwanden. Bald darauf kehrten sie zurück und schienen eine Weile reglos am Himmel über dem Hafen stehenzubleiben. Das Gebrüll der Rotorblätter war so ohrenbetäubend, dass sich die Menschen instinktiv wegduckten und, da sie ihr eigenes Wort nicht mehr verstanden, auch alle Gespräche einstellten. Nach ein paar Minuten drehten die Helikopter wieder ab und flogen in verschiedenen Richtungen davon. Goullet bemerkte plötzlich, dass sie ein paar Drohnen abgesetzt hatten, die mit hoher Geschwindigkeit auf- und niederstiegen, sich drehten und wendeten und wie auf ein Kommando blitzschnell über die Dächer der Häuser verschwanden.

Als er den Blick wieder senkte, sah er Hélène. Sie saß allein auf einer Bank an der hohen Mauer, die den Platz mit dem Obelisken zum Hafen hin begrenzte. Sofort stand ihm sein nächtlicher Traum wieder vor Augen, und er spürte eine Erregung, die sich in ihm ausbreitete wie ein Feuer und das plötzliche, unbändige Verlangen nach einem weiblichen Körper, wie er es schon lange nicht mehr gefühlt hatte.

Seit jener Nacht vor fünfzehn Jahren, in der er ein

Mädchen fast getötet hatte, hielt er sich von Frauen fern. Er war damals so über sich selbst erschrocken gewesen, dass er den Vorfall tief in seiner Seele versteckte, bis er sich gleichsam in eine phantastische Erinnerung verwandelte, etwas Fernes, kaum Fassbares, das nie wirklich passiert war.

Im Alter von neunzehn Jahren hatte Goullet ein Studium der Germanistik, Romanistik und Kunstgeschichte in Freiburg begonnen, ohne allzu großen Enthusiasmus, aber mit einer gewissen Genugtuung, dem Elternhaus und seinen beiden alten Bewohnern endlich entkommen zu sein. Einige Jahre später verwarf er es wieder, ohne nennenswerten Abschluss, weil ihm nie einsichtig geworden war, wie und vor allem warum er sich in eine vollkommen hysterische und immer dekadentere Gesellschaft eingliedern sollte.

Es bestand ja auch keine Notwendigkeit. Seit seinem achtzehnten Geburtstag stand er im Genuss einer stattlichen monatlichen Apanage, die ihm eine weitgehende Unabhängigkeit sicherte. Sein Großvater Rudolf, zwei Jahre nach seiner Geburt verstorben und in Besitz eines ansehnlichen Vermögens, hatte es so in seinem Testament verfügt.

Er schloss ein paar Freundschaften, die eher oberflächlicher Natur waren, und lernte in einem Seminar über französische Literatur des 19. Jahrhunderts eine Kommilitonin mit Namen Estella kennen, in die er sich heimlich verliebte. Wie er war auch sie schweigsamer und schüchterner als die anderen jungen Studenten, die gewöhnlich lärmend und mit aufgekratzter Laune in ihr Studium eintraten. Estella war kräftig und hochgewachsen, hatte lange, rötliche Haare, das blasse, verträumte Gesicht einer mittelalterlichen Madonna, und wenn sie durch die Gänge und über die Treppen der hässlichen, verglasten Seminargebäude lief oder einen der Vorlesungssäle betrat, tat sie es mit der sinnlichen Grazie einer Tänzerin, die nichts mit der sie umgebenden akademischen Welt zu tun hatte. Goullet sah sie gerne an. Sie erregte ihn, und immer wieder ertappte er sich dabei, sich vorzustellen, wie sie nackt, mit leicht gespreizten Schenkeln auf einem Bett vor ihm lag, den Körper umrahmt von den fallenden Wellen eines schneeweißen Lakens und sich allmählich in ein Gemälde verwandelte, in Courbets üppigen Leib, den Ursprung der Welt, in dem er wieder verschwand, so wie er aus ihm gekommen war.

Goullet erfuhr viel Aufmerksamkeit seitens seiner Kommilitoninnen; die Verbindung seiner äußeren Schönheit mit der melancholischen Entrücktheit seines Wesens verlieh ihm einen Zauber, dem sich die meisten der jungen Studentinnen nur schwer entziehen konnten.

Trotzdem fand er lange nicht den Mut, Estella seine Gefühle und Zuneigung zu zeigen, auch wenn er spürte, dass sie ihn allen anderen vorzog.

Nach einer ausgelassenen Feier am Ende des zweiten Semesters, die von Studenten und Lehrkräften des Romanischen Seminars in einer der hübschen Altstadtkneipen ausgerichtet und von vielen Studenten besucht wurde, saßen Goullet und Estella noch immer nebeneinander, als alle ihre Kommilitonen schon längst gegangen waren. Sie hatte ihm mit glühendem Gesicht von sich, ihrer Jugend und Familie erzählt, ihrer gefühlskalten Mutter und dem liebevollen Vater, der Chirurg am Aachener Universitätsklinikum gewesen war, bis er sich eines Tages auszog, splitternackt durch seine Vaterstadt Köln spazierte und anschließend mit dem Auto in den Rhein fuhr. Er war gerettet und in eine geschlossene Psychiatrie verbracht worden.

Goullet, dessen Verliebtheit sich im Laufe des Abends immer mehr gesteigert hatte, berichtete ihr vom Haus und den Menschen seiner Kindheit, als eine übermüdete Kellnerin an ihren Tisch trat, um die beiden abzukassieren. Sie gingen in seine Wohnung in der Konviktstraße unweit des Schwabentors. Während fast alle Studenten in Wohngemeinschaften, Wohnheimen oder billigen Zimmern hausten, konnte sich Goullet ohne weiteres die gefälligen Räume eines Professors leisten, aber darüber hinaus wies nichts in seinem Verhalten oder an seinem Äußeren darauf hin, dass er vermögend und unabhängig war.

Er machte Licht, sie staunte über den Luxus, in dem er lebte; er holte eine Flasche Wein aus der Küche und bat sie, auf dem großen Sofa im Wohnzimmer Platz zu nehmen. Er schenkte ihr ein Glas ein, lächelte sie an, und weil sie nichts sagte, küsste er sie. Sie begann sich auszuziehen, und als er sah, dass sie genau die Brüste und den Körper hatte, nach dem er sich sehnte, verlor er die Beherrschung. Wie ein Patient nach der Injektion eines starken Narkosemittels fühlte er, wie er sich selbst entglitt und dieser Verlust war ungeheuer sinnlich und führte blitzschnell zu einer Eruption sexueller Empfindungen, die ihn bis zum Zerbersten aufheizten. An die Stelle von Sehnsucht und Zuneigung trat unversehens eine rohe Gier, ein brutales und rücksichtsloses Verlangen nach Befriedigung und eine Art Raserei, die ihn blind und hemmungslos machte. Sein Körper brannte lichterloh, er war wie ein Tier und verrichtete seine Arbeit besessen und geräuschlos, er wollte ihr den Kopf vom Rumpf reißen, weil er dort nicht hingehörte und ihn daran hinderte, sich ganz in den Besitz ihres Leibes zu bringen, der der Leib seiner Mutter war.

Aber plötzlich tauchte das rote, fleckige Gesicht der jungen Frau dicht vor seinem auf, und er blickte in ihre schreckensweiten Augen. Er sah den weißen, schäumenden Speichel auf ihren Lippen und seine Hände, die sich in ihren Hals krallten, und die zum Zerplatzen geschwollenen Schlagadern.

Er erschrak furchtbar und ließ von ihr ab; vielleicht war ein letzter Rest von Vernunft in ihm erwacht und hatte ihm klargemacht, dass er eben dabei war, etwas Monströses und Unumkehrbares zu tun.

Hustend und schreiend entwand sie sich ihm, ergriff ihre Kleider und stürzte aus der Wohnung. Er hörte, wie sie das Treppenhaus hinunterrannte, immer noch hysterisch schreiend, und wie ihre davoneilenden Schritte draußen auf der nächtlichen Gasse allmählich verhallten.

Den Rest der Nacht und den ganzen darauffolgenden Tag saß Goullet in seiner Wohnung und rührte sich nicht. Er wartete auf die Polizei, die kommen und ihn festnehmen würde, aber nichts geschah. Wenig später löste er die Wohnung auf, meldete sich von der Universität ab und fuhr zurück nach Stuttgart. Estella sah er nie wieder.

»Prosper!« Goullet wirbelte herum und bekam das Handgelenk eines Mannes zu fassen, der dicht hinter ihm stand. Zu seiner Überraschung trug er Uniform, ein dunkelblaues Schiffchen auf dem Kopf, und seine Augen waren so unwirklich grün wie die des Sicherheitsbeamten im Bahnhof von Perpignan. Goullet ließ die Hand sofort wieder los und entschuldigte sich. Ein paar Schritte entfernt standen zwei weitere Personen in Zivil, die ihn beobachteten und nicht aus den Augen ließen. Der Mann vor ihm zeigte keine Reaktion und verlangte seinen Ausweis. Er hatte die hohe Stimme einer Frau. Goullet händigte ihm seinen Pass aus und warf einen kurzen Blick auf die Bank an der Mauer. Hélène war verschwunden. Statt ihrer erhob sich ein Mensch in einem grünen Anzug, drehte ihm den Rücken zu und lief den Quai hinunter Richtung Meer. Goullet konnte sein Gesicht nicht erkennen. Der Sicherheitsbeamte, der seinen Pass eine Weile angestarrt hatte, als photographiere er ihn mit den Augen, gab ihn zurück, machte auf dem Absatz kehrt und entfernte sich mit schnellen Schritten. Er schien einer unhörbaren Stimme zu gehorchen, die ihn zu einem neuen, dringlicheren Einsatz befahl.

Der Mann im grünen Anzug war in der Menschenmenge verschwunden, dann aber erblickte ihn Goullet ganz am Ende der Pier, wo sich ein mächtiger Fels bis hinunter zum Meer zog und die Uferpromenade abschloss.

Er rannte los. Immer wieder stieß er in Menschen, die ihm im Weg waren, entschuldigte sich, lief weiter, und schließlich sah er den Mann eine schmale, in den Stein gehauene Treppe hinaufsteigen, die zu einer herrschaftlichen Villa am oberen Ende des Hügels führte.

Als Goullet schwer atmend die von Glyzinien überwucherte Eingangstür erreichte, fand er sie zu seiner Überraschung einen Spalt offen. Er drückte die Tür vorsichtig auf und betrat ein vom Sonnenlicht durchflutetes Foyer.

Plötzlich überkam ihn das Gefühl, in einer Kirche zu stehen, unter einer gewaltigen Kuppel, die sich ohne Abschluss über ihm wölbte, und es wurde so hell, so gleißend hell, dass er nichts mehr sah. Als würde ihm all sein Blut aus dem Körper gezogen, fiel er ins Bodenlose, und es wurde pechschwarz um ihn her, aber er stürzte nicht, sondern erwachte nur wenige Sekunden später, die ihm allerdings eine Ewigkeit schienen, zu neuem Bewusstsein.

Er stand jetzt mitten im Foyer. An der gegenüberliegenden Wand hing ein riesiges Bild, das einen weißen Elefanten mit einem Umhang aus leuchtend rotem Stoff zeigte; er hatte das Maul mit den mächtigen Stoßzähnen weit aufgerissen und den Rüssel triumphal in die Luft geworfen, als trompetete er zum Angriff auf den Betrachter.

Auf dem Fußboden standen vier Koffer, daneben lagen ein paar Rucksäcke. Rechts von der Wand, an der das Bild hing, führte eine breite Holztreppe mit aufwendig verziertem Geländer in die oberen Stockwerke.

»Prosper, endlich!«

Lacroix, der eine Vorliebe für grüne Anzüge hatte, stand oben auf der Treppe und winkte.

»Komm rauf, mein Lieber. Ich hatte schon Angst, es wäre dir etwas zugestoßen … Die Wolffs sind gestern aus Marseille gekommen«, erklärte er leise und in geschäftsmäßigem Ton, nachdem sie einander mit Handschlag begrüßt hatten, »sie haben ihre Transitvisa für Spanien und Portugal und angeblich auch Schiffskarten für die USA; Herbsheimer und Madame Bergmann kamen heute Morgen auf Vermittlung von Lizac aus Perpignan. Die sind ein größeres Problem, wir werden sie eine Weile hier verstecken. Trotzdem müssen sie so schnell wie möglich raus, die Gestapo ist ihnen auf den Fersen. Herbsheimer war KPD-Abgeordneter, bevor die Nazis an die Macht kamen, in Paris aktiv im antifaschistischen Widerstand und steht ganz oben auf der Auslieferungsliste. Elisabeth Bergmann ist seine Mitarbeiterin oder Sekretärin, er macht keinen Schritt ohne sie. Sie ist sehr hübsch, also sieh dich vor. Sie haben übrigens alle schon bezahlt.«

Sie hatten einen langen, dunklen Flur betreten, und

Lacroix blieb nach wenigen Metern vor einer geschlossenen Tür stehen. Sie nickten einander kurz zu, er öffnete, und sie betraten ein Zimmer, dessen einziges Möbelstück ein großer, runder Tisch war, an dem vier Personen saßen. Ein älteres, vornehm gekleidetes Ehepaar, dem man ansah, dass es aus wohlhabenden Verhältnissen stammte, ein glatzköpfiger, schwitzender Mann mit runder Schildpattbrille um die sechzig und eine jüngere, außergewöhnlich schöne Frau. Als die beiden Männer den Raum betraten, hatten sie ihre Unterhaltung unterbrochen, waren rasch aufgestanden und blickten ihnen jetzt erwartungsvoll entgegen.

»Das ist Monsieur Genoux«, erklärte Lacroix in gebrochenem Deutsch und zeigte auf seinen Begleiter, »er kennt sich in der Gegend und vor allem in den Bergen sehr gut aus und wird Sie, Madame und Monsieur Wolff, morgen in aller Frühe über die Pyrenäen nach Portbou bringen. Der Aufstieg zum Gebirgskamm ist nicht leicht, aber machbar. Es sind etwa sechs Kilometer. Danach geht es nur noch bergab. Sie müssen unterwegs sehr leise und vorsichtig sein. Die Gefahr, von der Polizei oder den Grenzbeamten entdeckt zu werden, ist beim Verlassen des Ortes und zu Beginn des Aufstiegs am größten. Am besten, Sie mischen sich unter die Bauern, die in die Weinberge gehen.«

»Ich kann Ihnen gar nicht sagen, wie dankbar ich bin, Monsieur Genoux!«, sagte jetzt der ältere Herr, indem er mit ausladender Geste auf Genoux zuging, seine Hand ergriff und sie festhielt. Er trug einen teuren Gehpelz und einen Herrenhut aus schwarzem Filz. »Nur Sie sehen ja, ich bin nicht mehr der Jüngste, und es ist auch schon beträchtlich lange her, dass meine Frau sächsische Tennismeisterin war …«

Er lachte ein wenig zu laut, und Genoux bemerkte sofort, dass er nicht nur unsicher war, sondern vor allem Angst hatte. Er kannte dieses unruhige Flackern in den Augen: So blicken gehetzte Tiere, wenn sie wissen, dass sie in der Falle sitzen.

»Monsieur Wolff«, erwiderte er und zog seine Hand zurück, »wir können es in vier, fünf Stunden schaffen, wenn Sie und Ihre Frau sich diszipliniert verhalten. Sie werden nachher nach Banyuls gebracht, und ich hole Sie morgen früh um halb vier in Ihrem Hotel ab, es muss noch dunkel sein. Sie lassen Ihre Koffer und vor allem auch Ihre Mäntel hier. Ziehen Sie sich einfache Sachen an, damit Sie den Zöllnern und den Gardes Mobiles nicht weiter auffallen. Sie müssen aussehen wie Einheimische. Ein Fehler und Sie landen in den Fängen der Gendarmerie. Die würden Sie dann der Kommission übergeben oder gleich in ein Lager überstellen. Sie wollen doch nicht zurück nach Deutschland, oder?«

»Aber ich muss meinen Pelz unbedingt mitnehmen, Monsieur Genoux!« protestierte Wolff, »es ist ein wertvolles Stück, ich habe es noch aus Deutschland. Es ist alles, was mir geblieben ist. Wir hatten eine große Textilfabrik in Plauen …«

»Das interessiert mich nicht!« Genoux' Stimme wurde schroff. »Kein Risiko! Monsieur Lacroix wird Ihr Gepäck mit einer befreundeten Spedition nach Spanien bringen lassen. Auch die Mäntel. Da können Sie es dann morgen am Bahnhof von Portbou abholen, nachdem Sie sich an der Zollstelle gemeldet und die Entrada bekommen haben.«

Der alte Mann holte Luft und wollte etwas erwidern, da ergriff seine Frau das Wort.

»Friedrich, bitte, lass es gut sein und höre auf den Herrn, er weiß sicher, was er sagt!« Sie nahm den Arm ihres Gatten, lächelte Genoux entschuldigend zu und seufzte.

Genoux sah, dass sie müde war von all den Wochen der Unsicherheit und den Beschwernissen ihrer Flucht. Und auch sie hatte Angst. Es bereitete ihm eine heimliche Freude.

»Dann hätten wir das ja jetzt geklärt«, schaltete sich wichtig der Herr mit der Glatze ein, der bislang schweigend zugehört hatte und sich nervös den Schweiß von der Stirn wischte, »wann können wir mit unseren neuen Pässen und den Visa rechnen?«

»Haben Sie etwas Geduld, Monsieur Herbsheimer«, antwortete Lacroix, »unser Verbindungsmann in Marseille ist dran, er ist ein Freund des tschechischen Konsuls und hat die Pässe für nächste Woche versprochen. Wenn Sie die offiziellen Reisepässe haben, dauert es nach unserer Erfahrung noch einmal sechs bis acht Tage. Wir werden Sie bis dahin hier in Port-Vendres verstecken. Möglicherweise brauchen wir dann noch etwas mehr Geld.«

Genoux' Gedanken waren abgeschweift, er hörte nicht mehr auf das, was sein Freund Lacroix, der reiche Fabrikerbe und Kämpfer für die Freiheit, sagte, und achtete auch nicht mehr auf die Reaktionen der anderen. Er beobachtete Herbsheimers Sekretärin. Sie saß im Profil zu ihm und verfolgte aufmerksam das Gespräch. Ihr Gesicht mit der geraden, wohlgeformten Nase war schmal und edel und von gelockten, blonden Haaren perfekt umrahmt. Sie erinnerte ihn an eine Filmschauspielerin. Beim Eintreten hatte er ihre Beine gesehen, die schlank und wohlgeformt unter dem Rock hervorschauten. Sie erregte ihn, und er überlegte, wie er es wohl schaffen könnte, Lacroix davon zu überzeugen, dass es das Beste sei, sie und ihren unappetitlichen Begleiter in seinem Haus in Perpignan unterzubringen. Perpignan war eine große Stadt, und sie würden dort nicht so auffallen wie hier an diesem Hafenflecken, wo jeder jeden kannte. Es wäre dann auch nicht weiter schwer, die beiden voneinander zu trennen und Herbsheimer der Gendarmerie oder Miliz auszuliefern. In seiner Phantasie reihte er Detail an Detail, bis er unruhig wurde und sein Herz heftiger zu schlagen begann. Das passierte immer, wenn einer seiner Pläne Gestalt annahm und die Aussicht auf Erfolg so groß war, dass er sich schon fast am Ziel wähnte.

Plötzlich wandte ihm die junge Frau ihr Gesicht zu

und sah ihn an, als hätte sie seine Gedanken erraten. Es geschah nicht oft, aber Genoux fühlte sich mit einem Mal ertappt und schlug die Augen nieder.

In diesem Augenblick hämmerte jemand unten an die Eingangstür. Eine laute, scharfe Stimme verlangte, dass sofort geöffnet werde. Die sechs Personen im Zimmer erstarrten und sahen einander schreckensbleich an. Der Erste, der sich bewegte, war Lacroix. Er riss eine Tapetentür am Ende des Zimmers auf, hinter der sich ein kleiner, fensterloser Raum verbarg. Wieder wurde gegen die Tür getrommelt. Mehrere Stimmen brüllten, Männer rannten um das Haus. Dann fiel ein Schuss.

Während Lacroix die vom Schreck gelähmten Flüchtlinge mit leiser Stimme beruhigte und in die Kammer schob, rannte Genoux die Treppe hinunter, um Koffer und Rucksäcke, die sich noch in der Eingangshalle befanden, verschwinden zu lassen.

Auf halber Treppe stolperte er, überschlug sich, stürzte die restlichen Stufen rückwärts hinab und schlug mit dem Hinterkopf auf die Steinfliesen, die den Fußboden der Eingangshalle bedeckten. Er verlor sofort das Bewusstsein.

Goullet kam zur Besinnung, weil ihm jemand eine Ohrfeige verpasste. Er riss die Augen auf und sah in ein Gesicht dicht über seinem. Es war Hélène. Und weil er es nicht fassen konnte, dass sie es war, die schöne Frau aus dem »Obélisque«, schloss er sie wieder.

»Monsieur Goullet! Hallo! Monsieur Goullet, wachen Sie auf!« Erneut schlug sie ihm auf die Wange.

Da sah er sie an.

»Was ist mit Ihnen, brauchen Sie Hilfe?«

»Nein, nein, es geht schon wieder, danke …« Goullet schüttelte den Kopf und richtete sich mühsam auf. »Was ist passiert?«, fragte er und blickte sich um. Er war völlig orientierungslos und noch ganz im Bann seines Traums, dem er gerade eben entronnen war.

»Sie wollten in das alte Haus hier am Hang«, erklärte sie, »und sind vor der Tür zusammengebrochen. Ich weiß nicht, was Sie hier suchten. Der Kasten ist schon lange verlassen und steht zum Verkauf …« Sie lächelte ihn an wie jemand, der nicht wusste, was er von seinem Gegenüber halten sollte. »Ich habe Sie unten am Hafen beobachtet, als Sie von der Garde kontrolliert wurden und bin Ihnen nachgelaufen. Dann fand ich Sie hier vor der Tür …«

Mein Gott, ist sie schön, dachte Goullet, aber was will sie nur von mir?

»Passiert Ihnen so etwas öfter?«

»Was?«, fragte er.

»Na ja, dass Sie … dass Sie einfach so ohnmächtig werden. Das ist nicht normal. Sie sollten zum Arzt gehen.«

»Warum sind Sie mir nachgelaufen?«, sagte er nur, obgleich er ihr natürlich hätte antworten können, dass ihm so etwas noch nie zuvor geschehen sei.

Sie zögerte einen Augenblick. »Ich will mit Ihnen

sprechen, das heißt … ich und meine Freunde (sie sagte mes potes). Wir wollen Sie um etwas bitten. – Aber jetzt bringe ich Sie erst mal zu Françoise, Sie sollten sich unbedingt etwas ausruhen.« Sie reichte Goullet ihre Hand und zog ihn zu sich hinauf.

Er schlug sich den Staub von der Hose, dann stiegen sie langsam die Steintreppe hinunter. Aus irgendeinem Grund hatte er Vertrauen zu ihr gefasst, er konnte nicht sagen, warum, es war einfach so. Obwohl er sich verloren fühlte wie nie, gab ihm diese fremde Frau auf einmal das Gefühl, dass er nicht ganz allein war.

»Darf ich mich für gestern revanchieren und Sie irgendwann zum Essen einladen?«, fragte er vorsichtig, nachdem sie eine Weile schweigend nebeneinander hergegangen waren und lächelte sie von der Seite an.

Vom Meer kam eine heftige Bö, die Hélènes Haar im Wind fliegen ließ. Sie zog ihren Mantel fester um sich, schüttelte den Kopf und lachte.

»Oh, ich weiß nicht, ob Sie sich das leisten können, ich bin sehr anspruchsvoll, müssen Sie wissen, und Sie wollen sich doch nicht ruinieren!« Ihre Augen funkelten ihn schelmisch an, dann wurde sie wieder ernst. »Ich lasse Sie später wissen, wo wir uns treffen. Im Moment können wir gar nicht vorsichtig genug sein. Sie haben sicher gehört, dass der Präsident seinen Verletzungen erlegen ist?«

Goullet blieb stehen und schüttelte den Kopf. Er hatte es nicht gehört, wie auch? Er hatte mit niemandem gesprochen, er war nicht vernetzt, nicht Teil des Systems und bewegte sich in der Welt wie ein Mensch des 20. Jahrhunderts. Es gab ihn nur da, wo er sich gerade aufhielt. Die meisten anderen Wesen, die ihn umgaben, waren für ihn wie Attrappen, sie befanden sich in der Regel nie dort, wo sie gerade zu sein schienen, sondern hielten sich in ganz anderen Räumen auf. Ihre Körper waren zwar vorhanden, ihre Hirne aber nicht. So war die Welt um ihn herum seltsam leer geworden; er hatte sie fast für sich allein, obwohl sie voller Menschen war.

»Was bedeutet der Tod Ihres Präsidenten, was wird sich schon groß ändern?«, fragte er Hélène.

»Die Übergriffe und Verhaftungen werden weiter zunehmen, die Paranoia des Apparats wird sich steigern, und sie werden sich rächen«, antwortete sie und sah ihn mit ihren großen, dunklen Augen an. »Wenn Vivain … Sie wissen, der Chef der Staatssicherheit und des Geheimdienstes, wenn er jetzt die ganze Macht auf sich zieht, wird die Überwachung noch lückenloser, und sie können ihre Schweinereien immer weiter treiben. Wir können uns nur noch außerhalb des Systems bewegen …« Sie sah sich reflexhaft um, dann warf sie einen prüfenden Blick in den Himmel. Es waren keine Drohnen zu sehen.

Als sie wenig später vor dem Haus in der Rue Victor Hugo ankamen, gab sie ihm die Hand. Sie war kräftig und kühl und lag angenehm in der seinen. Einen Augenblick standen sie stumm voreinander.

»Bis später!«, sagte sie dann leise, drehte sich um und verschwand über den Platz mit dem Obelisken.

Goullet blieb noch eine Weile wie benommen vor dem Eingang der Pension stehen. In den Blättern der Platanen auf der anderen Straßenseite fingen sich die Sonnenstrahlen und warfen tiefe Schatten unter die Bäume.

In was für eine Welt war er nur hineingeraten? Wie ein Schiffbrüchiger schien er gestrandet zwischen Tag und Traum, und bangen Herzens fragte er sich, ob er jemals verstehen würde, was ihm gerade widerfuhr.

Hélène hatte ihn berührt, es war das erste Mal seit langer Zeit, dass eine Frau das tat, und es war nicht etwa ihre Schönheit, es war etwas anderes …

Seine Gedanken wanderten weiter und landeten schließlich bei Elsbeth, die jetzt alt und zerbrechlich in ihrem Haus in Stuttgart saß, auf Nachricht von ihm wartete und sich wahrscheinlich den Kopf darüber zerbrach, warum er nichts von sich hören ließ. Sie hatte ihm damals von Antoinette erzählt, seiner geheimnisvollen Großmutter, deren Photographie er als Kind im Zimmer seines Großvaters entdeckt hatte und die nun zu seiner Verblüffung an der Wand dieser kleinen Pension im äußersten Südwesten Frankreichs hing. So unglaublich und verwirrend es war, schien es doch auf merkwürdige Weise miteinander zusammenzuhängen …

Goullet atmete tief aus, betrat die Pension und ging auf sein Zimmer. Um frische Luft hereinzulassen, öffnete er die Fenster, dann legte er sich ins Bett und schlief eine halbe Stunde tief und traumlos.

Er fuhr auf, als er unten die Haustür zuschlagen hörte. Vom Balkon, auf den er trat, sah er, dass Madame Simon das Haus verlassen hatte und den Weg hinunter zum Hafen nahm.

Goullet überlegte kurz, dann stieg er die Treppe hinab zur Rezeption. Es war niemand da, alle Schlüssel hingen an dem dafür vorgesehenen Brett, nur seiner fehlte. Er war also immer noch der einzige Gast. Nachdem er sich vergewissert hatte, dass auch keine Putzkraft oder jemand anderer sich im Hause aufhielt, trat er rasch hinter die Rezeption, untersuchte die Ablage, den Aktenschrank, öffnete den kleinen Schreibtisch, zog ein paar Schubladen auf und fand schließlich in einem Holzkästchen, das sich hinter einem alten, aber noch immer benutzten Computer verbarg, was er suchte: den Schlüssel zu Madame Simons Wohnung.

Er wusste, dass es sich nicht gehörte, in fremde Wohnungen einzusteigen, aber in der Situation, in der er sich befand, hätte er sich ohne Bedenken auch für weitaus kriminellere Aktionen hergegeben.

Nachdem er die Tür aufgeschlossen hatte, legte er den Schlüssel wieder zurück an seinen Platz. Das Wohnzimmer, das er kurz darauf betrat, war aufgeräumt, das fiel ihm sofort auf. Die Aschenbecher waren geleert und die Weinflaschen entfernt, sogar frische Blumen standen auf dem Tisch.

Als er vor das Bild trat, sah er sofort, dass er in der Nacht zuvor keinem Irrtum aufgesessen war. Es war dasselbe Gesicht, das ihn schon im Zimmer seines toten Großvaters beeindruckt hatte. In seiner Erinnerung schien sogar der Ausdruck identisch. Sie blickte direkt in die Kamera, und ihre Augen strahlten auch hier, als wollte sie die ganze Welt umarmen. Der beleibte Mann mit dem Schnauzbart, der sie im Arm hielt, war um einiges älter. Er lächelte sie liebevoll von der Seite an, und es sprach eine tiefe Zuneigung aus der Haltung der beiden füreinander.

Goullet nahm das Bild vorsichtig von der Wand und entdeckte auf der mit Pappe abgeklebten Rückseite die Namen Georges und Antoinette und die Jahreszahl 1937, zwei Jahre vor Beginn des Weltkriegs und drei Jahre vor der Besetzung Frankreichs durch die Deutschen. Sein Großvater konnte die junge Frau auf der Photographie, die er wahrscheinlich erst 1940 oder 1941 getroffen hatte, also noch nicht gekannt haben.

Goullet hängte das Bild zurück an den Haken und dachte nach. Was konnte dieser hübschen, jungen Frau vor neunzig Jahren nur zugestoßen sein? Sie war die Mutter seines Vaters, seine Großmutter, auch wenn die Goullets ihn adoptiert hatten. Welche Rolle aber spielte sein Großvater dabei? Und was wusste Madame Simon?

Aus einer Schublade der Anrichte auf der anderen Seite des Zimmers hing ein Stück Papier. Er zog es heraus. Zu seiner Überraschung hielt er einen alten, vergilbten Zeitungsausschnitt mit dem Abdruck einer Photographie in der Hand, auf der ein paar Polizeibeamte und

Männer in Mänteln und Hüten zu sehen waren, die ernst und wichtig in die Kamera blickten.

Und dann traf es Goullet wie ein Schlag. In ihrer Mitte stand PG, stand der Mann aus dem Photoalbum, sein Vorläufer, in den er sich in seiner Ohnmacht verwandelt zu haben schien. Stand am Ende vielleicht er selbst da? Der Schnurrbart, das schmale Gesicht, die dunklen Augen – es gab keinen Zweifel.

Goullet sah, dass die Person auf dem Photo grinste, ganz so als amüsierte sie sich über die ihr zugemutete Behandlung. Es hatte etwas Unangenehmes.

Der Artikel unter dem Photo, den er nun atemlos überflog, berichtete von einem Dr. Prosper Genoux, Kinderarzt aus Perpignan und Mitglied einer bolschewistischen Terrorzelle und Fluchthelfergruppe, die Juden und anderen Volksfeinden zum illegalen Übertritt nach Spanien verhalf. Er würde nach der nun erfolgten Verhaftung umgehend dem Richter und seiner gerechten Strafe zugeführt. Außerdem verdächtigte man ihn des Mordes an etlichen Personen unbekannter Herkunft. Im Keller seines Hauses in Perpignan, in dem auch seine Praxis untergebracht gewesen war, wären Knochen und andere Leichenteile und in einer Kalkgrube im Innenhof seines Anwesens die Überreste weiterer Opfer gefunden worden, deren genaue Anzahl man noch bestimmen müsse. Man stünde vor einem Rätsel und würde gemeinsam mit deutschen Spezialisten an der Lösung dieses äußerst verstörenden Falles arbeiten.

Oberhalb des Photos stand das Erscheinungsdatum der Zeitung, der 22. Oktober 1943, ein Dienstag. Der Name des Blattes war abgeschnitten.

Goullet, der sich an den Namen Genoux in seinem Traum zu erinnern glaubte, zog jetzt die ganze Schublade auf und stieß auf eine braune Ledermappe, in der sich Dutzende weiterer Zeitungsausschnitte, Photographien und Dokumente befanden. Darunter lag das Besteck für den Frühstücksraum; Madame Simon musste sie also erst kürzlich wieder gesichtet und dann dort vorübergehend abgelegt haben.

Plötzlich hörte er, wie die Haustür aufging.

Hastig warf er den Artikel zurück in die Schublade, schob sie so leise wie möglich zu und stürzte ans Fenster. Der Hinterhof, auf den er sah, war von einer hohen Mauer mit einer darin eingelassenen Eisentür umgeben, die ebensogut offen wie abgeschlossen sein konnte. Aus dem Fenster zu springen schien zu riskant. Als er seinen Blick durch das Wohnzimmer schweifen ließ, bemerkte er einen Vorhang, der links neben dem Klavier hing. Gedämpfte Stimmen näherten sich auf dem Flur.

Goullet riss den Vorhang auf und entdeckte dahinter eine Nische, in der ein Regal mit Tischdecken, Handtüchern und anderen Wäschestücken stand. Die Vertiefung bot gerade Platz genug, um sich hineinzustellen. Er zog den Vorhang zu und hielt den Atem an.

Mehrere Personen betraten den Raum, vielleicht drei

oder vier. Als Erstes erkannte er Madame Simon. Sie sprach leise, und der Mann, der ihr antwortete, war kaum besser zu verstehen. Dann fing sie an zu husten, und es schaltete sich hörbar eine weitere Stimme ein, die von Hélène. Sein Name fiel; offenbar war er Gegenstand einer Erörterung, von der er nur Bruchstücke verstand, und der er irgendwann entnahm, dass man ihn als Kurier einsetzen wollte.

Madame Simon protestierte, und weil sie erregt war, erhob sie ihre Stimme etwas.

»Ich will euch wirklich nicht mit den alten Geschichten kommen«, sagte sie, »aber ich traue dem jungen Mann nicht über den Weg. Das ist der merkwürdigste Mensch, der mir je begegnet ist. Was will er hier? – Er ist höflich, ich weiß, trotzdem stimmt nichts an ihm. Er kommt daher mit diesem Brief, der ihm angeblich im Zug zugesteckt wurde und sieht dem Mann, der meine Familie ins Unglück gestürzt hat, aufs Haar ähnlich. Er trägt einen Namen, den ich nie wieder hören wollte. Es macht mir Angst …«

Der Rest ihrer Worte ging im Lärm von Polizeisirenen unter, die plötzlich draußen aufheulten, Fahrzeuge rasten auf der Straße vorbei und entfernten sich rasch wieder. Für einen Augenblick herrschte Stille im Raum, dann sprach ein zweiter Mann mit gedämpfter Stimme und erwähnte mehrere Personen, die so schnell wie möglich über die Grenze nach Spanien gebracht werden müssten. Der Tod des Präsidenten erfordere auch, alle anderen Aktivitäten vorübergehend auf ein Minimum zu beschränken. Dann vernahm Goullet Buchstaben und Zahlen, deren Bedeutung er nicht verstand. Immer wieder wurde von L1, F2 und ähnlichem gesprochen und dass es dort Ausbrüche gegeben hätte und man dringend den Kontakt herstellen müsse.

Spanien war frei – das wusste Goullet – und hatte sich im allgemeinen europäischen Zusammenbruch viel stabiler gezeigt als sein Heimatland, dem man entschieden mehr zugetraut hatte. Spanien und Portugal waren inzwischen Anlaufpunkt vieler Franzosen und anderer verfolgter und verängstigter Menschen, die dem europäischen Chaos zu entkommen suchten. Seit dem baltischen und polnischen Exodus, der der Besetzung Estlands und Lettlands durch russische Truppen folgte, und dem türkischen Bürgerkrieg, hatte Spanien seine Grenzbewachung allerdings forciert und war schwerer zu erreichen.

Das konspirative Gespräch, in das sich Goullet langsam eingehört hatte und dem er nun besser folgen konnte, wurde plötzlich übertönt vom Gebrüll heranfliegender Flugzeuge, die anfingen über der Stadt und der ganzen Gegend zu kreisen. Dann heulten wieder Sirenen vom Hafen her, der beunruhigende Lärm steigerte sich und hielt mehrere Minuten an. Als die Maschinen am Himmel schließlich abdrehten und es wieder stiller wurde, sprach im Zimmer niemand mehr.

Vorsichtig öffnete Goullet den Vorhang einen Spalt und sah, dass Françoise, Hélène und die beiden unbekannten Männer gegangen waren. Einen Augenblick wartete er noch, dann schlich er zur Anrichte, um die Mappe mit den alten Zeitungsartikeln an sich zu nehmen, fand in der Schublade jedoch nichts als Besteck und ein paar Servietten.

Die Tür, der er sich vorsichtig näherte, war zugezogen, aber nicht abgeschlossen. So verließ er Madame Simons Wohnung auf leisen Sohlen, und ohne dass ihn jemand bemerkt hätte.

Goullet, der auf dem Bett seines Hotelzimmers saß, starrte auf den abgenutzten Perserteppich zu seinen Füßen, und seine Augen folgten den Windungen und seltsam verwinkelten Figuren. Die Muster waren verwirrend. Sie bildeten in sich geschlossene Kreisläufe, die nirgendwohin führten. Auch seine Gedanken liefen im Kreis. Er trug einen Namen, den sie nie wieder hören wollte, hatte Madame Simon gesagt. Was könnte sie damit gemeint haben? Und er sah einem Mann ähnlich, der ihre Familie ins Unglück gestürzt hatte. Dieser Mann war Prosper Genoux. Das wusste er jetzt. Ein sonderbarer Name. Aber die Initialen stimmten: PG. Prosper Genoux. Kinderarzt. Widerstandskämpfer. Mörder.

Es machte trotzdem alles keinen Sinn.

Er hatte einen Artikel gelesen, der vor neunzig Jahren in einem von den deutschen Besatzern gleichgeschalteten Provinzblättchen erschienen war. Was stimmte daran, was war Propaganda und was gelogen?

Prosper … irgendwo war ihm der Name schon einmal begegnet.

Er versuchte, sich zu erinnern, und eine Melodie kam ihm in den Sinn. Draußen fielen mehrere Schüsse, wie kleine Explosionen, nicht weit entfernt und in kurzen Abständen.

Goullet horchte hinaus. Er wartete darauf, dass etwas geschehen würde, irgendetwas Drastisches, aber es folgte nur eine Stille, die unheimlich war, und er hörte, wie der Wind auffrischte und heftig an den Fensterläden rüttelte.

Dann fiel es ihm ein.

»Prosper« – so hieß ein Chanson, das Maurice Chevalier vor langer Zeit gesungen hatte, ein französischer Schauspieler, dessen Markenzeichen der gleiche kecke Strohhut war, den auch PG auf seinen Photographien trug. Eine uralte Music-Hall-Aufnahme, die sein Vater gerne hörte. Er, der eigentlich in der Welt der klassischen Musik zu Hause war und sie auf dem Klavier spielte, liebte einzig die französische Unterhaltungsmusik des letzten Jahrhunderts, allen voran ihre populären Interpreten Charles Trenet, Jean Sablon, Edith Piaf, Fréhel und eben Maurice Chevalier. Vermutlich hatte es mit seiner französischen Mutter zu tun, jener hübschen, jungen Frau auf den beiden Photos, die sein Großvater im Krieg kennengelernt und geschwängert hatte und deren Schicksal nach wie vor im Dunkeln lag.

»Prosper yop la boum, c'est le chéri de ces dames. Prosper yop la boum, c'est le roi du macadam …«

Das Lied eines Gauners und Zuhälters im Paris der 1930er Jahre; er glaubte Chevaliers kräftige, etwas rauchige Stimme wieder zu hören und sah seinen Vater vor dem eleganten Braun-Schallplattenspieler im Wohnzimmer sitzen und die vielen Vinylplatten, die auf dem Fußboden verstreut um ihn herum lagen.

Er merkte, dass er erschöpft war, ließ sich auf den Rücken sinken und schloss die Augen. Eine Weile lag er ganz still. Eine ungeheure Müdigkeit überkam ihn, und aus der schwarzen Tiefe des Schlafs, in die er langsam hinabglitt, löste sich plötzlich ein Traumbild und flog ihm entgegen wie ein Licht, das sich aus großer Entfernung näherte. Es überfiel ihn, als hätte es auf diesen Augenblick seiner Schutzlosigkeit gewartet: Estellas Gesicht, in dem Moment, als er sie am Hals gepackt hatte. Das gerötete Antlitz mit den schreckensweiten Augen. Dann auf einmal Antoinettes Kopf. Sie lachte nicht wie auf den alten Photographien; in ihren Zügen lag ein unbeschreibliches Entsetzen, der Schrecken eines Menschen, der begreift, dass er getötet wird. Jetzt. In diesem Augenblick. Ihr Kopf klappte vom Rumpf, und er sah die zuckenden Schultern und einen aufgerissenen Hals, aus dem das Blut spritzte. Da wusste Goullet, dass seine Großmutter ermordet worden war.

Er schreckte auf. Jemand hatte an die Tür geklopft. Sein Herz raste, und er brauchte ein paar Sekunden, um sich zu sammeln.

Als er öffnete, stand Hélène im Flur.

Das Rot der Tapete hinter ihr leuchtete im Licht der schräg einfallenden Sonne, und für eine Sekunde hatte Goullet das Gefühl, es könnte sich entzünden und den ganzen Flur in Brand setzen. Sie sah, dass etwas mit ihm nicht stimmte und fixierte ihn mit zusammengezogenen Brauen.

»Kommen Sie doch bitte herein«, sagte er leise und zeigte auf den Stuhl hinter sich, der vor dem kleinen Schreibtisch an der Wand stand. Sein Puls beruhigte sich allmählich; er freute sich ehrlich, dass sie gekommen war.

Da es keinen zweiten Stuhl im Zimmer gab, setzte er sich aufs Bett. Eine Weile sahen sie sich stumm an.

»Ich habe Ihre Schuhe gesehen«, sagte sie dann plötzlich.

»Sie standen hinter dem Vorhang und hörten uns zu …« Sie blickte ihm gerade in die Augen.

Er fühlte, dass er rot wurde, und wusste erst nicht, wie er sich verhalten sollte.

»Warum haben Sie nichts gesagt?«, fragte er schließlich.

»Wieso hätte ich Sie verraten sollen? Ich wollte, dass Sie uns zuhören. Und jetzt erzählen Sie mir, was Sie in Françoise' Wohnzimmer gesucht haben.«

Ihre Stimme hatte eine überraschende Schärfe angenommen.

Goullet überlegte, dann stand er auf, ging an den Kleiderschrank, zog aus seinem Jackett das kleine Photo von

PG, das er in Paris hatte vervielfältigen lassen, und gab es ihr.

Er wartete einen Augenblick.

»Halten Sie mich bitte nicht für verrückt«, sagte er endlich, »aber der Mann auf diesem Bild bin ich. Zumindest habe ich gute Gründe anzunehmen, dass ich es bin. Ich war also schon einmal hier. Vor über einhundert Jahren. Ich möchte wissen, wer ich gewesen bin und warum mich mein Weg ausgerechnet hierher in diese Pension geführt hat.«

Und Goullet erzählte ihr von seiner Reise nach Paris, dem Photoalbum mit den Initialen, die auch die seinen waren, der seltsamen Begegnung im Zug, vom Bild, auf dem er seine Großmutter entdeckt hatte, von all den phantastischen Zufällen, die keine Zufälle mehr sein konnten, von seiner Familie und seiner bedrückenden, lebenslangen Einsamkeit.

Es sprudelte nur so aus ihm heraus, und er fühlte, wie allmählich wieder Luft in seine Seele zog und sich eine Erleichterung einstellte, die er nicht mehr für möglich gehalten und nach der er sich doch all die Zeit gesehnt hatte. Am Ende standen ihm Tränen in den Augen.

Hélène hatte ihm schweigend zugehört. Sie sah ihn lange an, dann stand sie auf und küsste ihn sanft auf die Wange.

»Sei heute Abend um acht im ›Obélisque‹«, sagte sie. An der Tür drehte sie sich noch einmal um. »Ich glaube, du solltest wissen, dass der Gestapochef von Toulouse Rudolf Goullet hieß. Françoise hat es mir vorhin gesagt.« Damit verließ sie sein Zimmer und zog die Türe leise hinter sich zu.

Goullet blieb regungslos auf dem Bett sitzen und starrte die Holztür an, hinter der ihre Erscheinung verschwunden war. Er fragte sich, warum ihr Kuss ihn mehr erschütterte als ihre Nachricht. Seit er damals ins Arbeitszimmer seines Großvaters eingestiegen und durch den Inhalt des Rollschranks gegangen war, ahnte er, dass jeder scharfe Blick hinter die Fassade seiner schillernden Existenz einen menschlichen Abgrund offenbaren würde, in den man besser nicht hinabsah.

Warum nur hatte sich Antoinette mit ihm eingelassen? Einen schlimmeren Verrat an ihren Landsleuten hätte sie nicht begehen können. War sie ihm total verfallen, seinem Charme und seiner Musikalität erlegen? Sie wurde gegen jeden Sinn und Verstand die Geliebte eines Mannes, der ein System verkörperte, das allgegenwärtig, teuflisch und jedem aufrechten Franzosen zutiefst verhasst war. Und sie hatte ihm ein Kind geschenkt.

Welche Rolle aber spielte Genoux dabei, oder hatte er mit alldem nichts zu tun?

Je tiefer er in die Vergangenheit und in seine eigenen innersten Bereiche vordrang, desto verwirrender wurde alles, und er sah sich Fliehkräften ausgesetzt, die ihn jederzeit aus der Bahn werfen konnten.

Goullet spürte auf einmal, dass er hungrig war. Seit

dem Frühstück hatte er nichts mehr zu sich genommen, und es ging schon auf drei Uhr zu. Er beschloss, hinunter zum Hafen zu gehen, vielleicht würde er ein Lokal mit durchgehender Küche finden.

Am Quai François Joly entdeckte er ein Restaurant, in dem ein paar Gäste vor riesigen Etageren mit Meeresfrüchten saßen. Auf den Tischen standen Weinflaschen in Eiskübeln.

Als Goullet den Eingang passierte, spürte er einen kurzen Impuls, und eine Lichtquelle über ihm blitzte auf, die schon wieder erloschen war, kaum dass er sie bemerkt hatte.

Er setzte sich an einen Tisch am Fenster, von dem aus er das Treiben im Hafen beobachten konnte.

Plötzlich sah er auf einem der im Hafenbecken vertäuten Segelboote einen Mann, der sich anschickte, über einen schmalen Holzsteg zur Pier hinaufzubalancieren. Er wirkte ungeschickt und ruderte hilflos mit den Armen. Goullet brachte sein Gesicht dichter an die Fensterscheibe und kniff die Augen zusammen. Der Mann trug einen grünen Anzug und blickte, nachdem er festen Boden erreicht hatte, genau in seine Richtung. Goullet überlegte, ob er aufstehen und hinausgehen sollte, als sich direkt vor ihm etwas regte. Er zuckte zurück und blieb mit angehaltenem Atem sitzen.

Aus der schwarzen Glasplatte in der Mitte des Tisches erhob sich ein Kopf, stieg in die Luft und schwebte wie ein Traumbild vor ihm. Goullet sah, dass es ein Hologramm war; es besaß die Gesichtszüge einer jungen, hübschen Frau mit blassem Teint und hellrotem Mund. Ihre geschlossenen Augen klappten auf wie die einer Puppe und leuchteten in einem stechenden Blau.

»Bonjour et bienvenue, Monsieur Goullet«, sagte der Kopf und lächelte. »Wir werden uns bemühen, Ihre Wünsche zu erfüllen und Sie in jeder Hinsicht zufriedenzustellen.«

Die Stimme war leise, und ihre Künstlichkeit hatte etwas überraschend Sinnliches. »Legen Sie jetzt bitte Ihre rechte Hand auf das erleuchtete Feld.«

Das Hologramm lächelte ihn immer noch an, senkte die Augen und blickte hinunter auf den Tisch. Dort blinkte am rechten unteren Rand der Glasplatte eine Fläche, die die Umrisse einer Hand nachbildete.

Fast hätte Goullet das Restaurant wieder verlassen, dann aber siegte doch die Neugier auf das, was passieren würde, über seine tiefsitzende Abneigung gegen den Anspruch all dieser virtuellen Gefüge, selbst die letzten Winkel menschlicher Lebensräume zu besetzen und in sich einzusaugen.

Er platzierte seine Hand auf der leuchtenden Fläche und warf einen kurzen Blick nach draußen.

Der Mann im grünen Anzug war verschwunden. Aber vielleicht hatte er sich ja auch geirrt und nur irgendeinen Bootsbesitzer in grüner Kleidung gesehen. Doch insgeheim wusste er, dass er sich etwas vormachte. Lacroix würde immer wieder auftauchen, solange er nicht das Rätsel seines Vorläufers gelöst hatte.

»Ihre Blutwerte sind fast ausnahmslos unauffällig, Monsieur Goullet«, fing der Kopf wieder an, und Goullet bemerkte, dass die Haarfarbe plötzlich eine andere war. Das dunkle Blond hatte sich in ein tiefes Schwarz verwandelt, und auch das Gesicht veränderte sich vor seinen Augen in das eines Menschen, den er zu kennen glaubte.

»Aufgrund eines erhöhten Harnsäurespiegels rate ich Ihnen jedoch vom Verzehr von Muscheln und Schalentieren ab«, fuhr der Kopf fort, »Gäste mit ähnlichem Befund entscheiden sich gerne für unsere schmackhaften Salatplatten oder Geflügelgerichte.«

Der Kopf verstummte für einen Moment. Die Augen hatten eine grüne Farbe angenommen. Eingefasst vom milchigen Weiß der Iris funkelten sie wie Edelsteine, die ein fernes, kaltes Licht durchdrang. Saphire, dachte Goullet. Auf seinem Hemd irrlichterten zwei helle Punkte.

»Bevor Sie Ihre Wahl treffen«, begann der Kopf von neuem, »und Speisen und Getränke bestellen, die Ihnen von einem unserer Mitarbeiter gerne an den Tisch gebracht werden, bin ich verpflichtet, Ihnen mitzuteilen, dass Sie sich binnen einer Woche ein Visum besorgen müssen. Sie sind Ausländer und haben dies bislang versäumt. Sie machen sich strafbar.«

»Aber ich bin schon mehrere Male kontrolliert worden, und man hat mir nichts dergleichen gesagt!«, entgegnete Goullet vorsichtig, und er kam sich ziemlich lächerlich vor, mit diesem chamäleonhaften Phantom, das da vor ihm in der Luft schwebte, zu sprechen.

»Es ist ein neues Gesetz, Monsieur Goullet, das leider auch die Bürger des angrenzenden Auslands betrifft. Und jetzt wünsche ich Ihnen einen angenehmen Aufenthalt und guten Appetit!«

Damit verschwand das Hologramm vor seinen Augen wie ein Spuk. Aber es war keiner gewesen, und Goullet begriff, dass die Oberfläche, auf der er lebte und sich so leise und vorsichtig wie nur möglich bewegte, vollkommen untergraben und ausgehöhlt war, und er also auf keinem Grund mehr lief, sondern sich schon längst im freien Fall befand, ohne es wirklich bemerkt zu haben. Die Angriffe auf seine Person kamen längst aus allen Richtungen.

Der Appetit war ihm vergangen, und er beschloss, bis zum Abend zu warten, an dem er Hélène wiedersehen und im »Obélisque« sicher auch etwas zu essen bekommen würde.

Als er aufstand, wandten ihm die Personen, die ein paar Tische weiter ebenfalls am Fenster saßen und sich mit ihren Meeresschnecken und Seeigeln abmühten, wie auf ein Kommando ihre Köpfe zu, als bemerkten sie ihn erst jetzt. Goullet nickte, lächelte entschuldigend und verließ das Restaurant mit schnellen Schritten, ohne auch nur einen einzigen Mitarbeiter gesehen zu haben.

Draußen hatte der Wind aufgefrischt, die Segelboote schaukelten ächzend im Hafenbecken, ihre Taue knarrten am Holz der Bootswände, und die Wanten schlugen rasselnd gegen die hohen Masten aus Metall.

Auf dem Weg zurück zur Pension überlegte Goullet, wie er es anstellen sollte, sich in den Besitz eines Visums zu bringen. Er fürchtete jede Berührung mit der Gendarmerie oder anderen Personen der öffentlichen Verwaltung, und das Netz wollte er in jedem Fall umgehen. Wahrscheinlich wusste Hélène Rat.

Überhaupt Hélène. Sie hatte sich in seinem Kopf festgesetzt, und er dachte viel öfter an sie, als ihm bewusst war. Er fand sie in jeder Hinsicht außergewöhnlich und begehrenswert; sie hatte ihn geküsst, und es lag eine ungeheure Kraft in dieser zarten, flüchtigen Berührung, die ihn nicht mehr losließ. Ihr schönes Gesicht machte ihm keine Angst und bedeutete auch keine Qual wie sonst bei den Frauen, zu denen er sich hingezogen fühlte. All die beunruhigenden Geschehnisse der letzten Tage hatten ihm nicht geschadet, im Gegenteil, er fühlte sich lebendiger denn je, und er glaubte, den Grund dafür in dieser seltsamen Frau zu sehen.

Ohne dass er weiter auf den Weg geachtet hätte, stand er wenig später vor der kleinen Pension in der Rue Victor Hugo und schreckte aus seinen Gedanken auf. Jemand spielte im Haus Klavier.

Als er das Foyer betrat, wusste er, dass es die Hausherrin selbst war, denn auf einmal begann sie zu singen, leise, kehlig und mit dem dünnen Vibrato ihrer alten Stimme.

»Que reste-t-il de nos amours, que reste-t-il de ces beaux jours, une photo, vielle photo de ma jeunesse …«

Er erkannte das Lied sofort. Es war von Charles Trenet und irgendwann während des Zweiten Weltkriegs entstanden. Es berührte ihn sonderbar, dass sie ausgerechnet dieses Chanson sang, das sein Vater Richard über alles geliebt und sogar für sich ins Deutsche übertragen hatte.

Er horchte eine Weile hin, schloss die Augen und sah sich plötzlich wieder auf der Terrasse seines Stuttgarter Elternhauses stehen. Der Wind rauschte in den Zweigen der alten Wellingtonie, deren Wipfel vor Jahren einem Blitzeinschlag zum Opfer gefallen war. Die hohe Verandatür stand offen, und er hatte sich gleich daneben an die Hauswand mit dem wilden Wein gedrückt, um nicht gesehen zu werden. Er liebte es, wenn sein Vater Klavier spielte, aber wusste auch, dass er keine Zuhörer duldete.

Die Sonne schien ihm ins Gesicht, und für einen Augenblick war die Welt für ihn in Ordnung. Die Klänge des alten Flügels drangen zu ihm hinaus, sie hatten etwas Feierliches, und er fühlte, dass sein Vater ganz bei sich und vielleicht sogar ein wenig glücklich war. Zu seiner Überraschung aber brach er mitten im Spiel ab, dessen Töne wie der Wind durch seine Haare strichen und ihn wärmten wie die Sonnenstrahlen auf seiner Haut.

Goullet hörte eine Weile nichts und wollte sich eben von der Hauswand lösen, um nachzusehen, ob sein Vater schon gegangen war, als das Klavierspiel erneut einsetzte. Jetzt aber war es ein leichtes, moderneres Stück, das er vernahm, ein Schlager, der einen sanften Rhythmus in sich trug. Und dann sang sein Vater, und er hatte eine schöne, hohe Stimme. Goullet lauschte, die Worte spannen ihn ein, und er vergaß sie nicht mehr:

Heut Nacht pfeift der Wind vor meinem Fenster,
und es tanzen die Gespenster
im Kamin wie kalter Rauch.

Heut Nacht singt der Wind die Melodien,
die das kalte Haus durchziehen
und verschwinden wie ein Hauch.

Goullet stand noch immer mit geschlossenen Augen in der Mitte des Foyers. Er hatte begonnen, die Zeilen leise mitzusingen, und bemerkte nicht, dass die Musik im Nebenzimmer verstummte und sich kurz darauf die Tür zum Foyer öffnete.

Was bleibt zurück von jener Zeit?
Wo ist sie hin, Vergangenheit?
Ein altes Bild, vergilbtes Bild aus frohen Tagen.
Ein Liebesbrief und dunkles Haar
in einem Buch, das deines war.
Ein stummer Blick, ein Schatten flieht,
ohne zu klagen.

Haare im Wind, verwehtes Lied,
das wie die Wolken weiterzieht.
Was bleibt zurück von alledem?
Oh, sag es mir!
Ein kleines Dorf, ein alter Baum,
ein grünes Tal, ein Gartenzaun,
und dein Gesicht im Sonnenlicht
– so wie ein Traum.

»Sie kennen Trenet?«

Madame Simon ließ sich hustend in einem der beiden kleinen Sessel nieder, die links und rechts des Tischchens mit der Rüschenlampe standen, und sah ihn überrascht an. Dann entzündete sie den Zigarillo, der ihr im Mundwinkel hing, atmete tief ein, legte den Kopf etwas zurück, und als sie den Mund wieder öffnete, entwich ihm ein dünner Faden Rauch, der langsam hinauf zur Zimmerdecke schwebte.

Goullet sah, dass ihre Zähne noch immer schön, aber von einer eigenartigen, fast gläsernen Beschaffenheit waren. Das Nikotin hatte keine sichtbaren Spuren hinterlassen. Weil er nicht antwortete, lud sie ihn mit einer knappen Geste ein, sich neben sie zu setzen.

»Trenet …« Gewichtig wiederholte sie den Namen und lächelte ihn vielsagend an. »Mein Gott, ist das lange her, eine halbe Ewigkeit! – Ich glaube, das erste Mal habe ich ihn im Bobino singen gehört, das muss 1958 oder ’59 gewesen sein, ich war … gerade mal elf. Er hatte immer noch diese wunderbare, weiche Stimme, und wenn er sang, wirkte das so mühelos, nur rollte er dabei mit seinen weit aufgerissenen Augen so idiotisch herum, dass man Angst kriegte, sie könnten ihm aus dem Kopf springen …«

Madame Simon lachte leise in sich hinein, zog an ihrem Zigarillo und schloss kurz die Augen.

Goullet rechnete mit einem nächsten Hustenanfall, aber sie fuhr sich nur mit der Zunge über die Lippen und verwischte dabei das Rouge, das ohnehin nicht ganz sicher aufgetragen war.

»Mein Vater war sehr mit ihm befreundet«, sagte sie, während Goullet sie unverwandt ansah. Er fand, dass sie aussah wie eine verwitterte Ballerina oder eine Pierrette aus altem, brüchigen Porzellan. Sie rührte ihn an.

»Beide waren sie gleich alt und gingen in Perpignan zur Schule. Trenet hat uns oft zu Hause besucht … ja, das waren Zeiten … nun ist er schon über dreißig Jahre tot … Wir fanden ihn furchtbar altmodisch, aber als ich mit Sylvie Vartan später im Le Golf Drouot sang, eine verrauchte Kellerbühne im Moulin Rouge, einer meiner ersten Auftritte – wir trugen diese albernen indischen Kostüme, die uns Jean Bouquin geschneidert hatte –, da kam er und brachte mir Blumen. Das hat ihn bestimmt einiges gekostet, denn die Musik, die wir machten, fand er eigentlich schrecklich …«

Madame Simon, die ihre Freunde Françoise nannten, schwieg, und Goullet fragte sich, warum sie ihm das alles erzählte. Gestern war sie noch so abweisend gewesen, und nun suchte sie offensichtlich Kontakt zu ihm. Hatte Hélène mit ihr gesprochen?

Dann fragte sie unvermittelt, von wem der deutsche Text sei, den er eben gesungen hätte. Ihres Wissens gäbe es gar keine deutsche Fassung von »Que-reste-t-il«, sie hätte wenigstens noch nie eine gehört.

»Mein Vater liebte dieses Lied, Madame.« Goullet entschloss sich, die Unterhaltung mit ihr zu führen, auch wenn ihn das undeutliche Gefühl beschlich, dass sie ihn aushorchen wollte. Aber schließlich, was hatte er zu verbergen? »Außer den großen Komponisten der Vergangenheit ließ er nur französische Chansons gelten«, sagte er, »und Trenet lag ihm besonders am Herzen. Er hat eigene Übersetzungen seiner Lieblingslieder gemacht und sie manchmal am Klavier gesungen. Nicht dass mein Vater besonders romantisch gewesen wäre, sentimentale Unterhaltungsmusik mochte er nicht, nein, es war etwas anderes, das ihn mit diesem Lied verband … Seine Mutter, meine Großmutter, war Französin, und sie stammte hier aus der Gegend.«

Er ließ den Satz stehen und sah mit Erstaunen die Wirkung, die er erzielte: Madame Simon erstarrte, und für einen Augenblick hatte Goullet das Gefühl, in das Gesicht eines Menschen zu blicken, dessen Herz plötzlich und ganz einfach stehengeblieben war, so wie das Perpendikel einer alten Wanduhr, die man vergessen hat, wieder aufzuziehen.

»Ich kenne meine Großmutter nur von einem alten Bild im Zimmer meines Großvaters«, fuhr er etwas vorsichtiger fort, »sie hieß Antoinette, und ich habe sie gestern in Ihrem Wohnzimmer wiedergesehen auf einem Photo an der Wand neben der Tür, Arm in Arm mit einem gewissen Georges … Darf ich Sie fragen, warum sie dort hängt?«

Madame Simon starrte ihn immer noch an, aber auf einmal begann sie kaum merklich zu zittern. Goullet hätte alles Mögliche erwartet, diese Reaktion schien ihm jedoch so seltsam, dass er einen Augenblick überlegte, das Gespräch abzubrechen. Dann sagte sie plötzlich: »Junger Mann, die Frau, von der Sie glauben, sie sei Ihre Großmutter, war meine Tante. Sie war die Schwester meines Vaters Georges …«

»Und sie verschwand mitten im Krieg«, beeilte sich Goullet hinzuzufügen, »und man hat nie herausgefunden, was aus ihr geworden ist, nicht wahr, so war es doch …?«

»Ja, so war es …«, antwortete Madame Simon leise, und nach einem kurzen Moment: »Es hat meinen Vater fast umgebracht – diese Ungewissheit über ihr Schicksal marterte ihn sein Leben lang. Er liebte seine Schwester über alles, müssen Sie wissen, auch wenn sie ihm und ihrer Familie das Leben zur Hölle gemacht hat …«

Es entstand eine Pause, in der beide sprachen, aber nichts sagten. Sie sahen sich nur an. Gott im Himmel, sie ist mit mir verwandt, dachte Goullet, es ist vollkommen verrückt! Was in aller Welt ist hier damals bloß geschehen?

»Monsieur Goullet …«, Madame Simon musste husten, und er spürte, dass die Frage, die ihr auf der Zunge lag, ihre Kräfte fast überstieg. Sie drückte den halb gerauchten Zigarillo im Aschenbecher neben der kleinen Lampe mit zitternden Fingern aus, dann hob sie langsam den Kopf und blickte ihn mit dunklen, angsterfüllten Augen an: »Hieß Ihr Großvater Rudolf?«

Noch bevor er antworten konnte, wurde die Haustür aufgerissen, und zwei Männer in blauer Uniform betraten die Pension. Sie trugen Waffen über der Schulter, wie er sie noch nie gesehen hatte.

Goullet sprang auf, ihm schien auf einmal, als brenne die Luft in diesem kleinen, dunklen Vorraum. Durch die offene Tür sah er einen Mannschaftswagen der Police nationale mit schwarzgetönten Scheiben auf der Straße vor dem Haus stehen.

»Françoise Simon?«, bellte der größere der beiden und tat einen Schritt weiter ins Foyer hinein.

Aufreizend langsam drehte ihnen Madame Simon den Kopf zu. Sie blieb sitzen und musterte schweigend die Staatsmacht, die sich drohend vor ihr aufgebaut hatte.

»Ob Sie Françoise Simon sind, will ich wissen!«

Der Ton wurde schärfer, die Augen blitzten aus schmalen Schlitzen.

»Selbstverständlich, junger Mann …«, sagte sie dann ruhig, und nichts wies darauf hin, wie sehr sie sich noch kurz zuvor erregt hatte, »die bin ich, seit 86 Jahren schon, und wenn Sie mich das nächste Mal besuchen, dann klopfen Sie bitte vorher an …«

»Kommen Sie mit auf die Präfektur, wir müssen Ihnen ein paar Fragen stellen!«

»Aber wo denken Sie hin, Monsieur! Ich bin eine alte Frau und fahre nur noch ungern Auto. Ersparen Sie sich bitte die Umstände, und stellen Sie mir Ihre Fragen hier. Wenn ich kann, werde ich sie gerne beantworten.«

Goullet stand stocksteif neben dem Tischchen mit der Lampe, und sein Herz klopfte ihm bis zum Hals. Durch die Tür sah er, wie aus dem schwarzen Fahrzeug draußen auf der Straße mehrere uniformierte Männer stiegen. Er fürchtete, dass Madame Simon mit ihrer Weigerung mitzukommen, zu weit gegangen war.

Der kleinere der beiden, der schweigend und mit hochrotem Kopf die Szene im Hintergrund beobachtet hatte, trat plötzlich dicht an ihn heran und bedeutete ihm mit einer energischen Kopfbewegung, den Raum zu verlassen. Goullet sah Madame Simon hilflos an. Zu seinem großen Erstaunen fühlte er, wie nah sie ihm auf einmal war, sie war Teil seiner rätselhaften Geschichte, das hatte er verstanden, er bewunderte ihren Mut und hatte aufrichtig Angst um sie.

»Machen Sie sich keine Sorgen«, sagte Madame Simon und lächelte ihm beruhigend zu, »ich habe in all den Jahren schon so viel erlebt; und jetzt werde ich mit den Herren eben auf die Präfektur fahren, wenn ihnen das so furchtbar wichtig ist. Bitte grüßen Sie mir Ihre Freundin!«

Mühsam erhob sie sich, lief langsam zur Garderobe neben der Tür, zog sich einen Mantel an, drehte sich noch einmal zu ihm um, nickte und verließ mit den beiden Männern das Haus.

Die Tür fiel zu, und Goullet hörte, wie der Wagen draußen davonfuhr.

Im Haus war es auf einmal totenstill.

Goullet überlegte, was er tun sollte. Grüßen Sie mir Ihre Freundin, hatte Madame Simon zu ihm gesagt und damit vermutlich Hélène gemeint. Er wusste nur nicht, wie er sie erreichen und darüber informieren sollte, dass seine Wirtin abgeholt worden war.

Er sah auf seine Taschenuhr, es war kurz vor halb fünf. Das Treffen mit Hélène und ihrer Gruppe sollte erst später am Abend stattfinden. Irgendwie musste er sie vorher ausfindig machen. Er fühlte, dass ihm das Schicksal eine große Verantwortung für Françoise auferlegt hatte, die die Cousine seines Vaters war (er konnte es immer noch nicht glauben).

Wenn irgendjemand, dann war sie es, die ihm bei der Suche nach sich selbst und seiner Vergangenheit weiterhelfen könnte. Mit ihrem Mut und ihrer Verschrobenheit hatte sie ihn tief beeindruckt. Sie war ein Mensch aus einer anderen Epoche, und er machte sich ehrlich Sorgen um sie.

Es war offensichtlich, dass die Sicherheitsorgane nach

der Ermordung des Präsidenten ihre Jagd auf Widerstandskreise im ganzen Land intensiviert hatten, und nun waren auch Madame Simon und die Gruppe, die sich bei ihr traf, ins Visier der Ermittlungen geraten.

Bislang hatte er, Goullet, sich nichts zuschulden kommen lassen. Bis auf die Tatsache, dass er über kein gültiges Visum verfügte, konnte man ihm nichts anlasten. Aber er hatte Angst, möglicherweise schon tiefer in die Sache verwickelt zu sein, als er wissen konnte. Wichtig schien ihm vor allem, so unsichtbar wie möglich zu bleiben und jenseits seiner erfassten Daten keine zusätzliche Spur zu hinterlassen.

Er nahm den Schlüssel an sich, der am Brett hinter der Rezeption hing, schloss die Haustür hinter sich ab und machte sich auf den Weg in die Stadt.

Am Quai Pierre Forgas bog er rechts in die Rue Jules Ferry, um zu sehen, ob der »Obélisque« schon geöffnet hatte. Kaum war er in die enge Straße hineingelaufen, sah er von weitem Fahrzeuge, Polizisten und bewaffnete Sicherheitsbeamte an der Ecke des Lokals stehen. Die Tür war eingeschlagen, der obere Teil der Straße abgeriegelt. Eine der selbstfahrenden schwarzen Limousinen der Police nationale rollte lautlos an ihm vorbei. Die Fenster waren heruntergelassen, und Männer in schwarzen Kapuzen starrten ihn an.

Was ihm schon zweimal auf seiner Reise passiert war, geschah jetzt wieder. Goullet überfiel ein eisiger Schrecken, sein Herz krampfte sich zusammen, er bekam keine Luft mehr, ging in die Knie und stützte sich mit einer Hand auf dem Trottoir ab. Unzählige Fragen schossen ihm durch den Kopf. Was war mit Hélène? Würde er sie je wiedersehen? Es nicht zu können schien ihm ganz und gar unmöglich. Und was würden sie mit Madame Simon machen? Was mit Lucien, dem Wirt mit der schmutzigen Schürze?

Langsam richtete er sich wieder auf und wischte sich den Schweiß von der Stirn. Das Leben war eine Höllenfahrt, er hätte schreien mögen vor Schmerz und Verzweiflung. Die ständige zermürbende Bedrohung, der er sich ausgesetzt sah, warf ihren Schatten auf alles, was ihm lieb und teuer war, und drohte ihn langsam zu ersticken.

Als er sich wieder etwas beruhigt hatte und genügend Luft bekam, lief er zurück zum Quai Pierre Forgas.

Er sah hinauf in den dunkler werdenden Frühjahrshimmel, sah ein Fischerboot, das von hungrigen Möwen umkreist in den Hafen einlief, und spürte plötzlich eine kalte Wut in sich aufsteigen. Sie verlieh ihm eine überraschende Kraft, die ihn weitertrug, ohne dass er die geringste Ahnung hatte, wohin er eigentlich gehen wollte. Er lief einfach in die nächste Gasse, die rechts abging, erreichte über ein gewundenes Sträßchen einen Verkehrskreisel und bog in die Route de la Gare hinein. Sie schlängelte sich etwa einen Kilometer weiter den Hügel hinauf, bis er schließlich wieder vor dem verlassenen Bahnhof stand, an dem er tags zuvor ausgestiegen war. Rechts stand das Hotel, düster und verschlossen. Zu seiner Überraschung aber war eines der oberen Fenster unter dem Dach erleuchtet. Goullet blieb stehen.

Vor die quadratische Lichtquelle schob sich plötzlich der Schattenriss eines Menschen, der seine Arme hin und her bewegte, als winke er oder als wolle er jemandes Aufmerksamkeit erregen.

Goullet blickte sich um. Außer ihm stand niemand auf dem Platz, der hätte gemeint sein können. Als er wieder hinaufsah, war der Schatten verschwunden und das Licht erloschen. Nach einem Augenblick wandte er sich ab.

Am Ende des leeren Parkplatzes auf der linken Seite des Bahnhofs bemerkte er eine Person, die unverwandt zu ihm herübersah. Plötzlich und ohne ersichtlichen Grund rannte sie davon.

Goullet folgte ihr auf dem unbefestigten Weg, der parallel zu den Eisenbahnschienen verlief. Nach etwa dreihundert Metern erreichte er einen Tunnel. Er führte unter dem Bahndamm hindurch. Am anderen Ende des dunklen Schachts, in den er hineinsah und der ihm ungewöhnlich lang vorkam, konnte er die Silhouette eines Menschen erkennen, die sich Sekunden später im entfernten Lichtkreis des Ausgangs auflöste.

Der Eingang des Tunnels war mit verwitterten Buckelquadern eingefasst und nach oben hin abgerundet. Vermutlich stammte er noch aus der Zeit, als die Eisenbahn von Südfrankreich nach Katalonien gebaut worden war. Und auch hier beschlich Goullet wieder das eigenartige Gefühl, dass er kannte, was er sah. Durch diesen Tunnel, so schien es ihm, war er schon einmal gegangen. Vorsichtig setzte er den Fuß in die dunkle Röhre hinein, und sofort stieg ihm ein dumpfer, fauliger Geruch in die Nase. Überall am Boden lag Müll, und er stieß immer wieder an Gegenstände, die er nicht genau erkennen konnte. Langsam lief er weiter, und bald fiel ihm auf, dass er dem Licht am Ende des Tunnels keinen Schritt näher kam. Plötzlich erfasste ihn ein Schwindel, er blieb stehen und schloss die Augen. Ihm war, als drehte sich der Tunnel um die eigene Achse, und er stürzte ohne Halt einen endlosen, dunklen Schacht hinunter ins Bodenlose.

Als er seine Augen wieder öffnete, war er so geblendet, dass er ein paar Sekunden brauchte, bis er begriff, dass es das Licht des Ausgangs war, der keine zehn Meter vor ihm lag. Er ging weiter und trat hinaus ins Tageslicht. Es war angenehm warm, die Sonne schien, und an den Hängen, die sich steil zu einer bewaldeten Hügelkette hinaufzogen, wuchsen Agaven und Kakteen. Dazwischen standen Weinstöcke voller reifer Trauben an Spalieren oder gediehen scheinbar wild und in herbstlichen Farben auf dem steinigen Boden. Ein sandiger Weg führte rechts hinunter, und hinter einem Lattenzaun, der einen ausgedehnten Garten umschloss, sah er in einiger Entfernung Lacroix. Er winkte ihm zu. Zu seiner Überraschung hatte er auf seinen grünen Tweed verzichtet und trug hellbraune Knickerbocker, darüber ein graues, tailliertes Jackett und eine breite, rotseidene Krawatte.

»Sie sind oben in der Hütte und warten, Prosper, komm rein.« Lacroix öffnete die kleine Gartentür, gab ihm die Hand, und zusammen stiegen sie langsam eine lange, steile Treppe hinauf, die zu einem Häuschen aus Stein führte, wie die Weinbauern es benutzen, um ihre Gerätschaften unterzustellen oder um manchmal auch dort zu übernachten.

»Sie haben uns sechs Personen aus Marseille geschickt, stell dir vor!«, regte sich Lacroix auf. »Wie oft habe ich denen schon gesagt, dass mehr als drei nicht drin sind, es ist einfach zu gefährlich! Die zwei jungen Männer aus Holland, deren Eltern mit gültigen Visa nach Spanien ausgereist sind und dort auf sie warten, habe ich gleich wieder zurückgeschickt, die sind im dienstpflichtigen Alter, und das kann uns den Kopf kosten, wenn wir erwischt werden. Die müssen versuchen, sich von Marseille aus nach Casablanca …«

»Hör zu, Pierre«, unterbrach ihn Genoux und blieb stehen. »Ich kann die Gruppe morgen nicht über die Berge bringen, ich muss heute Abend noch zurück nach Perpignan.«

»Machst du Witze, Prosper?« Lacroix sah ihn verblüfft an. Er war ungehalten.

»Jetzt mal langsam, ich begleite sie ja nach Banyuls, mehr kann ich im Augenblick nicht tun. Sie werden dort von den beiden österreichischen Genossen übernommen. Mach dir keine Sorgen, die wissen Bescheid.«

»Du hast viel Geld für die Tour bekommen, Prosper, vergiss das nicht! Was ist los, verdammt nochmal?«

Genoux holte tief Luft. »Ich muss mich um die Praxis kümmern, ich habe Patienten!«, sagte er schließlich. »Du verstehst das vielleicht nicht, aber ich kann nicht andauernd weg sein und sie im Stich lassen, das fällt allmählich auf. Und außerdem …« Er hielt inne, und Lacroix ahnte, dass er jetzt mit dem wahren Grund herausrückte. »Ich habe wieder Ärger mit der Polizei. Es ist immer dasselbe. Dieser Drecksack Simon hat mich für morgen früh einbestellt und will mir wegen diesem und jenem ans Leder. Was hab ich ihm nur getan? Warum blasen sich diese Scheißbeamten immer so auf und lassen anständige Franzosen nicht in Ruhe? Es gibt weiß Gott genügend anderes Gelump, das ganze Land ist voll davon. Sollen sie doch den Schiebern und Kollaborateuren das Leben schwermachen. Wenn der so weitermacht, schnapp ich mir seine Schwester, dieses Naziflittchen. Die hat das im Übrigen schon lange verdient. Mal sehen, was er dann sagt …« Genoux hatte sich in Rage geredet.

»Langsam!«, versuchte Lacroix ihn zu bremsen, die Unbeherrschtheit seines Freundes gefiel ihm nicht. »Mach keinen Fehler, und lass das Mädchen in Ruhe! Kein Mensch weiß, was an dem Gerede dran ist. Und selbst wenn, na und? Sie wäre ja wohl nicht die Erste, die etwas mit einem dieser Boches anfängt. Also lass es einfach bleiben, es bringt uns nur in Gefahr!«

Genoux starrte ihn wütend an, er hatte einen roten Kopf und antwortete nicht. Seine Augen funkelten, sie waren viel dunkler noch als braun, fast schwarz. Dass es böse Augen waren, konnte Lacroix nicht sehen. Genoux nickte, er tat so, als hätte er verstanden.

»Die Sache mit Simon wird sicher irgendwann im Sand verlaufen«, fuhr Lacroix, ihn beruhigend, fort. »Du wirst sehen. Du bist doch nicht auf den Mund gefallen. Pack ihn bei seiner patriotischen Seele!« Er lachte und klopfte Genoux auf die Schulter.

Sie stiegen weiter die Treppe hinauf, und nach einigen Schritten kam er wieder auf den Anfang ihres Gesprächs zurück.

»Gut«, sagte er und seufzte, »dann ist das jetzt eben so. Also … wir haben dort oben ein deutsches Ehepaar mit einer sechzehnjährigen Tochter und einen etwas seltsamen Herrn, einen Professor, der irgendwelche wichtigen Unterlagen mit sich schleppt. Die Blums sind ganz beeindruckt und haben mir zugeflüstert, er sei eine Berühmtheit. – Hast du von den Wolffs gehört?«

»Ja«, antwortete Genoux, »José hat ein Telegramm aus Madrid geschickt, sie sind durchgekommen und müssten jetzt in Lissabon sein. – Übrigens sind Herbsheimer und seine Sekretärin verschwunden …«

»Was?« Jetzt blieb Lacroix stehen und starrte ihn ungläubig an.

Genoux stieg weiter die Treppe hinauf. »Ich hatte sie in den zwei Zimmern über der Praxis untergebracht, die nach hinten in den Innenhof gehen«, sagte er, während er sich kurz umdrehte und mit den Schultern zuckte. »Am Abend wollten sie unbedingt noch in die Stadt, ich habe ihnen gesagt, das sei zu gefährlich, sie sollten sich erst einmal ruhig verhalten und abwarten und nicht gleich auf den Boulevards spazieren gehen mit all den Schiebern und Gestapospitzeln dort. Es war nichts zu machen, er wusste alles besser. Jedenfalls kamen sie in der Nacht nicht zurück. Keine Ahnung, vielleicht sind sie in eine Kontrolle geraten …«

Er erzählte es ganz nebenbei, und es klang so überzeugend, dass Lacroix gar nicht der Verdacht kam, es könne etwas damit nicht stimmen.

Inzwischen waren sie an der Hütte angekommen.

»Hast du Nachforschungen angestellt?«, fragte Lacroix. Er nahm das Verschwinden der beiden keineswegs so leicht wie sein Freund; waren sie in die Hände der falschen Leute geraten, konnte das auch für ihn selbst böse Folgen haben. »Frag Duchesne, der hat gute Verbindungen zur Gendarmerie und zur Gestapo«, fügte er insistierend hinzu.

Genoux nickte, selbstverständlich würde er versuchen herauszufinden, was passiert war. Lacroix konnte es noch immer nicht glauben, das war einfach keine gute Nachricht. Dann öffnete er die niedrige Tür, sie bückten sich und traten in das Innere der Hütte.

Nach der Helligkeit draußen mussten sie sich einen Augenblick an die plötzliche Dunkelheit gewöhnen. Um einen kleinen Holztisch herum, auf dem eine Kerze brannte, saßen drei Personen, die die Eintretenden gespannt ansahen.

Es ist immer dasselbe, dachte Genoux, diese Mischung aus Angst und dankbarer Erwartung, als sei man der liebe Gott persönlich, der alles wieder richten könne. Es kotzte ihn an.

Der Mann, um die fünfzig, hatte ein rundes, sympathisches Gesicht und nur noch wenig Haare. Wenn irgendjemand auf dieser Welt nicht zu ihm passte, dann war es seine Frau, die neben ihm saß, groß, schwarzhaarig, stark geschminkt, mit ausdrucksvollen Augen, das, was man eine Schönheit nennt. Ehemalige Schönheit, dachte Genoux sofort, Künstlerin wahrscheinlich, Theater oder so etwas, bekannt vielleicht noch vor ein paar Jahren und jetzt im freien Fall. Ein Scheißleben.

Das Mädchen, ihre Tochter, war sichtlich nach dem Vater geraten, da war nichts, was ihn reizte, blonde Zöpfe, breite Gesichtszüge, unruhige Haut und ein Silberblick, der ihrem Gesicht etwas Dümmliches verlieh. Er würde sie in Ruhe lassen, da konnte sie sicher sein.

Dann erst fiel ihm der Mann auf, der im Schatten an der Wand neben einer schäbigen Anrichte lehnte. Er trat an den Tisch heran und stellte sich vor. Sein Name sagte Genoux nichts. Er war ausgesucht höflich und sprach gutes Französisch. Er hatte dichtes, welliges Haar, einen dunklen Oberlippenbart und trug eine kreisrunde Brille mit dicken Gläsern, hinter denen wache, forschende Augen aufmerksam verfolgten, was um ihn herum geschah. In den Armen hielt er eine schwarze Aktentasche, die ihm offenbar so wichtig war, dass er sie nicht einmal abstellen wollte.

»Bevor Sie mir mit irgendwelchen Fragen kommen oder unnötige Diskussionen entstehen«, begann Genoux, »sage ich Ihnen gleich eins, und Sie werden sich daran halten: Jedes überflüssige Gepäck bleibt hier, nehmen Sie nur mit, was Sie dringend brauchen und ohne Problem tragen können. Keine Rucksäcke, daran erkennt man sofort den deutschen Flüchtling. Sie dürfen sich möglichst wenig von den Weinbauern unterscheiden. Und keine lauten Gespräche. Ich bringe Sie nachher auf einem Bergpfad nach Banyuls. Wir haben kein Auto zur Verfügung, und die Bahn zu nehmen oder den Autobus wäre zu riskant. In Banyuls werden Sie von zwei Kurieren übernommen, die Sie morgen vor Sonnenaufgang über das Gebirge bis zur spanischen Grenze begleiten. Die werden Ihnen alles Weitere in Banyuls erklären. Haben Sie Ihre Transitvisa für Spanien und Portugal?«

Allgemeines Kopfnicken.

Der Familienvater, der sich als Herr Blum vorgestellt hatte, wollte wissen, was er denn mit seinem Koffer und dem seiner Frau machen solle, sie enthielten so viele Erinnerungsstücke, die ihnen wertvoll seien, außerdem neue Texte und Lieder, er sei Sänger und Komponist und hätte über Freunde in den USA das Angebot erhalten, ein Exilkabarett zu leiten.

»Arthur ist zuletzt in Holland aufgetreten«, beeilte sich seine Frau hinzuzufügen, »er wurde dann in Den Haag verhaftet und in das Durchgangslager Westerbork gebracht. Durch ein paar einflussreiche Freunde in Berlin kam er wie durch ein Wunder frei. Wissen Sie, ich war viele Jahre an Berliner Theatern engagiert und bin mit Görings späterer Frau Emmy auf einer Bühne gestanden …«

Sie schluckte und schüttelte ihren Kopf, als könne sie selbst nicht glauben, dass es einmal ein solches Leben gegeben hatte. »Jetzt sind wir so froh, hier zu sein und möchten Ihnen unseren Dank sagen, dass Sie uns weiterhelfen!«

»Machen Sie sich keine Sorgen«, beruhigte sie Lacroix, »wir schicken Ihr Gepäck mit der Bahn an die Speditionsfirma Cruzet in Cerbère, von dort geht es dann weiter nach Portbou und wird von unseren Leuten durch den Zoll gebracht und am Bahnhof abgeholt. Das ist der übliche Weg.«

Im Fortlauf dieser Unterhaltung hatte Genoux immer wieder auf die Aktentasche gesehen, die der Professor krampfhaft in seinen Armen hielt. Was befand sich darin? Es musste etwas sehr Wichtiges sein. Und wer war dieser seltsame Mensch überhaupt? Er stand immer noch schweigend an der Wand, und in seinen Brillengläsern spiegelte sich das Licht der brennenden Kerze. Der Effekt war kurios. Wie ein riesiges Insekt, dachte Genoux. Er hatte ein untrügliches Gefühl dafür, wann ihm Menschen oder Dinge nutzten und eine interessante Beute zu werden versprachen. War sein Interesse erst einmal geweckt, wurde er zum Jäger. Skrupel, sich in den Besitz von etwas zu bringen, das ihm nicht zustand, kannte er keine. Im Gegenteil, es spornte ihn an und bereitete ihm maßloses Vergnügen. Tatsächlich war er mehr noch als ein Jäger, er war ein Wilderer, denn am liebsten brachte er seine Opfer auf verbotenem Terrain zur Strecke und befriedigte seine Begehrlichkeiten im Dunklen und Abseitigen.

»Verzeihen Sie bitte, ich möchte nicht unhöflich sein …«, sagte der Professor unvermittelt und trat aus dem Schatten heraus, »aber da Sie eben davon sprachen, erlaube ich mir, Sie zu fragen, ob denn auch meine Aktentasche ein Gegenstand wäre, der die Aufmerksamkeit der Grenzwachen erregen könnte? Sie ist mir das Allerwichtigste. Ich muss sie mitnehmen.«

Die Augen hinter den dicken Brillengläsern sahen Genoux tief besorgt an, trotzdem lächelte sein Mund.

Weil Genoux nicht gleich antwortete, ergriff Lacroix das Wort.

»Das wird schon gehen, Professor«, sagte er, »machen Sie sich keine Sorgen.«

»Nur für den Fall, dass wir doch in eine Kontrolle geraten sollten …«, schaltete sich jetzt Genoux ein, und sein geschäftsmäßiger Ton verriet nichts von seiner heimlichen Neugier, »darf ich Sie nach dem Inhalt Ihrer Tasche fragen? Politisch brisantes Material, wertvoller Schmuck, Dollars, das wäre keine gute Idee …«

»Nein, nein«, gab der Professor rasch zur Antwort, »es ist ein Manuskript, eine wissenschaftliche Arbeit. Ich darf es nur nicht verlieren. Es muss gerettet werden. Es ist wichtiger als meine eigene Person.«

Das reichte Genoux, er wusste, was zu tun war. Er würde sich das Manuskript schnappen, es schien ihm interessant genug. Wenn dieser Mensch tatsächlich prominent war, und Lacroix hatte es gesagt, dann ließe es sich todsicher zu Geld machen. Bevor er also mit der Gruppe nach Banyuls aufbrach, musste er hinunter in die Stadt und mit Fourrier in Cerbère telephonieren, der seinen Verbindungsmann beim spanischen Zoll informieren würde. Das hatten sie schon mehr als einmal gemacht, und es hatte sich fast immer gelohnt.

Er sah auf seine Armbanduhr und tat überrascht. Er müsse noch einmal kurz hinunter in die Stadt, erklärte er bedauernd, ein ärztlicher Termin, den er fast vergessen hätte. Der Sohn einer ihm bekannten Dame käme seit Tagen nicht von seinem hohen Fieber herunter. »Ich habe Madame Cosigny heute Morgen am Telephon versprochen, mir den Jungen kurz anzuschauen, wenn ich in Port-Vendres bin. Das dauert sicher nicht lange. Ich bin in spätestens einer Stunde zurück. Wir sollten sowieso erst nach Sonnenuntergang aufbrechen.«

Lacroix wollte protestieren, hob dann aber nur resignierend die Schultern; was sollte er machen, sein Freund war immer für eine Überraschung gut. »In Ordnung, aber tu mir den Gefallen, und lass uns nicht zu lange warten!«, sagte er, und obwohl er es hatte vermeiden wollen, klang seine Bitte vorwurfsvoll.

Die vier Personen in der Hütte blickten schweigend von einem zum anderen und wussten nicht recht, was sie von alldem halten sollten. Aber andererseits schien es auch nicht weiter besorgniserregend; immerhin wussten sie jetzt, dass ihr Führer ein Arzt war.

Genoux setzte ein verbindliches Lächeln auf und nickte ihnen zu, dann verschwand er schnell durch die Tür.

Er beeilte sich, zum Tunnel zu kommen, er musste Fourrier unbedingt noch in seiner Geschäftsstelle an den Fernsprecher kriegen, und telephonieren würde er in einer der Bars auf dem Weg hinunter zum Hafen. Außerdem brauchte er Zigaretten.

Fast schon am Ende des Tunnels angelangt, versperrten ihm plötzlich zwei Männer den Weg. Er erschrak und blieb stehen. Er überlegte fieberhaft, was er tun sollte.

»Doktor Genoux?« Das Gesicht des Mannes, der ihn ansprach, war im Gegenlicht nicht zu erkennen. Er trug einen breitkrempigen Hut und einen Trenchcoat, seine Hände hatte er in den Manteltaschen vergraben. Er ging langsam auf ihn zu.

Genoux entschloss sich zur Flucht und rannte zurück. Er wusste nicht, wer die beiden waren und welchem der Geheimdienste oder Polizeieinheiten in der freien Zone sie angehörten. Eine Bekanntschaft mit ihnen galt es um jeden Preis zu vermeiden. Kurz vor dem Ausgang und ziemlich außer Atem drehte er sich nach seinen Verfolgern um und sah, dass sie in der Mitte des Tunnels stehen geblieben waren und ihm hinterherblickten. Als er nach links abbog, um in die entgegengesetzte Richtung des Gartens zu laufen, traf ihn ein Faustschlag mitten ins Gesicht. Es war wie eine Explosion, die seinen Kopf auseinanderriss. Schwarz.

Lange war nichts. Dann tauchte etwas in matten Umrissen auf.

Er trieb irgendwo am Grunde eines tiefen Gewässers in einer zähen, dicken Flüssigkeit und bewegte sich wie ein urweltlicher Fisch, der weder Licht noch Wärme brauchte, um zu existieren. In sich schläfrig windenden Bewegungen glitt er langsam durch die Dunkelheit und tauchte hinab in den breiigen Schlamm des Bodens, der aus nichts als Verfall und Zersetzung von Materie bestand. Plötzlich explodierte die modrige Finsternis um ihn herum, der Schlamm wirbelte auf, und blitzartig schoss etwas auf ihn zu, das er nicht erkennen konnte, scharfe Zähne schlugen sich in sein Fleisch, er wurde hin und her geschleudert. Er schrie in Todesangst und riss die Augen auf.

Dicht vor ihm, im Dunkeln und kaum zu erkennen, sah er das Gesicht eines Mannes mit Vollbart und langen Haaren.

Goullet stand noch immer in diesem Tunnel, und nur das Licht, das vom Ausgang hereinfiel, brachte etwas Helligkeit.

»Monsieur Goullet, alles in Ordnung?«

Der Mann zog ihn vorsichtig zu sich heran, hielt ihn an den Schultern fest und suchte seine Augen. Er roch stark nach Tabak. »Haben Sie … Verzeihen Sie, Sie haben geschrien … ich … kann ich irgendwas tun?«, fragte er.

Goullet schüttelte den Kopf. Woher kannte er ihn, und warum wusste er seinen Namen? – Nein, nein, sagte er, er hätte nur einen kleinen Schwächeanfall erlitten, nichts Dramatisches. Es sei alles in Ordnung.

Aber er war doch über sich selbst erschrocken. Zum zweiten Mal hatte er die Besinnung verloren und dabei etwas berührt, das kein Traum war, sondern die Wirklichkeit einer anderen Dimension, und das beim Erwachen ein übles Gefühl hinterließ: die Welt des PG, die ihn anzog wie ein Magnet.

»Ich bin Yves, Freund von Hélène«, sagte der Mann, der ungefähr in seinem Alter war, und gab ihm die Hand. Sie fühlte sich rau an und kräftig, die Hand eines Menschen, der körperlich arbeitete. »Wir können uns duzen, wenn Sie nichts dagegen haben …«

Goullet sah ihn an und nickte. »In Ordnung«, sagte er, »ich bin Paul.«

»Also dann, Paul, lass uns gehen«, Yves grinste und verzog sein Gesicht zu einer Grimasse »hier drinnen stinkt's, dass einem schlecht wird.«

In diesem Moment fiel es Goullet ein. Natürlich, er war einer der drei Männer, die mit Hélène im »Obélisque« gewesen waren. Allerdings hatte er ihm den Rücken zugekehrt.

»Was für ein Zufall, dass ich dich hier in diesem Dreckloch gefunden habe!«, fuhr Yves fort. »Klingt sicher verrückt, aber wir waren auf der Suche nach dir. Ich wollte gerade runter in die Stadt …« Er musterte ihn von der Seite. »Sie haben Françoise heute verhaftet«, bemerkte er dann unvermittelt, »vielleicht weißt du es noch nicht, deine Wirtin.«

»Ich war dabei, als es passierte«, erwiderte Goullet, aber er glaubte, sie hätten sie nur zu einem Verhör mitgenommen.

Dann fragte er nach Hélène, ob sie in Sicherheit wäre und wo die anderen sich aufhielten.

Bevor Yves antworten konnte, hatten sie den Ausgang des Tunnels erreicht und traten ins warme Licht der Abendsonne. Goullet sah auf eine Landschaft, deren Abbild er schon längst in sich trug: grüne Hänge mit blühenden Rebstöcken, Agaven, Kakteen und Rosmarinbüschen, und hoch oben die felsige Hügelkette, die schon unter dem noch lichten und frühlingshaften Abendhimmel im Schatten lag.

Sie standen auf einem geteerten Sträßchen, das neben der Bahnlinie entlanglief. Als er nach rechts hinuntersah, bemerkte Goullet in einiger Entfernung einen Mann hinter einem rostigen Eisentor. Es war in einen Zaun aus Maschendraht eingelassen, der ein großes Areal zur Straße hin abgrenzte.

Yves suchte den Himmel mit den Augen ab. Ein Schwarm Vögel flog im Zwielicht über sie hinweg, schoss schräg hinauf ins Licht der Abendsonne, beschrieb eine scharfe Kurve und verschwand hinter den dunklen Hügelkuppen. Weiter zeigte sich nichts.

Er schien beruhigt, wandte seinen Kopf dem Mann zu, der hinter dem Zaun stand und hob den Arm. »Das ist Serge«, sagte er leise zu Goullet, »Hélène und die anderen sind oben in der Hütte. Lucien haben sie bei einer Razzia geschnappt. Wir müssen höllisch aufpassen und uns im Augenblick sehr still verhalten. Komm!«

Er ging zügig weiter, und Goullet folgte ihm. Der Mann, der Serge hieß, hatte schon begonnen, die steile Treppe hinaufzusteigen. Aufgrund seiner Leibesfülle tat er es langsam. Goullet betrachtete den Hügel, konnte aber nichts entdecken, was nach einer menschlichen Behausung aussah, vermutlich war die Hütte von den Büschen und Steineichen verdeckt, die weiter oben am Hang wuchsen.

Er fragte sich, was sie genau von ihm wollten. Offensichtlich gab es einen Plan, den nur jemand ausführen konnte, der unverdächtig und noch nicht weiter aufgefallen war. Seine Neugier war groß, auch seine Bereitschaft zu helfen. Und er konnte es kaum erwarten, Hélène wiederzusehen.

Nach etwa zweihundert Metern, die sie schweigend

hinaufgestiegen waren, blieb Yves stehen. Hinter hohen Büschen und verwilderten Obstbäumen erblickte Goullet plötzlich ein Häuschen aus hellem Stein mit zwei kleinen Fenstern und einem schadhaften, flechtenbedeckten Satteldach. An der Mauer neben der niedrigen Holztür lehnten verrostete Gartengeräte.

Yves öffnete die Tür und verschwand in dem schwarzen Loch, das sich auftat und Goullet entgegengähnte wie das geöffnete Maul eines Fisches. Oder wie der Eingang in eine Grotte, dachte er plötzlich, der Einstieg in ein viel größeres, gewaltiges Höhlensystem, das sich verschlungen und schier endlos unter der ganzen Erde ausbreitete.

Mit klopfendem Herzen trat er ein und fand sich in einem engen, dunklen Raum, in dessen Mitte ein Holztisch mit einer brennenden Kerze stand. Zwei Männer saßen daran und blickten ihn an, Serge, den er hatte die Treppe hinaufsteigen sehen, und ein älterer, ihm unbekannter Mensch.

Yves stand mitten im Raum, hatte gerade etwas gesagt und wandte ihm den Kopf zu. Im Schatten dahinter erkannte er Hélène, die neben einem schmalen Schränkchen lehnte und sich jetzt von der Wand löste und auf ihn zukam. In diesem Augenblick wurde ihm klar, wie sehr er die ganze Zeit an sie gedacht und dieses Wiedersehen herbeigesehnt hatte, aber plötzlich überkam ihn die Angst, er könne wieder die Kontrolle über sich verlieren und zu Boden stürzen. Äußerlich war er ruhig, innerlich tobte ein Sturm. Er fürchtete, seine Verwirrung könnte den anderen auffallen, die aber sahen ihn ganz ruhig an.

Hélène küsste ihn rechts und links auf die Wange. Goullet berührte ihren Rücken mit der rechten Hand und versuchte, sie für einen Augenblick zu halten. Dann trat er einen Schritt zurück und grüßte verlegen lächelnd in die Runde. Der Mann, den er nicht kannte, stand auf, stellte sich als Mathieu vor, gab ihm die Hand und bot ihm seinen Stuhl an. Er war sehr groß und hager.

»Ich will nicht viele Worte machen«, begann er, als Goullet sich gesetzt hatte, »uns ist allen klar, dass es nicht mehr lange so weitergeht. Früher oder später werden sie uns schnappen.« Und während Yves eine Flasche Wein und weiße Pappbecher auf den Tisch stellte, fuhr Mathieu fort, die verfahrene Situation der Gruppe und die ungeheure Gefahr zu beschreiben, in der sie sich nicht erst seit der Machtübernahme Vivains befanden. Serge, zuständig für alle Aktivitäten und Verbindungen im Netz, hätte seine Arbeit komplett einstellen müssen, seit fast jede Regung sichtbar, das Netz extrem eingeschränkt und das Darknet von Spezialisten überwacht und manipuliert würde. Der Rückzug in den analogen Raum sei, so wie die Dinge lägen, im Augenblick die einzige Möglichkeit, den politischen Kampf weiterzuführen. Das bedeute eine enorme Verlangsamung und den Einsatz von Kurieren. Im Wesentlichen ginge es jetzt nur noch darum, herauszufinden, was Françoise und Lucien zugestoßen war, und einigen aus den Lagern F2, A1 und L2 geflüchteten

Häftlingen den Übergang nach Spanien zu ermöglichen. Danach müsse man sich bis auf weiteres zurückziehen, um sich später neu aufzustellen.

Auf Goullets Frage, was F2 oder A1 bedeute, erklärte ihm Mathieu, dass es sich um Lager handele, deren Buchstaben auf die Region hinwiesen, in der sie sich befänden. A stünde für die Île-de-France, F für das Centre-Val de Loire, L für Okzitanien, die Ziffer 1 bezeichne Auffang- und Abschiebelager, die 2 stehe für Straf- und Arbeitslager, in denen auch gefoltert und hingerichtet würde.

Die Frau übrigens, die ihm das Kuvert im Zug zugesteckt hätte, sei die Ehefrau eines mit viel Glück entkommenen Journalisten gewesen, der wie er lange als Redakteur bei der »Libération« in Paris gearbeitet hatte und mit dem Verbot der Zeitung und Schließung ihres Internetportals seine Arbeit und Lebensgrundlage verlor. Er hielte sich jetzt in Perpignan versteckt, um sich so schnell wie möglich nach Spanien abzusetzen. In diesem Brief wäre unter anderem zu lesen gewesen, dass im Lager F2 bei Vierzon, in dem er gewesen war, afrikanische Christen mit Moslems zusammengesperrt würden, die eingeschleuste Provokateure systematisch gegeneinander aufhetzten.

Dann schwieg Mathieu. Niemand sprach, und plötzlich war es totenstill im Raum. Wie in einer Grabkammer, dachte Goullet. Er sah Hélènes Gesicht im Schatten an der Wand und suchte ihre Augen. Als er sie fand, rissen ihn Mathieus Worte wieder zurück. Er war der strategische Kopf der Gruppe, das hatte Goullet sofort verstanden.

»Hélène sagt, wir können dir vertrauen, Paul. Sie legt ihre Hand für dich ins Feuer. Das waren ihre Worte. Und ich schätze ihr Urteil. – Es ist nicht viel, was du für uns tun kannst, aber es würde uns im Augenblick sehr helfen …«

Die drei Männer sahen Goullet an, und er wusste, dass sie von ihm erwarteten, sich in irgendeiner Weise zu erklären. Also stand er auf und versicherte sie seiner Unterstützung und Bereitschaft, alles zu tun, was in seiner Macht stünde. Und er fügte hinzu, wie sehr er ihren Kampf bewundere und dass er sich große Sorgen um Madame Simon mache und schon allein ihretwegen fest an ihrer Seite stehe. Mathieu und Serge nickten befriedigt und reichten ihm die Hand. Yves verteilte die Pappbecher mit dem Wein. Sie prosteten einander zu. Keiner von ihnen konnte wissen, wie sehr Goullets Schicksal bereits mit dem ihren verbunden war.

»Die drei Männer, die in Perpignan festsitzen«, nahm Mathieu den Faden wieder auf, »müssen so schnell wie möglich über die Berge nach Spanien gebracht werden. Bis auf die genaue Route, die wir noch festlegen, sind alle wichtigen Informationen in einem kleinen Umschlag, den du morgen nach Perpignan bringst und in der Bar de la Marée in der Altstadt ablieferst.

Nimm einen frühen Zug, ich habe Informationen, dass eine Gruppe von befreundeten Aktivisten einen Anschlag plant. Du musst unbedingt dort sein, bevor die Innenstadt abgeriegelt wird. Hélène hat alles bei sich und wird dir die Details erklären. Die Dokumente sind winzig; solltest du unterwegs in eine Kontrolle geraten, kannst du sie ohne weiteres in den Mund stecken und runterschlucken. Der Verbindungsmann, den du triffst, heißt Alain. Er ist der Besitzer der Bar. Sag ihm, Lacroix schickt dich.«

Lacroix! Da war er wieder, dieser seltsame Name, der Goullet mit jener verborgenen Welt verband, in deren Sog er geraten war. Hastig warf er einen Blick auf das kleine Fenster neben der Tür, als fürchte er, es könne sich darin das Gesicht des Mannes mit dem schmalen Oberlippenbart zeigen und ihn anstarren. Aber er sah nichts als das fahler werdende Licht des Abends und den Schatten eines Vogels, der draußen vorbeiflog.

Was hatte Lacroix nur mit dieser Gruppe zu tun?

Er nahm einen Schluck Wein aus dem Pappbecher und blickte Mathieu an.

»Warum Lacroix?«, fragte er und bemühte sich um einen beiläufigen Ton.

Jetzt war es Serge, der den Mund auftat. Er hatte noch kein Wort gesprochen, und Goullet war überrascht, eine hohe, dünne Stimme zu vernehmen, die gar nicht zur Massigkeit seines Körpers passte, und dem die Stickigkeit in dem engen, dunklen Raum sichtlich zusetzte. Immer wieder wischte er sich den Schweiß aus dem Nacken. Er hatte ein fleckiges, rot angelaufenes Gesicht, und die lockigen Haare klebten an seiner Stirn.

»Pierre Lacroix war ein Held der Résistance im Zweiten Weltkrieg und stammte aus Perpignan«, erklärte er. »Er wurde 1943 von der Gestapo verhaftet. Auch unter der schwersten Folter hat er seine Leute nicht verraten. Man hat ihn im Keller des Gestapo-Hauptquartiers erschossen. Für uns ist er ein Vorbild, und darum benutzen wir seinen Namen als Kennwort.«

Goullet lief es eiskalt über den Rücken. Er musste an seinen Großvater denken und an das, was ihm Hélène gesagt hatte. Er suchte ihre Augen. Sie glänzten im Dunkeln. Und auch wenn ihm die Welt immer sinnloser und abstoßender erschien, so zählte doch dieses Lächeln, das für eine Sekunde über ihr Gesicht glitt und ihm galt. Er hätte sie eine Ewigkeit so ansehen mögen, doch er wandte sich wieder Serge zu. Wo man Lacroix inhaftiert und ermordet hätte, fragte er ihn, und noch bevor der ihm antwortete, wusste er, dass es Toulouse war.

»Ihr solltet jetzt los«, sagte Mathieu zu Goullet. Er ging zur Tür, öffnete sie einen Spalt und sah hinaus. Dann drehte er sich nach Hélène um, die neben Goullet getreten war. »Vielleicht haben sie Françoise inzwischen wieder laufen lassen. – Ich brauche den alten Routenplan, von dem sie sprach, den von ihrem Vater. Er muss irgendwo in ihrer Wohnung sein. Wir drei bleiben hier, bis es dunkel ist.«

Er griff in seine Manteltasche, holte eine Pistole heraus und gab sie Hélène. Dann umarmte er Goullet und schob die beiden vorsichtig zur Tür hinaus.

Sie stiegen den Hügel hinab, auf den sich schon die Schatten des Abends gelegt hatten. Beim Öffnen des Eisentors berührten sich kurz ihre Hände, und Goullet zuckte zurück, als hätte er sich verbrannt. Sie sahen einander an. Schweigend gingen sie weiter, bis sie den Eingang des Tunnels erreichten.

Goullet blieb stehen und starrte in die dunkle Röhre.

Schließlich drehte er sich zu Hélène um. »Darf ich dich um einen Gefallen bitten?«, fragte er leise. »Kannst du meine Hand halten, während wir durch den Tunnel gehen?«

Hélène sah ihn überrascht an.

Zögernd erzählte ihr Goullet, wie ihm auf dem Herweg im Tunnel schwindlig geworden und er stehen geblieben war und längere Zeit dort im Dunkeln verbracht hatte, ohne sich auch nur im mindesten zu erinnern, was ihm zugestoßen oder durch den Kopf gegangen war. Er habe jedes Gefühl für sich verloren und sei erst am Ausgang des Tunnels wieder aufgewacht. »Um dir die Wahrheit zu sagen, ich habe Angst, da wieder reinzugehen.«

Sie hätten keine Wahl, entgegnete ihm Hélène, es gebe keinen anderen Weg auf die Stadtseite, und über die Gleise könnten sie nicht laufen, das würde auffallen.

Sie zog ihn vorsichtig ein paar Schritte mit sich in den Schatten hinein, der sich wie ein schwarzes Tuch um sie legte.

Dann blieb sie stehen. Dunkel und geheimnisvoll erschien sie ihm, und er sah, wie sich ihre Schultern hoben und senkten. Das Fieber, das sich eben schon bei der Berührung am Gartentor angekündigt hatte, schoss ihm jetzt wie eine hitzige Welle durch den ganzen Körper und raubte ihm die Sinne. Sein Herz schlug wild, die Beine gaben nach, und wie ein Ertrinkender stürzte er ihr entgegen und klammerte sich an sie.

Er wollte sie küssen, als plötzlich ein Licht über ihm aufflammte und er in eine flackernde Glühbirne starrte, die knapp über seinem Kopf heftig hin und her schwang. Die Frau, die er mit beiden Händen festhielt und deren Gesicht er nicht erkennen konnte, hatte ihre Arme in die Luft gerissen und schrie und schlug wie von Sinnen auf ihn ein. Er packte sie am Hals und schleuderte sie mit brutaler Gewalt gegen die weiße, gekalkte Wand. Mit dem Hinterkopf prallte sie auf und rutschte, eine Blutspur hinter sich herziehend, wimmernd zu Boden. Er griff ihren rechten Arm, zerriss den Ärmelstoff der roten Bluse, holte eine Spritze aus seiner Jackentasche und stieß die Nadel in ihre Armbeuge. Draußen heulten Sirenen auf, und es wurde schlagartig wieder dunkel.

»Was ist?«, flüsterte sie. »Was ist nur los mit dir?«

Er zitterte, drückte sich fester an sie und vergrub seinen Kopf an ihrer Schulter.

So standen sie lange ineinander verschlungen, bis sie sich langsam von ihm löste. Dann beugte sie sich wieder zu ihm, und plötzlich fanden sich ihre Münder. Er fühlte ihre warmen, trockenen Lippen auf den seinen und hätte sterben können vor Glück und Erleichterung, dass sie es war, Hélène, und nicht jene Unbekannte, der er vielleicht ein schreckliches Leid angetan hatte und die wieder im Gestaltlosen verschwunden war wie ein Spuk.

Als er die Augen öffnete, bemerkte er einen schwachen Schimmer Licht: Sie standen immer noch im Tunnel und hielten sich aneinander fest.

Dann hörte Goullet einen Schrei. Er war durchdringend und kam aus den Weinbergen. Gleich darauf fiel ein Schuss. Dann noch einer. Sie schreckten hoch und starrten in die Richtung, aus der sie gekommen waren.

»Mach schnell!«, flüsterte sie ihm zu, und sie rannten auf das helle Licht des Ausgangs zu, der zur Stadt hinunterführte. Als sie aus dem Tunnel heraustraten, hielten sie kurz an, schöpften Atem und blickten sich um. Es war nichts Verdächtiges zu sehen.

Sie ließen ihre Hände los, und Hélène strich sich das Haar aus dem Gesicht. Ihre Brust hob und senkte sich, und ihre Wangen glühten. Goullet spürte einen Stich im Herzen, so schön war sie in ihrer Erregung.

Auf dem Weg die Route de la Gare hinunter geschah nichts weiter. Sie gingen zügig nebeneinander her und versuchten, sich ihre Anspannung nicht anmerken zu lassen. Goullet sah, dass Hélène sich große Sorgen um ihre Leute im Weinberg machte.

Es fuhren nur wenige Autos auf der Straße, und Fußgänger sahen sie so gut wie keine. Auch als sie die Rue Victor Hugo erreichten, bemerkten sie nichts Ungewöhnliches.

Hélène nahm Goullet wieder bei der Hand und zog ihn auf den Platz mit dem Obelisken unter die tiefen Schatten der Platanen. Sie setzten sich auf eine Bank, von der aus sie die Pension beobachten konnten. Die Laternen auf den Straßen waren angegangen, und sie sahen die Silhouetten von Menschen in den Fenstern der gegenüberliegenden Häuser. Madame Simons Pension stand dunkel und verlassen da, und nichts wies darauf hin, dass sich jemand im Haus aufhielt. Dann flammten die Laternen auf, die um den Obelisken mit seinem reliefverzierten Marmorsockel aufgestellt waren, und rissen sie aus dem Schatten der hereinbrechenden Nacht.

Hélènes Gesicht und ihre ganze Erscheinung waren plötzlich von goldgelbem Licht übergossen. Sie zog den dünnen Mantel etwas enger um sich und sah Goullet an. Ihre Augen waren wie schwarze Löcher. Merkwürdig, dieses Licht und diese Augen hatte er schon einmal gesehen.

»Françoise scheint nicht zurück zu sein …«, sagte sie leise zu ihm, »geh rüber, und wenn alles in Ordnung ist, mach Licht in deinem Zimmer, dann komme ich, und du öffnest mir die Tür.« Sie drückte ihm einen Briefumschlag in die Hand. »Der hier ist für Alain, der dich morgen Vormittag in seiner Bar in der Rue Paratilla erwartet …«

Goullet nickte, nahm das Kuvert und steckte es in seine Jackentasche. Er machte jedoch keine Anstalten aufzustehen.

Sie drehte sich wieder von ihm weg, senkte den Kopf und blickte auf den erleuchteten Kiesweg vor sich. Die Blätter und Äste der Bäume zeichneten sich als Schattenrisse darauf ab.

Ohne sich zu bewegen, sagte er ihr plötzlich, dass er sie liebe. Er erschrak, er hatte es gar nicht tun wollen, es war einfach so aus ihm herausgekommen. Nie zuvor hatte er so etwas geäußert, und er befürchtete, knallrot geworden zu sein, aber das würde sie in diesem seltsamen Licht Gott sei Dank nicht sehen.

Es dauerte eine ganze Weile, bis Hélène reagierte. »Ich bin verheiratet, Paul …«, sagte sie schließlich so leise, dass er sie kaum verstand. Dann schwieg sie wieder.

Seine Gedanken und Gefühle brachen aus wie erschreckte Pferde und galoppierten kopflos davon.

»Mein Mann war Schauspieler an einem kleinen Theater in Grenoble und Regisseur«, fuhr sie fort. »Ich war Mitglied im Ensemble. Er verschwand nach einer Razzia vor zwei Jahren, und bis heute haben wir nicht herausgefunden, was mit ihm passiert ist und ob er überhaupt noch lebt. Dann wurde das Theater geschlossen, ich bin aus Verzweiflung in den Untergrund gegangen und habe später Mathieu in Lyon kennengelernt. Jetzt hat es mich hierher verschlagen, aber wir werden wohl bald zurück nach Paris gehen und uns neu formieren.«

Goullet erwiderte nichts. Er suchte etwas Ordnung in seinen Kopf zu bringen und zu verstehen, was sie gesagt hatte. Wie er selbst lebte sie in ihrer ganz eigenen Welt.

Sie wies ihn ja nicht zurück, sie war nur nie so da gewesen, wie er es sich vielleicht erhofft hatte und wie es unter Menschen auch gar nicht sein kann. Plötzlich fing sie an zu weinen, und die Tränen liefen ihr übers Gesicht. Im gelben Licht der Laternen sahen sie aus wie flüssiges Gold. Er beugte sich zu ihr und küsste sie ihr sanft von den Wangen. Dann stand er auf und ging.

Sie sah ihm nach, wie er langsam den Platz und die Straße überquerte und vor das Haus von Madame Simon trat. Gleich darauf war er verschwunden.

Kaum hatte er die Tür der Pension hinter sich zugezogen, spürte Goullet, dass jemand im Raum war. Er blieb im Dunkeln des Foyers stehen und hielt den Atem an. Dann sah er die schwarze Silhouette eines Menschen im hinteren Sessel neben der Rezeption. Sofort griff er nach dem Lichtschalter.

»Lass das Licht aus, Prosper!«, befahl der Schatten barsch. Goullet zog erschrocken die Hand zurück. Er tastete nach dem Brief in seiner Jackentasche, den ihm Hélène zugesteckt hatte, und zu seiner großen Erleichterung fand er ihn sofort. Er hatte also die Seite nicht gewechselt, aber vor ihm im Dunkeln saß eine Gestalt seiner Träume.

»Warum hintergehst du uns, Prosper?«, fragte der Schatten. Seine Stimme hatte den unangenehmen Tonfall eines Verhörenden. »Was hast du mit den Goldsteins und ihrer Tochter gemacht? Warum sind sie plötzlich verschwunden? Zwei von Simons Männern, Latour und Guini, waren heute Vormittag bei mir, Prosper. Sie sagten, die Spuren einiger Leute, die als vermisst gemeldet wurden, endeten bei dir. Dir ist auch hoffentlich klar, dass uns Simon nur so lange in Ruhe lässt, wie du dich zurückhältst und seiner Schwester nichts antust …«

Der Mensch im Dunkeln schwieg einen Augenblick, dann holte er zu einer weiteren Frage aus.

»Wo zum Teufel sind Herbsheimer und seine Sekretärin? Beim Spazierengehen verlorengegangen? Ich glaub dir deine Geschichte nicht. Ich glaube dir im Übrigen kein einziges Wort mehr … Weißt du, was man mit Verrätern macht, Prosper?«

Für ein paar Sekunden herrschte bedrohliche Stille, dann machte der Schatten vor ihm eine schnelle Bewegung und riss den Arm in die Höhe.

»Lacroix!«

Goullet hatte den Namen geschrien. Sein Herz schlug ihm bis zum Hals. Er schaltete das Licht an und starrte in den Raum. Die beiden Sessel neben der Rezeption waren leer. Er sah sich um. Außer ihm befand sich niemand im Foyer. Und auch als er in das Haus hineinhorchte, war kein Laut zu vernehmen.

Es dauerte eine Weile, bis er sich wieder beruhigt hatte. Dann nahm er Madame Simons Wohnungsschlüssel aus dem Holzkästchen hinter dem defekten Computer und rannte die Treppe hinauf in den zweiten Stock. Vor seiner Zimmertür blieb er noch einmal stehen und horchte den

Flur hinunter. Alles war still. Er betrat sein Zimmer und knipste das Licht an.

Kurz darauf ließ er Hélène ins Haus und verschloss die Türe hinter ihr. Er ließ den Schlüssel von innen stecken, um zu verhindern, dass irgendwer hereinkommen könnte, während sie sich in Madame Simons Wohnung aufhielten. Sie fanden sie aufgeräumt vor, und nichts wies darauf hin, dass sich während ihrer Abwesenheit jemand Zugang verschafft hätte.

Hélène öffnete die Schlafzimmertür, machte Licht und zeigte auf den großen Schrank, der an der Wand gegenüber vom Bett stand.

»Sie bewahrt ihre Privatsachen in einer Kiste unter der Wäsche auf«, flüsterte sie ihm zu, als wäre auch hier, in den Gemächern einer alten Frau, alles hör- und sichtbar.

Und während sie die Schranktür öffnete und mit ihrer Suche begann, musste Goullet an die beiden Uniformierten denken, die nach seiner Rückkehr vom Hafen in Madame Simons Haus eingedrungen waren, um sie einzuschüchtern und mitzunehmen. War es möglich, dass sie Drohnen abgesetzt hatten? Es gab sie in allen Größen, das wusste er, und es gab solche, die mit bloßem Auge kaum zu erkennen waren und wie Stubenfliegen oder winzige Insekten aussahen.

Er ließ seinen Blick durch das Zimmer schweifen, konnte aber nichts entdecken, was ihm verdächtig vorkam.

Hélène richtete sich auf und stellte eine hölzerne Kiste aufs Bett, deren Deckel das Bild eines trompetenden Elefanten zierte. Es war eine uralte Zigarettenkiste der Firma Bardou mit der beschwingten Aufschrift »Je ne fume que le Nil«.

Madame Simon hatte alles hineingestopft, was ihr im Laufe ihres Lebens wichtig und aufhebenswert erschienen war, und sie hatte es ohne System getan, so dass der Inhalt ein gewaltiges Durcheinander an Dokumenten, Zeitungsartikeln, Photographien, Briefen, Programmheften und Broschüren ergab. Auch kleinere Gegenstände wie Armbänder, Schlüssel und Anhänger befanden sich darunter.

Obenauf lag die braune Mappe mit den alten Zeitungsausschnitten, die Goullet am Tage zuvor aus der Schublade der Anrichte im Wohnzimmer gezogen hatte.

Sie verteilten den Inhalt auf dem Bett und fingen an, nach den Routenplänen zu suchen, von denen Mathieu gesprochen hatte.

»Ich hab etwas«, sagte Hélène plötzlich und faltete ein großes, vergilbtes Stück Papier auseinander, das von außerordentlich fester Konsistenz war. Es zeigte eine in kleinen Strichen mit Bleistift gezeichnete Wegstrecke, die von Banyuls über die Pyrenäen direkt nach Portbou führte. Überall waren Orientierungspunkte eingezeichnet, Feldwege, Häuser, eine Kapelle, Baumgruppen und Felsformationen.

»Das muss die Lister Route sein«, murmelte Hélène,

»die wurde während des Zweiten Weltkriegs als Fluchtweg nach Spanien benutzt. Das ist nicht das, was wir suchen.«

Goullet griff nach einem zusammengefalteten Stück Papier, das ihm ähnlich schien, aber etwas kleiner war. Auch hier hatte jemand in gestrichelten Linien eine Route eingezeichnet, die wieder in Banyuls begann, aber weiter nördlich und in zackigen Windungen über Hügel und Berge verlief.

Hélène nickte, faltete die Karte zusammen und steckte sie in die Innentasche ihres Mantels.

Goullet hätte zu gerne noch weitergesucht in der Hoffnung, etwas zu finden, das ihm mehr über Antoinette, Madame Simons Vater Georges und vielleicht auch PG verraten würde, aber Hélène hatte schon begonnen, das Sammelsurium seiner Wirtin wieder zurück in die Kiste zu räumen, und er wäre sich in ihrer Anwesenheit übergriffig vorgekommen, weiter im Privatleben der alten Dame herumzuschnüffeln.

Als Hélène im Begriff war, den Deckel der überquellenden Kiste zuzudrücken, rutschte ein Briefumschlag seitlich heraus und fiel zu Boden.

Goullet hob ihn auf. Er war an Georges Simon adressiert. Die Briefmarke, die darauf klebte, trug einen etwas verwischten Poststempel, dessen Datum er bei näherem Hinsehen aber entziffern konnte: 16. September 1943.

Er hielt Hélène den Brief hin, sie rührte sich nicht und sah ihn mit ihren großen, dunklen Augen an. Dann schüttelte sie kaum merklich den Kopf, als wollte sie ihn vor dem Inhalt des Briefes warnen.

Das Erste, was Goullet aus dem Umschlag zog, war eine Art Postkarte. Das Bild darauf sprang ihm ins Gesicht wie ein todbringendes Insekt. Er starrte auf die buschige Vagina zwischen den weißen, gespreizten Schenkeln des Frauentorsos von Courbet. Es war ein kleines, monochromes Replikat des berühmten Gemäldes, wie er es auch im Rollschrank seines Großvaters gefunden und das ihn so lebhaft an seine Mutter erinnert hatte, dasselbe Gemälde, dessentwegen er nach Frankreich gereist und nun hier im Roussillon gelandet war: Der Ursprung der Welt.

Erst als er den zweiten Gegenstand, der noch im Umschlag steckte, in der Hand hielt, dämmerte ihm langsam, was es mit alldem auf sich hatte. Eine leicht überbelichtete schwarzweiße Photographie, die er schon einmal gesehen zu haben glaubte.

Sie zeigte PG (daran bestand für ihn kein Zweifel), der scheinbar guter Laune neben einer Frau stand. Sie saß auf einem Stuhl, Arme und Hände hingen seitlich schlaff herab, ihre Augen waren halbgeöffnet und hatten einen stumpfen, abwesenden Ausdruck. Als wollte er verhindern, dass sie mit Kopf und Oberkörper nach vorne kippte, hatte er sie mit der rechten Hand im Genick gepackt. Hinter ihnen war eine Wand aus groben, unbehauenen Steinen zu sehen.

Bei der Frau, auch da war er sich sicher, handelte es sich um Antoinette, seine Großmutter.

Sofort schoss ihm das Arbeitszimmer seines Großvaters wieder in den Kopf, diese düstere, stickige Kammer, in der er als Zehnjähriger stand und die er nie hätte betreten dürfen. Die Großeltern schauten ihn ernst aus ihren Bilderrahmen an, und Antoinette lachte stumm an der Wand neben dem verbarrikadierten Fenster. Der Rollladen des Büroschränkchens sauste nach unten, und er nahm die merkwürdigen Bleistiftportraits in die Hand; der Mann mit dem ausgeschlagenen Auge und mit dem Leberfleck über der Braue starrte ihn an. Und dieser Leberfleck war auch als dunkler Punkt im Gesicht des Mannes auf der Photographie zu sehen, die er als Nächstes entdeckte.

Das Bild erschreckte ihn, und obwohl er nicht genau verstand, was es bedeutete, spürte er doch das Unheimliche und Bedrohliche dieser Aufnahme, denn er hatte sofort gesehen, dass die junge Frau auf der Photographie dieselbe war, die auch im Bilderrahmen an der Wand hing.

Und nun hielt er das gleiche Photo wieder in der Hand, fast fünfundzwanzig Jahre später. Auf der Rückseite befand sich – nichts. Als er aber die Postkarte mit Courbets kopfloser Frau umdrehte, las er zwei Worte, die jemand schnell und in ausladenden, wütenden Lettern mit Bleistift hingeschrieben hatte: »Je t'avertis!« – Ich warne Dich!

Goullet verstand sofort, dass die beiden Bilder zusammengehörten.

PG drohte Georges Simon, er würde seiner Schwester sexuelle Gewalt antun, er würde ihr den Kopf abschlagen, im Falle er sich nicht fügte. Er hatte sich in ihren Besitz gebracht und ihr offensichtlich ein stark sedierendes Mittel gespritzt. Als Arzt war ihm das ohne weiteres möglich. Aber was genau hatte ihm Simon getan? Wovor warnte er ihn? Und warum befand sich, was er, Goullet, vor langer Zeit im Besitz seines Großvaters entdeckt hatte, auch in einem Briefumschlag an Georges Simon, dem Bruder von Antoinette?

Hélène sah ihn immer noch besorgt an, als er aus seinen Gedanken wieder auftauchte. Sie hatte beobachtet, wie sehr ihm der Inhalt des Briefes zusetzte.

Er reichte ihr die beiden Bilder, die sie zögernd nahm und lange betrachtete. Natürlich erkannte sie sofort ihre Brisanz; was sie aber genau bedeuteten, war ihr ebenso schleierhaft, wie damals ihm, als er sie zum ersten Mal gesehen hatte. Goullet erklärte ihr die Zusammenhänge, so gut er konnte, er ließ bewusst kein Detail aus. Er wollte sie umfassend informieren, damit sie verstehen konnte, was er selbst begriffen zu haben glaubte. Er brauchte sie in all dem Irrsinn, der ihn umgab, er brauchte jemanden, dem er vertraute, der zuhörte und ihm sagte, dass er nicht den Verstand verloren hatte, sondern etwas durchlebte, das zwar ganz und gar phantastisch, aber in diesem Dasein dennoch möglich war und auch wirklich passierte.

Fast schüchtern fragte er Hélène, ob er es wagen dürfte, den Brief an sich zu nehmen. Sie nickte, und er steckte ihn ein. Dann stellten sie die Holzkiste zurück in den Schlafzimmerschrank. Beim Anblick des trompetenden Elefanten auf dem Deckel dachte er wieder an Lacroix und das alte Stadtpalais der Zigarettenpapierfabrik Bardou am Boulevard Charles de Gaulle in Perpignan, und er fragte sich, warum dieser tote Widerstandskämpfer, den er zum ersten Mal dort gespürt hatte, immer wieder den Kontakt zu ihm suchte.

Im trüben Licht der Deckenlampe standen sie eine Weile stumm voreinander und wussten nicht, was sie tun sollten. Draußen war es Nacht geworden. Er verspürte Hunger, und auch sie hatte sicher schon länger nichts mehr zu sich genommen, aber ohne darüber zu sprechen, entschieden sie, das Haus nicht zu verlassen. Hélène schlug vor abzuwarten, ob Françoise nicht wieder auftauchte.

Als sie Madame Simons Wohnung verließen, lief sie schnell noch einmal zurück in die Küche und brachte eine Flasche Rotwein und zwei Gläser mit.

»Lass uns zu dir nach oben gehen«, sagte sie leise und gab ihm einen Kuss.

Sie blieb die ganze Nacht.

In dieser Nacht erlebte Goullet, dass das Tor zu seiner inneren Hölle verschlossen blieb. Er hatte sich wie ein Verdurstender nach körperlicher Nähe gesehnt, sie aber gleichermaßen gefürchtet, denn er wusste, dass er das, was er begehrte, am Ende immer auch vernichten wollte. Hélènes Körper besaß nicht die mütterliche Weiblichkeit, zu der es ihn drängte; sie war schmal und knabenhaft gebaut, dabei kräftig, fast durchtrainiert, und ihre Brüste waren klein und fest. Aber mehr als er es jemals für möglich gehalten hatte, passten ihre Körper zusammen und bildeten eine Harmonie. Schon in der ersten Berührung fand er eine solche Ruhe und Seligkeit, dass er sich fallen ließ und die Angst verlor, ins Bodenlose zu stürzen. Vielleicht war es aber auch, dass er diese Frau, mehr als er sie begehrte, aufrichtig liebte und darum unbewusst vor sich selbst schützte.

In dieser Nacht mischten sich ihre Verzweiflung und seine Einsamkeit; und ihrer beider Ängste, Sehnsüchte und Leidenschaften gingen eine Verbindung ein, die für Stunden alles auslöschte, was zwischen ihnen stand und um sie herum passierte.

Draußen dämmerte es schon, als er in ihren Armen erschöpft einschlief, zum ersten Mal glücklich nach langer, langer Zeit.

Die Sonne weckte ihn früh am nächsten Morgen. Sie schien hell durchs Balkonfenster in sein Gesicht. Er öffnete blinzelnd die Augen und brauchte ein paar Sekunden, bis er sich gesammelt hatte, dann schreckte er hoch. Hélène war verschwunden.

Auf ihrem Kissen lag eine gelbe Löwenzahnblüte. Vielleicht hatte sie sie im Park gepflückt, während er sich allein in Madame Simons Pension aufhielt.

Er nahm den 8 Uhr 18 Zug nach Perpignan, es war

einer dieser hypermodernen, führerlosen Transportmittel, in denen alles automatisiert ablief. Auf dem Weg zum Bahnhof war er noch in eine Bäckerei gegangen und hatte sich ein belegtes Baguette und einen Becher Kaffee gekauft.

Kaum saß er im Abteil, fing es draußen an zu regnen. Der Himmel hatte sich nach dem Verlassen der Pension schnell wieder zugezogen, und über dem Meer standen hochaufgetürmte, dunkelgraue Wolken.

Langsam setzte sich der Zug in Bewegung. Goullet tastete nach dem Kuvert, das er im Innenfutter seines Jacketts versteckt hatte, und schob es weiter nach hinten in Richtung Rückennaht. Dann blickte er aus dem Fenster. Am Horizont gingen vereinzelte Blitze nieder. Das Licht im Abteil war heller als die Welt dort draußen, die sich in Erwartung eines herannahenden Unwetters duckte, und er sah sein Spiegelbild deutlich in der Fensterscheibe. Er betrachtete seine Augen und bemerkte, wie dunkel sie waren, fast schwarz, wie zwei tote Löcher in einem Kopf, der gar nicht ihm gehörte. Dann auf einmal verzog sich sein Gesicht zu einem breiten Grinsen und entblößte dabei die Zähne, obwohl er selbst seinen Mund geschlossen hielt. Er hatte es fast erwartet und ihm schien, als machte sich der andere, der ihn ständig und überall umlauerte, über seinen Kummer lustig. Er fing an zu sprechen, die Lippen bewegten sich in der Spiegelung und redeten auf ihn ein, aber Goullet vernahm nichts als das eintönige Geräusch des fahrenden Zuges. Dann brachen Sonnenstrahlen durch das Gewölk und erhellten die düstere Landschaft. Sein Spiegelbild verschwand so plötzlich, wie es sich gezeigt hatte.

Goullet war zu müde, als dass es ihn erschreckt hätte, er bedeckte sein Gesicht mit den Händen und holte tief Luft. Nach ein paar Sekunden trat Hélène vor sein inneres Auge, schön wie ein Frauenantlitz von Botticelli. Sie hielt den Kopf leicht geneigt, ihr Haar flog im Wind und leuchtete in einem matten, dunklen Rot. Sie sah ihn an, als wollte sie ihn umarmen und nie wieder loslassen.

Er schwankte zwischen Hoffnung und Verzweiflung. Hatte er sie verloren oder würde er sie wiedersehen? Sie liebte ihn wie er sie, das immerhin glaubte er verstanden zu haben, aber sie haderte mit sich und nahm es sich übel, dass sie ihren Mann verriet, der Opfer der Staatsmacht geworden und vielleicht ja am Leben war und irgendwann wiederauftauchen würde. Sie brauchte Zeit, um damit zurechtzukommen, und er würde ihr die Zeit lassen und hundert Jahre warten, wenn es darauf ankam.

Schließlich nahm er die Hände vom Gesicht und starrte hinaus in den Regen. Einmal noch erblickte er kurz sein Spiegelbild in der Fensterscheibe; im Knopfloch seines Jacketts leuchtete Hélènes gelbe Blume wie ein Versprechen auf ein baldiges Wiedersehen.

In Collioure stieg eine Gruppe junger, weißblau uniformierter Schüler zu. Es waren mindestens zwanzig; wie

Pinguine trotteten sie still und wortlos an ihm vorbei und verschwanden im nächsten Waggon. Hinter Argelès-sur-Mer schlief er ein.

Als er aufwachte, fuhr der Zug in den Bahnhof von Perpignan ein. Langsam und schwerfällig kam er zum Stehen, die Bremsen quietschten, die Räder kreischten, Metall schlug auf Metall, und mit lautem Zischen entwich Wasserdampf aus dem Kessel der Lokomotive und den sich öffnenden Ventilen. In Fetzen strich er am Fenster vorbei, und für einen Augenblick verschwand der Bahnsteig hinter einer dicken, weißen Wolke.

Dann sah er deutsche Soldaten, die auf dem Perron herumstanden und sich miteinander unterhielten. Sie waren sichtlich guter Laune und lachten. Hinter dem Eisengitter am Bahnsteigende führten ein paar Milizionäre in Bérets und Gamaschen im Marschtritt einen Mann ab.

Er wusste, er musste höllisch aufpassen und so selbstverständlich wie nur möglich auftreten. Er stand auf, und eingereiht zwischen einem alten Mann, der einen Hund an der Leine führte, und einer elegant gekleideten Dame mit dunkelrotem Hut, verließ er den Zug und machte sich auf den Weg zum Ausgang. Schon von weitem erblickte er die Kontrollposten am Tor und eine Traube von Menschen davor.

Sie warfen einen kurzen Blick auf seine Fahrkarte, nickten und gaben sie ihm wieder zurück. Er glaubte schon weitergehen zu können und tat einen Schritt in die Bahnhofshalle hinein, da hielt ihn einer der im Hintergrund stehenden Beamten fest und forderte ihn auf, seinen Pass vorzuzeigen. Er wusste nicht, ob er schon auf den Fahndungslisten stand, die todsicher in einem der Verhörräume nebenan auslagen. Noch während er unter den Wartenden stand, hatte er bemerkt, wie zwei sichtlich verängstigte Personen von einem der uniformierten Beamten durch eine schmale Holztür gleich neben dem Tor geschoben wurden. Er wurde nervös und griff in die Innentasche seines Jacketts.

In diesem Augenblick stürzte eine Frau, die auf dem Weg zum Perron und offensichtlich sehr in Eile war, aufgeregt und atemlos auf ihn zu.

»Ach, Doktor, sind Sie's wirklich? Nein, das ist aber ein Zufall!«, rief sie außer sich vor Freude, und ihre Wangen waren hektisch gerötet. »Sie sind wieder in der Stadt, ja? Wie schön, dass ich Sie hier treffe! Darf ich Sie mit Claudette morgen früh aufsuchen? Verzeihen Sie bitte, meine Herren, dass ich störe«, wandte sie sich an die Beamten, »ich weiß, es gehört sich nicht, aber das hier ist unser Doktor Genoux, man kriegt ihn ja sonst nie zu fassen, den Vielbeschäftigten, nicht wahr, und ich mache mich auch gleich wieder aus dem Staub! Wäre Ihnen zehn Uhr recht, Doktor?«

»Kommen Sie um halb elf, Madame …, und bringen Sie den Impfschein Ihrer Tochter mit«, antwortete Genoux nach kurzem Zögern und schüttelte ihr freundlich lächelnd die Hand. »Und gute Fahrt, Madame … Petitjean!« Jetzt war ihm der Name wieder eingefallen.

Sie strahlte ihn an, machte kehrt und rannte den Bahnsteig hinunter zu ihrem Zug, der schon unter Dampf stand und dessen Türen eben von einem Schaffner eine nach der anderen geschlossen wurden. Auf dem Trittbrett des hinteren Wagens drehte sie sich noch einmal um und winkte ihm zu: »Bis morgen also! Halb elf! Und danke!«

Genoux wusste, dass er seine Praxis morgen gar nicht öffnen würde und auch in den nächsten Tagen nicht, aber das war ihm vollkommen gleichgültig. Madame Petitjean war genau zum richtigen Zeitpunkt erschienen. Der Beamte, der ihn festgehalten und die Szene beobachtet hatte, lächelte freundlich und bedeutete ihm mit einer knappen Kopfbewegung, dass er gehen könne. »Alles Gute, Doktor«, rief er ihm noch hinterher »und verzeihen Sie bitte die Umstände!«

Genoux beeilte sich, in die Stadt zu kommen. Er musste Herbsheimer endlich loswerden, der nun schon den zweiten Tag im Dachzimmer seines Hauses in der Rue de la Main de Fer saß und auf Papiere wartete, die nicht existierten, um eine Flucht anzutreten, die es für ihn nie geben würde. Dieser Wichtigtuer interessierte ihn nicht, er musste einfach nur weg. Seine Sekretärin, die schöne Frau Bergmann, aber war ihm vom ersten Augenblick an nicht mehr aus dem Kopf gegangen. Wenn er an sie dachte, wurde ihm geradezu schlecht vor Gier und Erwartung, sie in Besitz zu nehmen und ihren Widerstand zu brechen.

Obwohl er wusste, dass sich Lacroix an der Côte Vermeille aufhielt, wechselte Genoux die Straßenseite, als er an der Villa Bardou vorbeikam. Ein Lastwagen stand vor dem Eingangstor und wurde von Arbeitern der Zigarettenpapierfabrik mit Kisten beladen, die sie auf Sackkarren aus den rückwärtigen Produktionsgebäuden heranschleppten.

Am Ende der großen Avenue, die zur Stadt hinunterführte, bog er rechts in den Boulevard des Pyrénées ein, marschierte durch die Rue des Augustins, in die Rue Petite la Monnaie hinein, dann die Rue Lamer hinunter und betrat an der Ecke zur Rue Grande la Réal ein kleines Lokal, dessen Fensterscheiben so verschmutzt waren, dass man kaum ins Innere sehen konnte. Mit ein paar lauten Worten schreckte er den glatzköpfigen Wirt auf, der auf einem Stuhl hinter dem Tresen schlief, und bestellte ein Päckchen Zigaretten und ein Glas Rotwein.

Eine Kugellampe aus Milchglas sandte etwas bleiches Licht von der Decke. An der Wand neben der Tür zur Toilette hing ein Fernsprechapparat. Er ging hinüber, warf eine Münze in den Schlitz und wählte eine vierstellige Nummer. Schon nach wenigen Sekunden hob am anderen Ende der Leitung jemand ab.

»Gaston, ich bin's, Prosper«, sagte Genoux leise und ließ seinen Blick durch das Lokal schweifen. Bis auf zwei jüngere Frauen, die an einem runden Tisch in der Ecke saßen, etwas tranken, das wie Kaffee aussah, und sich leise miteinander unterhielten, war niemand im Raum. »Sei in einer halben Stunde im ›Cheval Marin‹, und bring die Brüder mit. Wir brauchen Verstärkung. Und sag deinen Leuten von der Miliz, dass Nachschub kommt. Die sollen ein Auto bereitstellen. – Hast du verstanden?«

Die Stimme am anderen Ende schwieg einen Moment, dann hörte Genoux ein paar Sätze, die ihm gar nicht gefielen. Er wurde kurz laut. »Arbeiten wir zusammen, oder muss ich sauer werden, Gaston? Mach jetzt keinen Ärger, und halt dich an die Absprache! Halbe-halbe ist nicht, wie oft soll ich dir das noch sagen?! Sag Maurice und Hugo Bescheid, und seid pünktlich, verdammt nochmal!«

Er hängte wütend ein, trat an den Tresen, steckte sich eine Zigarette an und stürzte den Rotwein hinunter. Als er das leere Glas wieder abstellte, erblickte er sich an der rückwärtigen Wand zwischen all den Gläsern und hübsch aufgereihten Wein- und Likörflaschen im Spiegel.

Es war aber nicht so, dass er sich ansah, sondern der Mann im Spiegel sah ihn an. Und auch etwas anderes stimmte nicht. Der ihn anblickte hatte hellere Augen als er und trug eine gelbe Blume im Knopfloch seines Jacketts. Er selbst tat so etwas nie. Er konnte mit Blumen nichts anfangen. Dann fiel ihm auf, dass das Jackett in der Reflexion blau war und nicht schwarz wie sein eigenes und von ganz anderem Schnitt. Außerdem trug er ein weißes Hemd und der da ihm gegenüber ein beiges Unterhemd mit einer Knopfleiste.

Es schien absurd, aber er hatte auf einmal das Gefühl, dass er selbst in einem Spiegel saß und nicht wirklich existierte und der andere vor ihm nun zahlte und, geschmückt mit seinem Blümchen am Revers, davongehen und etwas tun würde, das sich seinem Einfluss völlig entzog.

Genoux schloss die Augen, und er spürte, wie sein Herz pochte und pumpte und das Blut heftiger zu kreisen begann. In ihm machte sich eine Erregung breit, eine merkwürdige Hitze, die seinen Körper von Kopf bis Fuß durchdrang und dann blitzschnell mit Gänsehaut überzog, als hätte man einen Eimer eiskalten Wassers über ihm ausgegossen.

Als er die Augen wieder aufschlug, sah er in der Spiegelung die ins Schloss fallende Tür und den Schatten eines Mannes, der hinaus auf die Straße trat.

Die beiden Frauen saßen im Hintergrund vor ihren leeren Kaffeetassen und sprachen immer noch miteinander. Um die runde Milchglaslampe an der Decke kreisten ein paar Fliegen. Nur dort, wo er stand, war nichts, war gähnende Leere.

Die Sonne war zwischen den Wolken hervorgebrochen und schien so gleißend hell, dass Goullet seine Hände über die Augen legen musste, um sich kurz zu orientieren und zu sehen, wie er weiterlaufen sollte. Links in die Rue Grande la Réal hinein und dann immer geradeaus, hatte der Mann gesagt, den er nach der Rue Paratilla fragte.

Plötzlich erzitterte die Luft vom lauten Schlag einer heftigen Explosion irgendwo am Rande der Altstadt, und eine Rauchwolke stieg hinauf in den Himmel. Für ein paar Sekunden herrschte Totenstille, dann kam auf einmal Bewegung in die Straße, Menschen eilten aus den Häusern und Geschäften, um zu sehen, was passiert war, andere telephonierten oder rannten hektisch die Gehsteige hinunter, wenig später heulten die Sirenen der Einsatzwagen und Feuerwehren los. Am Himmel tauchten Hubschrauber auf; binnen kurzer Zeit waren sie da und standen lärmend über der Stadt, und Goullet fragte sich, wie das alles so schnell geschehen konnte. Er sah die Drohnen, die abgesetzt wurden und wie schwarze Vögel ausschwärmten.

Im Handumdrehen war ein Hexenkessel entstanden, der keinen Kilometer von ihm entfernt lag. Er drückte sich in den Schatten eines Hauseingangs und überlegte, was er tun sollte. Es schien ihm sehr wahrscheinlich, dass es sich bei der Explosion um einen Anschlag einer der Widerstandsgruppen handelte, von denen Mathieu gesprochen hatte. Vielleicht hatten sie ein Verwaltungsgebäude getroffen, eine Polizeistation oder eine Sendeanlage. Wenn, dann waren es nichts mehr als verzweifelte Aktionen, schlecht oder gar nicht aufeinander abgestimmt, Nadelstiche, die das System im besten Fall ärgerten, weil sie zeigten, dass die Überwachung immer noch nicht lückenlos funktionierte, aber sie bedrohten es niemals ernsthaft und riefen stets unverhältnismäßige, äußerst gewalttätige Reaktionen hervor.

Goullet überlegte. Da die Rue Paratilla in anderer, fast entgegengesetzter Richtung lag, durfte er annehmen, dass die Straßen dort noch nicht abgeriegelt sein würden. Er entschloss sich also, den Versuch zu wagen, durchzukommen und seinen Brief in der Bar de la Marée abzugeben.

Gerade, als er sich auf den Weg machen wollte, gab es eine erneute Detonation. Diesmal weiter entfernt und irgendwo hinter seinem Rücken, er drehte sich um und suchte mit den Augen den Himmel ab. Die Rauchwolke, die er erblickte, war größer als die erste, und sie befand sich ungefähr dort, wo er den Bahnhof vermutete.

Goullet lief los. Während die an ihm vorbeihastenden Menschen einen verängstigten und kopflosen Eindruck machten, zwang er sich selbst zur Ruhe.

Schon am Place des Poilus kam er nicht mehr weiter, Soldaten und Sicherheitskräfte hielten ihn an. Sie waren schwer bewaffnet, ihre Fahrzeuge standen quer auf der Straße und verhinderten den Zugang in die Rue Paratilla. Sie riefen ihm zu, er solle so schnell wie möglich aus der Altstadt verschwinden, es sei davon auszugehen, dass Terroristen weitere Anschläge geplant hätten. Mehr Auskünfte erhielt er nicht.

Weil die Rue des Augustins links von ihm nicht abgesperrt war, bog er ein, dann rechts in die Rue de la Cloche d'Or, wieder rechts in die Rue Voltaire und befand sich zu seiner Überraschung auf einmal am oberen Ende der Rue Paratilla. Es war eine enge Gasse mit Dutzenden von Geschäften, Lokalen, Marktständen und Cafés, nur dass sie jetzt wie erstorben vor ihm lag. Ein paar Männer standen in Grüppchen auf der Straße, Geschäftsinhaber vermutlich, die ihre Läden und Stände überstürzt geschlossen hatten. Sie rauchten und starrten stumm hinauf in den Himmel, wo die Hubschrauber brüllend in der Luft schwebten und sie allmählich zum Kochen brachten.

Am anderen Ende der Straße patrouillierten dieselben Sicherheitskräfte, die ihn vorher gestoppt hatten. Ein gepanzertes Fahrzeug tauchte aus einer Seitenstraße auf und blieb am Eingang der Rue Paratilla mit blinkenden Lichtern stehen.

Die Bar de la Marée lag auf der linken Seite im Erdgeschoss eines heruntergekommenen, vierstöckigen Hauses, davor stand der Lieferwagen einer Firma für Tiefkühlkost. Sie schien geschlossen wie die meisten übrigen Cafés und Restaurants, und Goullet fürchtete schon, dass seine ganze Bemühung vergeblich gewesen sein könnte.

Der Rollladen aus verschrammtem Wellblech war fast zur Hälfte heruntergezogen; und so näherte sich Goullet der altmodisch verzierten, hölzernen Ladenfront, wie man sie hier und da im Lande immer noch antraf, um herauszufinden, ob sich vielleicht im Inneren des Gebäudes jemand aufhielt. Er sah die Reflexion seines Körpers in der Glasscheibe des Eingangs, seine helle Hose, das dunkelblaue Jackett, und als er sich bückte und den Kopf unter das Wellblech schob und sich selber in der Spiegelung sah, näherte sich aus der schattenhaften Tiefe des dahinterliegenden Raumes rasch der Schemen eines Mannes. Goullet richtete sich wieder auf, die Tür wurde geöffnet, und der Mann, dessen Gesicht hinter dem Rollladen verborgen blieb, fragte, was er wolle.

Er käme im Auftrag von Lacroix, erwiderte er, und solle Alain etwas übergeben.

»Komm rein«, sagte der Mann nach kurzem Zögern und reichte ihm die Hand, die er ergriff, »ich bin Alain.«

Goullet schlüpfte unter dem Rollladen hindurch und betrat einen schlauchförmigen Raum mit einer ungewöhnlich langen Theke, an dessen Ende eine schmale, gusseiserne Wendeltreppe in die oberen Stockwerke führte.

Das Erste, was ihm auffiel, war ein den ganzen Umlauf des Tresens schmückendes Relief, das eine verwirrende Vielfalt liebevoll geschnitzter Seepferdchen zeigte. Vor Zeiten und ohne erkennbare systematische Anordnung, vielmehr mit unbändigem Vergnügen und in wochenlanger Arbeit musste ein Künstler sie aus dem Holz herausgearbeitet haben.

»Du kommst von Mathieu?«

Goullet nickte.

Alain war hinter die Theke getreten und stand jetzt an der Zapfanlage mit den chromblitzenden Hähnen. Er hatte einen mächtigen weißen Bart, wache, blaue Augen, und seine geröteten Wangen waren von winzigen geplatzten Äderchen durchzogen. Das schüttere Haar, das er schulterlang trug, lag wie ein zerrissener Vorhang auf seinem schmutzigen grauen Overall.

Er sieht aus wie der liebe Gott, dachte Goullet, und fast musste er lachen, der liebe Gott von heute, der an seiner Schöpfung verzweifelt und aus Scham und Enttäuschung über das universale Fiasko, das er angerichtet hat, einfach aufgibt, sich gehen lässt und anfängt zu trinken.

»Bier?«, fragte der liebe Gott und ohne auf eine Antwort zu warten, ließ er den weißen Schaum in ein Glas schießen, dass es nur so spritzte. »Ich liebe das«, sagte er und lächelte zufrieden, »dieses schaumige, frische Bier, voller Kohlensäure, nie abgestanden … hier nimm und runter damit! – Wie heißt du?«

Goullet nannte ihm seinen Namen, nahm das Glas Bier, das er ihm hinhielt, und obschon er der Ansicht war, es sei noch etwas früh, mit dem Trinken anzufangen, tauchte er seinen Mund mutig hinein, erwischte auch etwas Flüssigkeit am Grunde des Glases, schluckte und leckte sich den bitteren Schaum von den Lippen. Es schmeckte scheußlich.

»Lass uns raufgehen«, sagte Alain. Er öffnete eine Klappe, die kaum sichtbar in die Theke eingelassen war und in zwei verdeckten Scharnieren hing. Mit seinem Getränk schlurfte er zur Eingangstür, schloss ab und winkte Goullet, ihm zu folgen.

Sie stiegen die Wendeltreppe hinauf, betraten einen dunklen Flur und danach einen großen Raum, der nach links abging und durch zwei marode Fenster den Blick auf einen mit allerlei Gerümpel zugestellten Hinterhof freigab.

Der Raum selbst hatte gerade noch Platz für zwei Ledersessel und ein rundes Holztischchen, auf dem ein voller Aschenbecher neben einer heruntergebrannten Kerze stand. Ansonsten war er gefüllt mit übereinandergestapelten technischen Geräten, Computern, herumstehenden Keyboards, Synthesizern und anderen Instrumenten, wie man sie zum Herstellen elektronischer Musik benötigt. Aber nicht eine einzige Leuchtdiode brannte, und nichts wies darauf hin, dass noch irgendetwas in Funktion war, alles wirkte wie der Müll einer längst vergangenen Zukunft, Kästen und Kisten voller Kabel, Chips und Mikroprozessoren, denen man den Stecker gezogen oder den Strom abgestellt hatte und die nie wieder funktionieren würden.

»Ich habe damit aufgehört, ich habe die Computer abgeschaltet, die gucken uns mit dem Zeug in die Nasenlöcher«, sagte Alain, als er sah, dass sich Goullet erstaunt umblickte, »ich habe einfach keine Lust mehr; wenn ich Musik machen will, spiele ich Gitarre und singe dazu.« Er lachte und trank einen Schluck Bier; der Schaum zerrann und lief ihm langsam in den Bart.

»Was hast du mit Mathieu zu tun?« Er setzte sich, zündete eine Zigarette an, wies mit der Hand auf den

Sessel neben sich und sah ihm gerade und sehr klar in die Augen.

Goullet überlegte einen Augenblick und erzählte ihm dann seine Geschichte in knappen Worten. Weshalb er nach Frankreich gekommen war, wie er Madame Simon, Hélène, Mathieu und die anderen kennengelernt und angefangen hatte, sie zu unterstützen; dass er eigentlich auf der Suche nach sich selbst und seinem früheren Leben war und in einer Abfolge haarsträubender Ereignisse steckte, erwähnte er nicht. Er zog sein Jackett aus, griff in den Schlitz neben der linken Brusttasche und versuchte den Brief herauszuziehen. Das dauerte ein wenig. Schließlich aber hielt ihn Alain in der Hand, stand auf und versteckte ihn in einer Ritze hinter der Tapete gleich neben der Tür.

»Mathieu hat früher wunderbare Artikel und Essays für die ›Liberation‹ geschrieben«, sagte er, als er sich wieder setzte, »und seine Blogs waren enorm populär und einflussreich. Er warnte immer wieder vor dem, was passieren würde, wenn wir die liberale Demokratie abschaffen, wenn wir der sich überall wie eine Krankheit ausbreitenden Müdigkeit nachgeben. Er hat sein Lied in den Wind gesungen. Es hat kaum noch einen Menschen interessiert, nicht mal die jungen. Aber ihn trieb auch die Frage um, wozu wir überhaupt noch eine Demokratie brauchen, wenn wir uns doch Schritt für Schritt selbst abschaffen, freiwillig mit den Maschinen verbinden, um schließlich selbst welche zu werden? Roboter führen Befehle aus, sie brauchen keine Demokratie. Ich war nicht immer einverstanden mit dem, was er geschrieben hat. Am Ende wurde er immer zynischer.

Ich werde jetzt fünfundsechzig; ich kann mich noch an die Geschichten erinnern, die mir meine Großeltern und Verwandten erzählten. Die Kriegszeit, der Widerstand, die Armut und die Angst. Sie wussten, dass jedes politische System so zerbrechlich ist wie der menschliche Körper selbst; und was man einmal aus der Hand gibt, aus Unachtsamkeit, Überdruss oder Langeweile, das kommt nicht mehr zurück. Und jetzt machen sie da draußen wieder auf Résistance, es ist geradezu lachhaft, wie sich alles wiederholt. Nur so kommen sie diesem Dreckssystem nicht bei. Sie müssten die Kommunikationsebenen angreifen, und das schafft man nur innerhalb der Strukturen. Die meisten aber sind raus wie ich auch, weil es im Netz schon lange keine Freiheit mehr gibt, und jetzt spielen sie Zweiter Weltkrieg, als wären sie auf dem Fußballplatz. Wirklich komisch, wenn es nicht so traurig wäre! Sie verstehen die Perfidie nicht, mit der Vivain und seine Leute vorgehen. Die Anschläge da draußen könnten genauso gut auf ihr Konto gehen, sie verbreiten permanenten Terror, um ihren eigenen Terror zu legitimieren.«

Er seufzte und drückte seine Zigarette aus. »Na gut, dieses eine Mal helfe ich ihm noch«, sagte er, »er meint es ja gut, aber dann will ich nichts mehr damit zu tun haben.«

Hustend stand er auf, fuhr sich mit der Hand durch seinen Bart und lief zur Tür. »Ich denke, wir sollten uns noch ein Schaumiges genehmigen, meinst du nicht auch?«

Goullet nickte, obwohl ihm schon der bloße Gedanke an einen weiteren Schluck Bier den Magen umdrehte. Er musste plötzlich an Hélène denken. Sofort zog sich sein Herz zusammen und tat ihm weh, und dabei hatte er doch immer geglaubt, Herzschmerz sei nichts als ein schwülstiges Doppelwort aus uralten Filmschnulzen. Aber nein, es schmerzte ihn körperlich und fühlte sich an wie eine Entzündung, die ihm irgendwo pochend in der Brust saß.

Er war verzweifelt, er wusste nicht, wie es weitergehen sollte. Er musste Hélène wiederfinden, aber was, wenn sie sich anders entschieden oder eine dieser irrsinnigen Aktionen nicht überlebt hatte?

An all das dachte er, während er langsam die Treppe hinunterstieg und wieder an den Tresen mit den tausend Seepferdchen trat, die sich in der Strömung eines imaginären Meeres wiegten.

Das Letzte, an das er sich später erinnerte, war der lange, weiße Bart von Alain, der Bier zapfte und aussah wie der liebe Gott.

Dann zerriss es den Lieferwagen vor der Tür in tausend Stücke.

Die Explosion war so gewaltig, dass die Ladenfront ihm wie ein Stück Sperrholz entgegenflog. Er selbst wurde von der Druckwelle emporgehoben und mit ungeheurer Wucht in die hölzerne Anrichte neben der Wendeltreppe geschleudert.

War er denn plötzlich verrückt geworden? Oder rebellierte sein Gehirn?

Genoux schloss die Augen und erlebte auf einmal den Anflug eines schlechten Gewissens. Wollte ihn Gott für seine Taten strafen, indem er ihn auslöschte, ihn einfach herausnahm aus der Welt, so dass nicht einmal mehr sein Spiegelbild existierte?

Er kannte kein Mitleid mit seinen Mitmenschen, die meisten ekelten ihn an und hatten jede Strafe verdient, aber mit sich selbst war er vorsichtiger. Irgendwie glaubte er sogar an eine göttliche Gerechtigkeit, wenn auch nicht so, dass es sein Verhalten beeinflusst oder gar geändert hätte. Sein Vater, der als Schmelzer in einer Eisengießerei am Rande der Stadt arbeitete und nachts hin und wieder für ein Fuhrunternehmen, um seinem einzigen Sohn später einmal ein Studium zu ermöglichen, hatte ihn jeden Sonntag mit in die Kirche genommen. Die Mutter war davongelaufen, als er keine sechs Jahre alt war. Das hatte seinem Vater, einem einfachen, rechtschaffenen Mann, das Herz gebrochen, und er begann, unmäßig zu trinken. Immer wieder ließ er seinen Zorn an ihm aus, bis schließlich auch er, der Sohn, der seine Mutter anfänglich schmerzlich vermisste, anfing, sie inbrünstig zu hassen.

Jeden Sonntagmorgen aber saßen sie im schwarzen

Anzug und weißen Hemd einträchtig nebeneinander im dunklen Gestühl der gotischen Notre Dame la Réal und feierten die heiligen Messe mit. Das hatte Spuren hinterlassen, und so konnte er für sich nicht völlig ausschließen, dass es eine Hölle gab, und wenn, dann gehörte er ohne Frage hinein, aber auch dieser Gedanke sank nicht tief, und es erwuchs ihm auch keine echte Furcht daraus, denn alles wurde am Ende überlagert und aufgehoben durch den fatalen Zwang, seinem Trieb zu folgen, der ihn mit der höchsten Lust belohnte, die es auf der ganzen Welt für ihn gab, die vollkommene Unterwerfung und Vernichtung eines weiblichen Körpers, den Mord an einer wehrlosen Frau. Im Angstschweiß schon roch er ihr Blut, und wie ein Wolf blindwütig zwanzig Schafe reißt, obwohl schon ein einziges ausgereicht hätte, seinen Hunger zu stillen, kannte auch er keine Grenzen mehr.

Er konnte sich in Frauen verlieben, die er begehrte, konnte sogar zärtlich zu ihnen sein, aber er hatte nicht die geringste Hemmung, sie in der nächsten Sekunde zu packen und ihnen den Hals durchzuschneiden. Und wenn er nach geschehenem Akt erschöpft und befriedigt über seinem Opfer zusammenbrach, meldete sich manchmal sein Gewissen wie ein Kirchenglöckchen im brandenden Großstadtlärm, aber seine Genugtuung war so tief und unangreifbar, dass es schon bald wieder verstummte.

Nur einmal hatte es ihn wirklich erwischt, einmal hatte er sich so verliebt, dass er sich selbst nicht wiedererkannte. Es war im fünften Jahr seiner Niederlassung als Kinderarzt in Perpignan, als eines Morgens eine junge Frau mit ihrem kleinen Bruder in seiner Praxis auftauchte. Er hatte hohes Fieber und einen trockenen Husten, war matt, blass und apathisch. Genoux erkannte sofort, dass das Kind an einer Lungenentzündung litt. Er verschrieb ihm Kochsalz-Inhalationen, Umschläge und vor allem Bettruhe.

Die junge Frau, die ihm erzählte, dass sie sich und ihren Bruder allein durchbringen müsse, tat ihm leid. Sie stammte aus der Normandie und hatte ihre Eltern auf ihrer Flucht in den Süden verloren. Und so kümmerte er sich in den folgenden Wochen aufopfernd um sie und den kleinen Patienten. Sie wohnte in einer kleinen, schäbigen Wohnung am Rande der Altstadt und hatte eine Stelle als Verkäuferin in einem Kleidergeschäft gefunden. Sie war hübsch und sehr froh darüber, dass der Arzt half und immer wieder auf Hausbesuch kam.

Genoux nahm kein Geld von ihr, und auch als der Junge wiederhergestellt war, fuhr er fort, sie zu sehen. Sie begannen eine Beziehung, schon bald darauf wurde sie schwanger, und er freundete sich mit dem Gedanken an, Vater zu werden, und dachte sogar daran, die junge Frau, die Josette hieß, zu heiraten. Aber je intensiver er sich um sie bemühte, desto mehr entzog sie sich ihm. Dass mit ihr etwas nicht stimmte, weil seine Verliebtheit sich allmählich zur Besessenheit gesteigert hatte und ihn blind für die Stimmung anderer Menschen machte, kam ihm gar nicht in den Sinn, und deshalb war es für ihn ein gewaltiger Schock, als er eines Abends vor ihrer verschlossenen Tür stand und die Nachbarin aus der Wohnung gegenüber ihn davon in Kenntnis setzte, dass Josette ausgezogen sei und die Stadt mit ihrem Bruder verlassen habe, um ihr Kind irgendwo auf dem Land zur Welt zu bringen.

Augenblicklich schlug die Liebe, die er zum ersten Mal einem anderen Menschen entgegenbrachte, in brennenden Hass um, und er schwor, diesem ganzen vermaledeiten Geschlecht heimzuzahlen, was es ihm und seinem Vater angetan hatte.

Er sah Josette nie wieder und erfuhr auch nicht, ob er der Vater eines Jungen oder Mädchens geworden war.

All das und viele andere Dinge gingen Genoux durch den Kopf. Schließlich schlug er seine Augen wieder auf und starrte in den Spiegel.

Himmel und Hölle! Aber da stand er doch in seinem schwarzen Anzug, der braunen Seidenkrawatte und hielt immer noch den Griff der Kneipentür in der Hand! Was für eine Erleichterung, er war wieder da, und ganz so wie es sich gehörte. Er hatte auch keine Blume im Knopfloch oder trug sonst welche ihm fremde Kleidungsstücke. Es war also doch nur Einbildung oder eine merkwürdige Irritation gewesen. Aber warum hatte ihn das so erschreckt?

Er spürte, dass seine Nerven flatterten. Vermutlich setzte ihm sein Lebenswandel viel mehr zu, als er es sich eingestand, die Tätigkeiten für Lacroix, die er brauchte, um sich als Teil der Résistance zu legitimieren, aber auch um seine Opfer zu finden, die anstrengenden Führungen der Flüchtlinge im Morgengrauen über die hohen Berge und das ständige Versteckspiel mit der Gestapo und der französischen Polizei. Er verbrachte die Tage und Nächte in permanenter Hochspannung und musste höllisch aufpassen, dass er sich nicht verzettelte und ihm jemand auf die Spur kam.

Lacroix hatte in jüngster Zeit immer wieder ihn irritierende Äußerungen gemacht. Wenn es nicht anders ginge, würde er Gaston auf seine Spur setzen. Gaston, der mit Nachnamen Nézondet hieß, war seine Verbindung zur Gestapo, und die ließ ihn in Ruhe, solange er hin und wieder Personen auslieferte, nach denen sie suchte.

Auch Simon hatte ihn jetzt schon mehrere Male aufs Kommissariat bestellt und peinlichen Befragungen wegen einiger vermisster Ausländer unterzogen. Dann die dumme Geschichte mit Gaston und den beiden Brüdern. Sie waren vor seinem Haus in der Rue de la Main de Fer mit einem Lieferwagen voll leerer Koffer und Mäntel erwischt worden. Sein Keller war voll davon, und ab und zu mussten sie entsorgt werden. Er hatte sich aber geschickt herausgeredet und glaubte durch seine verdeckte Kooperation mit der Gestapo vor einem Zugriff der französischen Polizei einigermaßen sicher zu sein.

»Danke für den Wein, Jerôme«, rief Genoux dem Wirt

zu, der die beiden jungen Frauen abkassierte, »und pass auf, dass dir die Leute nicht in die Kasse greifen, wenn du ständig einschläfst! – Schreib an, ich zahl das nächste Mal.«

Jerôme nickte, nahm das Küchentuch von der Schulter und winkte ihm damit kurz zu.

Beschwingt verließ Genoux das Lokal und trat hinaus auf die Straße. Er wunderte sich über die gute Laune, die ihn plötzlich überkam. Die Sonne schien ihm ins Gesicht, und er beschirmte seine Augen mit der Hand, um besser sehen zu können.

Er musste nicht weit laufen; das »Cheval Marin« lag gleich hinter dem Place des Poilus auf der rechten Seite im Erdgeschoss eines mehrstöckigen Hauses, das der Wirt Delarue, den man nie ohne Kippe im Mundwinkel antraf, erst letzte Woche hatte neu streichen lassen. In diesen Zeiten vermittelte das Zuversicht; niemand wusste, was die Deutschen mit der Stadt anstellen würden, wenn sie einmal abzögen.

Es waren wenig Menschen unterwegs, ein Militärfahrzeug brauste an ihm vorbei, ein paar Fahrradfahrer. Dann hörte er eine Explosion. Zu weit entfernt, als dass sie ihn erschreckt hätte.

Der Rauchpilz, der sich schnell erhob, stand über dem Bahnhof. Es war sicher ein Anschlag der Résistance, die in letzter Zeit immer aktiver wurde. Wahrscheinlich hatten sie die Eisenbahnlinie getroffen.

Die Reaktion der Deutschen auf solche Angriffe ließ

nie lange auf sich warten, und die Kommandos der Sicherheitspolizei und der Gestapo, die von Toulouse aus losgeschickt wurden, verbreiteten Angst und Schrecken. Wer in ihre Hände fiel, der brauchte nicht einmal mehr zu beten.

Über den Chef der Gestapoleitstelle in Toulouse, einen Deutschen mit französischem Namen, waren die unglaublichsten Gerüchte im Umlauf. Ein Schöngeist, der selbst malte und die Folter zur hohen Kunst erhoben hatte. Ein Sammler alter Gemälde und Freund der klassischen Musik. Viel mehr wusste man nicht über ihn, selbst sein Aussehen war ein Geheimnis, denn diejenigen, die seine Bekanntschaft gemacht hatten und von ihm hätten erzählen können, waren nie wieder aufgetaucht.

Aber an diesem Nachmittag strahlte die Sonne hell über Perpignan, und Genoux befand sich in wahrhaft prächtiger Laune. Er hatte noch einiges vor.

Das »Cheval Marin« war eines der am übelsten beleumundeten Lokale der Stadt. Sein Klientel bestand aus Alteingesessenen, Alkoholikern, Abenteurern, Zuhältern, Kleinkriminellen, Spitzeln und solchen, die brisante Informationen suchten. Bis auf zwei Stunden am frühen Morgen, wo man die letzten betrunkenen Gäste auf die Straße setzte, um aufzuräumen und durchzuputzen, war es rund um die Uhr geöffnet.

Das Lokal gab es schon seit unvordenklichen Zeiten; kurz vor dem Krieg hatte es ein gewisser Jean Delarue übernommen, ein ehemaliger Bergmann aus Lille und Verdun-Veteran, der wegen Totschlags und diverser Betrügereien mehrere Jahre im Gefängnis gesessen hatte.

Woher das Geld für den Laden stammte, wusste niemand, und man fragte auch nicht danach. Mit der Besetzung der freien Zone durch die Deutschen im Winter des letzten Jahres, wurden die Öffnungszeiten anfangs strenger gehandhabt, aber Delarue war es gelungen, diese Auflagen für sich zu umgehen.

Auch hier wollte niemand genau wissen, wie er das geschafft hatte.

Die Tür des »Cheval Marin« stand weit offen, und Lärm, Geschrei und Tabakqualm drangen hinaus auf die Straße; irgendwo im Inneren dudelte ein Akkordeon einen Java.

Genoux betrat den dunklen Schlauch mit dem endlos langen, fast voll besetzten Tresen, über dem ein verstaubtes Fischernetz mit allerlei präpariertem Meeresgetier von der Decke hing. Er kniff die Augen zusammen, um zu erkennen, ob seine Leute schon da waren. Am anderen Ende kurz vor einer Wendeltreppe, von Rauchschwaden und Küchendampf fast völlig verschluckt, lehnte Gaston am Tresen, hatte seine Mütze tief ins Gesicht gezogen und trank einen Pernod. Im Nebenraum wurde getanzt, die Schatten sich hin und her bewegender Menschen fielen durch den Türrahmen, und Genoux hörte ihr ausgelassenes Gelächter. Das Akkordeon spielte jetzt einen Pasodoble.

Es war ein typischer Samstagnachmittag im »Cheval«, und niemand hätte vermutet, dass Krieg und fast alles rationiert war und man ständig und überall Gefahr lief, verhaftet zu werden. Delarue, der Genoux schon beim Hereinkommen gesehen und ihm kurz zugenickt hatte, versuchte sich mit einem Glas Rotwein zwischen zwei stark geschminkten Frauen, die am Tresen heftig aneinandergeraten waren, zu ihm durchzukämpfen. Sie stritten sich lautstark um einen deutschen Unteroffizier, der in Uniform auf dem Trottoir vor der Tür stand und immer wieder zu ihnen hineinsah. Mit welcher der beiden er nachher das Vergnügen haben würde, war ihm vermutlich ziemlich gleichgültig. Genoux nahm seinen Wein entgegen, nickte Delarue zu, ging hinüber zu Gaston und stellte sich neben ihn.

»Alles klar?«, fragte er, ohne ihn anzusehen.

Gaston nahm einen Schluck von seinem Pernod und zuckte mit den Schultern. Er schien immer noch verstimmt.

»Wo sind Maurice und Hugo?«

»Die müssten gleich hier sein.«

Genoux zündete sich eine Zigarette an. »Hör zu, Gaston«, sagte er dann, »du bist beleidigt, ich will aber darüber nicht mehr diskutieren. Ihr werdet für das, was ihr tut, gut bezahlt. Sei froh, dass du überhaupt Arbeit hast. Man beißt nicht in die Hand, die einen füttert, verstehst du. Das ist mein letztes Wort in dieser Sache. – Hier, teil das unter euch dreien auf. Den Rest kriegt ihr morgen.«

Er zog ein Bündel Geldscheine aus seiner Jackentasche und drückte sie Gaston unterm Tresen in die Hand.

In diesem Augenblick kamen Maurice und Hugo, die beiden Brüder, durch die Tür. Der eine, Hugo mit dem Spitznamen »Schiefmaul«, hatte ein entstelltes Gesicht, Resultat einer miserabel operierten Hasenscharte. Er war unbändig stark, aber auf dem geistigen Niveau eines Kindes und folgte seinem Bruder wie ein Hund. Maurice, der Ältere, galt als schlau und jähzornig und war sich für keine Drecksarbeit zu schade.

Genoux warf ein paar Münzen auf den Tresen und verabschiedete sich von Delarue. Im Hinausgehen klopfte er Maurice auf die Schulter und forderte ihn und seinen Bruder mit einer knappen Kopfbewegung auf, ihm zu folgen. Sie drückten sich an dem deutschen Soldaten vorbei, ohne ihn eines Blickes zu würdigen, und liefen einer hinter dem anderen schweigend durch die Gassen der Altstadt, Genoux vorneweg, den Place de la République entlang und dann die Rue du Théâtre hinunter.

An der Ecke Rue du Père Pigné und Rue de la Main de Fer, in der Genoux' Haus lag, blieben sie kurz stehen, und er erklärte ihnen, was sie zu tun hatten. Kurz darauf schloss er das grüne Holztor seines Hauses auf, hinter dem sich ein Durchgang zum Hinterhof auftat. Der Zettel, der neben seinem Praxisschild hing und darauf hinwies, dass die Praxis vorübergehend geschlossen sei, war gut zu sehen.

Eben wollte Genoux das Tor hinter sich zuziehen, als

ein schwarzer Citroën aus der Rue du Père Pigné bog und langsam auf sie zurollte. Die beiden Männer auf den Vordersitzen trugen Bérets, Schulterriemen und die schwarz-blauen Uniformen der Miliz. Der Wagen fuhr langsam an ihnen vorbei und hielt nach wenigen Metern an; die Männer in seinem Inneren blieben sitzen und rührten sich nicht.

»Das sind sie«, sagte Gaston.

»Gut«, antwortete Genoux, zog das Tor zu, und sie verschwanden im Durchgang mit der hohen, gewölbten Decke, liefen rechts ein kleines Treppchen hinauf, und Genoux öffnete eine weitere Tür, die direkt ins Haus führte.

Schweigend stiegen sie das steinerne Treppenhaus hinauf, an der Praxis vorbei und seinen Wohnräumen im zweiten Stock, von denen er auf die Straße und auch in den von einer hohen Mauer abgeschlossenen Hinterhof sehen konnte.

»Er ist in einem der Dachzimmer«, flüsterte Genoux und blieb stehen.

Die drei verharrten auf der Treppe und blickten ihn fragend an. Hugos Mund stand weit offen, und Genoux sah, dass ihm Speichel über die Unterlippe lief und in einem langen Faden zu Boden tropfte. Gaston, der es aus dem Augenwinkel beobachtete, musste ein Lachen unterdrücken und stieß ihm mit dem Ellbogen in die Seite. Hugo schluckte und wischte sich mit dem Handrücken schnell über die schiefe Spalte, die sein Mund war. Maurice, der sonst schnell die Beherrschung verlor, wenn sein Bruder aus der Rolle fiel oder sich ungeschickt anstellte, hatte zum Glück nichts bemerkt.

»Er wird stocksauer sein«, fuhr Genoux unbeirrt fort, »Ich hab ihn gestern Abend dort eingeschlossen und ihm gesagt, er solle sich ruhig verhalten. Seitdem sitzt er da und fragt sich, wie es weitergeht. Macht mit ihm, was ihr wollt, aber macht schnell, und ruiniert mir nicht das Mobiliar. Ich geh als Erster rein, ihr wartet noch einen Moment.«

Als sie oben angekommen waren, verteilten sie sich auf dem Flur, der nach rechts und links abging. Genoux wies auf die mittlere Tür und legte den Zeigefinger auf die Lippen. Sie horchten. Es war kein Laut zu hören. Vielleicht schlief Herbsheimer; es stand ja ein Bett im Zimmer, und für alle Fälle hatte er auch noch ein Nachtgeschirr hineingestellt. Er war ein aufmerksamer Gastgeber, das musste man ihm lassen.

Seltsamerweise tat ihm Herbsheimer jetzt auf einmal leid, und auch wenn es nicht zu vermeiden war, so bedauerte er doch irgendwie sein Schicksal. Herbsheimer war Kommunist und Gewerkschafter, und Genoux, der sich nie wirklich für Politik interessiert hatte, empfand doch eine gewisse Sympathie für die Kommunistische Partei und ihren Traum einer egalitären Gesellschaft. Er hatte die Armut in seiner Kindheit kennengelernt und gesehen, wie sich sein Vater abrackerte und jeden Bissen vom Mund absparte, um ihm ein besseres Leben zu ermöglichen. Nach seinem Studium, als er anfing zu praktizieren, machte er vermehrt mit Leuten Bekanntschaft, die sich am anderen, oberen Ende der gesellschaftlichen Leiter befanden. Und der Dünkel, der ihm dabei immer wieder begegnet war, diese unerträgliche Mischung aus gönnerhafter Blasiertheit und unverhohlener Verachtung für diejenigen, die von unten kamen, die einfachen Leute, die kämpfen mussten, um zu überleben, und keinen wirklichen Platz in einem zutiefst ungerechten System fanden, hatte ihn stets angewidert und mit abgrundtiefem Hass erfüllt. Jedem Kapitalisten und Menschenschinder hätte er auf der Stelle den Hals umdrehen können, sich aber einer politischen Organisation anzuschließen und den täglichen, zermürbenden Kampf um die schrittweise Verbesserung der Lebensverhältnisse auszufechten, das war nicht seine Sache. Er war nicht der Mann des Aufbaus, auch nicht der Revolution, er war der Geist der Vernichtung.

Genoux holte den Zimmerschlüssel aus seiner Tasche, steckte ihn ins Schloss und öffnete leise die Tür.

Herbsheimer saß vornübergebeugt auf dem Bett, und es dauerte ein paar Sekunden, bis er begriff, dass sich an seiner misslichen Lage etwas änderte.

Er richtete sich auf, wandte Genoux seinen massigen, haarlosen Kopf zu und sah ihm gerade in die Augen. Die blasse Farbe seines Gesichts überzog sich augenblicklich mit einem grimmigen Rot, er sprang auf, und seine ganze Wut auf die demütigende Lage, in der er sich schon viel zu lange befand, brach sich Bahn in einem erregten Schwall wüster Vorwürfe und Beschimpfungen.

»Wie können Sie es wagen, mich wie einen Gefangenen festzusetzen?«, schrie er Genoux an. »Geben Sie mir sofort mein Geld zurück, und lassen Sie mich gehen! Für wen halten Sie sich eigentlich? Wo ist Frau Bergmann?«

Zornbebend stand er vor ihm und wollte eben zu einer neuen Suada ansetzen, als er die drei Männer erblickte, die einer nach dem anderen schweigend den Raum betraten.

Schlagartig verstummte er, und alle Farbe wich aus seinem Gesicht.

»Aber Monsieur Herbsheimer, bitte, warum regen Sie sich so auf? Es ist doch alles gut«, beruhigte ihn Genoux. »Es hat nur etwas länger gedauert, alles zu organisieren, aber jetzt werden die Herren Sie nach Banyuls fahren, damit Sie morgen in aller Frühe über die Grenze gehen können.«

Herbsheimer, der einen untrüglichen Instinkt für verlogene Phrasen und falsche Töne besaß, ergriff die Panik.

Entsetzt sah er von einem zum anderen, sein Blick blieb kurz an Hugos entstelltem Gesicht hängen, dann begann er auf einmal, am ganzen Leibe zu zittern.

»Ich glaube Ihnen kein Wort, Monsieur«, sagte er leise, und als wäre es nicht schon längst genug, schossen ihm Tränen in die Augen. »Lassen Sie mich gehen, und tun Sie mir nichts. Sie können mein Geld und die Wertsachen behalten, aber bitte, tun Sie mir nichts. Bitte …«

Er flehte wie ein ängstliches Kind. Wäre er nicht der Kämpfer für eine gerechte Sache gewesen, Genoux hätte diese jämmerliche Gestalt, die da schlotternd vor ihm stand, mit Häme und Genugtuung erfüllt, aber so wusste er nicht, was er fühlen sollte.

Dann tat Herbsheimer etwas Dummes, er machte eine schnelle Bewegung nach vorn, vielleicht war es der hilflose Versuch, zwischen den massigen Leibern der Männer hindurchzuschlüpfen oder auch nur ein unkontrollierter körperlicher Reflex.

Maurice sprang ihn an wie ein Raubtier, schleuderte ihn herum und riss ihm die Arme auf den Rücken. Herbsheimers Oberkörper kippte nach vorn, und im selben Augenblick traf ihn Hugos Faust mitten ins Gesicht. Mit einem trockenen Knacken brachen das Nasenbein und der Frontteil seines Oberkiefers. Die Vorderzähne klappten nach hinten in den Rachen, und weil er nach Luft rang, verschluckte er sie. Sofort schoss ihm ein Schwall Blut aus Mund und Nase. Mit weit aufgerissenen, erstaunten Augen sah er die Männer an und stieß einen tierhaften Schrei aus. Dann brach er wie ein Sack zusammen.

Gaston und die Brüder hoben ihn vom Boden auf, hakten ihn unter und schleiften den stöhnenden, blutenden Mann die Treppe hinunter.

Genoux blieb reglos stehen und sah zum Fenster, durch das das abnehmende Licht des heraufdämmernden Abends fiel. Auf diese zweidimensionale, viereckige

Fläche schien sich plötzlich alles zu reduzieren. Das Universum war ein schwach leuchtendes Quadrat. Das war das ganze Geheimnis der Schöpfung. Er fühlte nichts mehr. Keine Trauer, keine Scham, keine Erregung. Nur Leere. Er schloss die Augen. Unten fiel die Tür zu.

Er schreckte auf, weil sich jemand über ihn beugte, und spürte den beunruhigenden Hauch eines fremden Atems. Als er die Augen öffnete, wich das Gesicht zurück, das ihn aus nächster Nähe betrachtet hatte. Vor dem Bett, in dem er lag, stand ein Mann in weißem Kittel. Auf dem Stuhl daneben saß eine alte Frau in einem dunklen Mantel und sah ihn besorgt an. Es war Madame Simon.

»Was ist passiert?«, fragte Goullet leise und musste husten. Die Brust tat ihm dabei höllisch weh.

»Sie hatten mehr als einen Schutzengel, junger Mann«, sagte der Arzt, ein knochendürrer, hohlwangiger Mensch mit dünnem Haarkranz und viel zu großen Ohren, »eine solche Explosion überlebt man eigentlich nicht. Von der anderen Person, mit der Sie sich in diesem Haus aufhielten, ist nicht viel übrig geblieben. Vielleicht hat Sie aber auch das altersschwache Möbelstück gerettet, in das Sie gestürzt sind. Wir haben drei Rippenbrüche entdeckt, ein paar Prellungen, keine inneren Blutungen. Auch die Schürfwunden sind nicht weiter gravierend. Sie hatten wirklich ein unverschämtes Glück. Wenn Sie sich besser fühlen, können Sie morgen wieder gehen, wir brauchen jedes Bett. Atmen Sie flach, und halten Sie sich ruhig, die Brust wird Ihnen noch einige Zeit weh tun. Lachen Sie nicht, aber da habe ich keine Bedenken, es gibt im Augenblick nicht viel zu lachen. Nehmen Sie das Schmerzmittel, das auf Ihrem Nachttisch liegt, wenn Sie es nicht aushalten, aber heute nicht mehr als zwei Tabletten. Ich lasse Sie jetzt mit Ihrer Tante allein. Gute Besserung!«

Er ging und schloss die Tür hinter sich.

In der Ecke tickte irgendein medizinischer Apparat, und ein rotes Lämpchen blinkte dazu in regelmäßigen Abständen. Sonst war es still.

Sie schwiegen beide. Nach einer Weile streckte Goullet seine Hand aus. »Wann haben sie Sie gehen lassen?«, fragte er.

Sie legte ihre alte, schmale Hand mit den hervorstehenden blauen Adern auf die seine. Mit der anderen berührte er sie unendlich sanft, so wie man etwas sehr Wertvolles und Zerbrechliches anfasst.

»Heute früh«, antwortete sie und hustete. »Ich habe Hélène am Nachmittag kurz im Park getroffen. Sie hat von den Anschlägen in Perpignan berichtet und dass es auch die Bar getroffen hätte, die du aufsuchen solltest. Sie sagte, das ginge aufs Konto der Sécurité, aber sie würden nun dem Widerstand in die Schuhe geschoben. Sie befand sich selbst in heller Aufregung, weil das Versteck in den Weinbergen entdeckt worden war. Mathieu konnte wohl entkommen, die anderen haben sie geschnappt.«

»Hat sie etwas gesagt, irgendeine Nachricht für mich?« Er versuchte, sich aufzurichten, es tat weh.

Sie schüttelte den Kopf. »Nein. Sie ist gleich wieder fort. Sie stand unter großem Druck.«

Goullet sank zurück aufs Bett und starrte an die Decke. Mein Gott, wo Hélène jetzt wohl steckte und wie es ihr ging? Was hatte sie vor? Würde sie nach Paris gehen oder sich noch eine Weile hier in der Nähe aufhalten? Egal was, sie musste überleben. Sie musste, weil er sie wiedersehen wollte, wenigstens ein letztes Mal. Schließlich ertrug er die Gedanken an sie nicht länger und blickte wieder Madame Simon an.

Sie sah schlecht aus und wirkte viel älter, als er sie in Erinnerung hatte. Die Tränensäcke unter ihren müden, dunklen Augen und die tiefen Querfalten auf der Stirn waren ihm vorher nicht aufgefallen.

»Und sie haben Ihnen nichts getan, Madame Simon?«, fragte er besorgt.

»Françoise. Ein für alle Mal!«, erwiderte sie, und fast schien sie ungehalten, dass er es immer noch nicht begriffen hatte. »Nein«, fuhr sie dann fort, »sie haben mich nur stundenlang verhört, aber sie hatten wohl kein Interesse daran, eine alte Frau zu foltern. Oder es war ihnen einfach zu langweilig.«

»Wo sind wir hier?«, wollte er wissen, und sie erklärte ihm, dass er nach dem Anschlag sofort ins städtische Krankenhaus von Perpignan gebracht worden war. Er sei lange bewusstlos gewesen. Nach dem Treffen mit Hélène hätte sie sich sofort in den nächsten Zug gesetzt, um herauszufinden, was aus ihm geworden sei.

»Danke, Françoise«, sagte er leise. Er hätte sie umarmen mögen. Was ihm zu Hause nie widerfahren war, hier wurde es ihm auf einmal geschenkt.

Zum ersten Male lächelte sie. »Du bist mein Neffe, oder etwa nicht? – Ich habe Angst um dich, und ich will, dass du zurück in deine Heimat fährst und das alles hier so schnell wie möglich vergisst!«

Goullet sah sie lange an, dann nickte er kaum merklich und wandte seinen Kopf zum Fenster, durch das man auf einen anderen Trakt des Krankenhauses sah. Ein zweckmäßiges, weißes Gebäude, dessen Fenster im matten Widerschein des Abends glänzten. Draußen wurde es langsam dunkel. Er schloss die Augen, irgendwo wurde eine Tür zugeschlagen.

Genoux drehte sich um und starrte in den dunklen Flur. Hatte Herbsheimer nicht nach seiner Sekretärin gefragt, bevor Gaston und die Brüder erschienen? – Aber ja, sie saß unten in der fensterlosen, dreieckigen Kammer neben seiner Praxis, die durch einen schmalen Korridor mit dem Beratungszimmer verbunden war. Er hatte sie anlegen lassen, um sie später nach dem Krieg als Raum für elektrotherapeutische Behandlungen zu nutzen, die er durch einen Spion in der Tür überwachen wollte.

Er hatte ihr gesagt, was er allen sagte, die seine Hilfe in Anspruch nahmen und über Portugal nach Argentinien oder Brasilien fliehen wollten: Dass die südamerikanischen Behörden den Nachweis einer Gelbfieber-Schutzimpfung für die Einreise verlangten, und er ihr darum eine Spritze gegen diese tückische Infektionskrankheit geben müsse. Er hatte ihr Evipan injiziert und sie mit einsetzender Wirkung durch den Korridor in die kleine, stickige Kammer geschleppt und dort auf einem Stuhl festgebunden. Wahrscheinlich hatte sie sich in den vielen Stunden, die sie dort nun schon saß und auf ihn wartete, nass gemacht. Der Gedanke erregte ihn außerordentlich. Bald würde er sie aus ihrer misslichen Lage befreien und ihr geben, was sie verdiente. Aber das dachte er nicht wirklich, er fühlte es nur irgendwie.

Reglos stand er da und spürte eine Gänsehaut, die seinen ganzen Körper überzog.

Als er das Treppenhaus hinunterstieg, sah er überall Blut auf den Stufen. Das war sicher leicht mit Wasser, etwas Seife und einem Lumpen zu entfernen. Er überlegte, ob er seine Jeanneret, die einen Selbstauslöser besaß, aus der Wohnung holen und Herbsheimers schöne Sekretärin photographieren sollte; manchmal tat er so etwas, es waren später triumphale Erinnerungen, die ihm einen hohen Genuss bereiteten und ihn auch noch nach Monaten in Ekstase versetzten.

Er entschied, es nicht zu tun, es schien ihm zu aufwendig zu sein. Er lief an seiner Praxis vorbei hinunter in den Keller, um vorzubereiten, was wichtig war, um ihre Leiche später schnell ausbluten zu lassen und dann zu zerlegen. Um zu verhindern, dass das Blut gerann, bevor es den Abfluss erreichte, hatte er ein doppeltes Waschbecken mit abfallendem Boden installiert.

Die abgetrennten Körperteile würde er in der Grube mit dem ungelöschten Kalk entsorgen, die er offiziell als kleinen Fischteich hatte anlegen lassen und in der sie sich in der Regel schnell zersetzten.

Am Anfang hatte er seine Opfer bei Nacht in den Fluss geworfen, aber irgendwann waren ein Bein, mehrere Köpfe, deren Gesichts- und Kopfhäute er abgezogen hatte, um sie unkenntlich zu machen, und der Teil eines Rumpfes herausgefischt worden, was selbst in der überregionalen Presse für Entsetzen sorgte, und er entschloss sich, die Überreste im eigenen Keller zu verbrennen oder in Kalk aufzulösen. Um spätere Identifizierungen zu verhindern, entfernte er die Fingerkuppen mit einer Axt, Köpfe trennte er ab, zertrümmerte sie und vergrub sie an einer Stelle in den Bergen, die ihm versteckt genug schien, um jemals entdeckt zu werden.

Der gusseiserne Ofen war ausgegangen, und als er die Tür öffnete, entwich beißender Qualm, der so stank, dass er sich fast erbrochen hätte. Er sah große Stücke halbverbrannten, noch rauchenden Fleisches, Knochen und eine Hand, die fast unversehrt am Rande der Brennkammer lag. An einem der Finger steckte ein Ring, den er vergessen hatte abzuziehen.

Vor ihm lag ein Teil der Überreste eines Mannes namens Paul-Léon Erlanger, Unternehmer aus Brüssel und Generalvertreter einer französischen Parfümgesellschaft, dessen Familie verhaftet und deportiert worden war und der sich nach abenteuerlicher Flucht in einem kleinen Hotel in Marseille versteckt hielt.

Auf der Suche nach einer Fluchtmöglichkeit in die Schweiz oder nach Südamerika hatte er Kontakt zu einem der Verbindungsleute von Gaston und Fourrier bekommen, der auf Genoux' Weisung nach ausreisewilligen Flüchtlingen Ausschau hielt. Er erzählte ihm von einem Doktor in Perpignan, der für 50 000 Francs eine sichere Flucht über Portugal nach Südamerika arrangieren könne. Er müsse sich nur in einem Versteck achtundvierzig Stunden lang verborgen halten. In dieser Zeit würden die offiziellen Dokumente vorbereitet, und um die Gesundheitsbestimmungen des jeweiligen Landes zu erfüllen, auch die entsprechenden Impfungen durchgeführt. Er solle alles verfügbare Geld mitbringen, aber nicht mehr als fünfzig Kilogramm Gepäck.

Auf diese Weise waren Genoux und seinen Helfershelfern mehr als ein Dutzend verzweifelter Personen ins Netz gegangen, und sie hatten prächtig daran verdient. Von alldem wusste Lacroix nichts. Zwar ahnte er, dass mit seinem Freund Genoux etwas nicht stimmte, und in der letzten Zeit war sein Argwohn sogar gewachsen, aber er mochte nicht auf ihn verzichten; Genoux kannte sich in den Bergen aus, er war mutig und erfinderisch, hatte sich nie erwischen lassen und viele erfolgreiche Touren durchgeführt.

Vor einer knappen Woche war Erlanger dann mit zwei

Koffern und viel Geld und Schmuck bei ihm eingetroffen. Er hatte ihn kurz untersucht, sich angeregt mit ihm unterhalten und ihm dann unter dem Vorwand der erforderlichen Schutzimpfung tödliches Zyanid gespritzt.

Mit einer Schaufel und einem Eisenhaken räumte Genoux die Leichenteile des bedauernswerten Mannes in einen Eimer und ging hinaus in den Hinterhof, wo er sie zu den restlichen Knochen in die Grube warf und eine dicke Lage Kalk darüberstreute. Dann schichtete er Kohle in den Ofen und entzündete Kienholzspäne, um einen starken Rauch zu entfachen und den Gestank ein wenig zu verringern.

Kurz darauf schloss er die Tür zu seiner Praxis auf, betrat das Behandlungszimmer, öffnete ein Fenster und ließ etwas frische Luft herein. Er wusch sich die Hände in einem Waschbecken an der Wand, setzte sich hinter seinen Schreibtisch und zündete sich eine Zigarette an. In den Regalen ringsum befanden sich neben allerlei medizinischen Utensilien, Fachbüchern und Zeitschriften auffallend viele Bildbände mit schwarzweißen und zum Teil farbigen Abdrucken alter Gemälde, vor allem französischer Künstler. Er hatte sie in seiner Praxis untergebracht, weil die Schränke in seiner Wohnung von all den Büchern und Kunstbänden, die er sich überall zusammenkaufte, längst überquollen. Es war die Welt der realistischen Malerei, die ihn gefangennahm; mit moderner Kunst, die die Wirklichkeit, so wie er sie begriff, verzerrte und zerstörte, konnte er nichts anfangen, im

Gegenteil, er hasste sie. Er liebte Delacroix, Millet und Courbet und konnte sich stundenlang in ihren Tableaus verlieren. In solchen Bildern fand er überraschend Ruhe vor einer Welt, die ihn sonst überspülte, ihn wehrlos seiner Triebhaftigkeit auslieferte und sie immer weiter befeuerte, bis ihn der Sog der Ereignisse hinabzog in den Abgrund einer anderen Existenz, die ihn hemmungslos ausleben ließ, was jedem normalen Menschen verboten, ja nicht einmal denkbar war.

Für Musik hatte er keinen Sinn, und andere Bücher las er nicht, sie langweilten ihn und handelten von Dingen, die ihm ausgedacht und künstlich vorkamen.

In der Ecke des Raums, gleich neben dem Fenster mit den ausgebleichten, staubigen Vorhängen, hing ein menschliches Skelett wie eine riesige Marionette an einem Metallständer. Pflanzen gab es keine und außer der Abbildung eines menschlichen Körpers im Querschnitt mit all seinen Organen und sonstigen Innereien auch keine Bilder.

Genoux drückte seine Zigarette aus. Er tat es mit solcher Kraft, dass er sich Daumen und Zeigefinger verbrannte. Der Schmerz schien das Zeichen zum Aufbruch.

Er erhob sich, öffnete leise die schmale Tür zwischen Waschbecken und Bücherregal, schloss sie hinter sich und schlich wie ein Raubtier durch den kurzen, dunklen Gang. Dann stand er vor der weißen Tür, hinter der die dreieckige Kammer lag. Auf Augenhöhe war ein Guckloch eingelassen, vor dem eine Metallscheibe hing.

Er schob sie zur Seite und sah in den Raum hinein.

Frau Bergmann, die mit Vornamen Adelheid hieß und 1911 in Breslau geboren war (das hatte er den Dokumenten entnommen, die sie bei sich trug), saß mit hängendem Kopf und geschlossenen Augen auf ihrem Stuhl und schien zu schlafen. Die rote Seidenbluse war aus ihrem Rock gerutscht, halb aufgeknöpft, und er sah, dass eine Perlenkette um ihren Hals lag. Sie schwitzte. Ihre Unterarme ruhten auf den Oberschenkeln.

Genoux stutzte. Wie war das möglich? Er hatte sie an ihren Handgelenken gefesselt und die Hände hinter ihrem Rücken an einen Eisenring gebunden, der in die Wand eingelassen war. Sie musste sich irgendwie befreit haben.

Als hätte sie ein Geräusch vernommen, richtete sie sich plötzlich auf und wandte ihren Kopf zur Tür. Im trüben Licht der Glühbirne, die von der Decke baumelte, und in der demütigenden Enge ihres Gefängnisses wirkte sie auf ihn noch unendlich viel begehrenswerter. Sie starrte in seine Richtung, und Genoux wusste, dass sie sein Auge im Spion entdeckt hatte. Irritiert wich er zurück, und die kleine Metallscheibe rutschte wieder vor das Loch.

Sie war stark, diese deutsche Frau Bergmann, das fühlte er, und es reizte ihn. Die Todesangst, die sie ohne Zweifel haben musste, die Furcht vor dem, was mit ihr geschehen würde, erzeugte keine Resignation oder Verzweiflung, sondern schien ihr eine Kampfkraft zu geben, mit der er zu rechnen hatte, sobald er den Raum betrat.

Ihn erfasste eine ungeheure Erregung, die seinen ganzen Körper in Besitz nahm. Schweißperlen traten ihm auf die Stirn, und er presste seinen Unterleib mit aller Kraft gegen die Tür.

Nachdem er in dieser Stellung einen Augenblick verharrt und in den verwirrenden Abgrund seiner Phantasien getaucht war, schob er die Abdeckung noch einmal beiseite, um einen letzten Blick auf sie zu werfen.

Aber irgendetwas verstellte ihm seine Sicht, und als er den Kopf ein paar Zentimeter zurückzog, erkannte er ein Auge, das ihn durch das runde Loch anstarrte.

Erschreckt ließ er die kleine Metallscheibe fahren, holte kurz Luft und verschwand durch den Gang in seine Praxis. Noch bevor er sie erreicht hatte, hörte er, wie sie mit der Faust gegen die Tür schlug.

Einen Augenblick lang stand er unschlüssig und verwirrt in der Mitte seines Behandlungszimmers und konnte nicht fassen, dass sein Respekt vor dieser Frau in so etwas wie Angst umgeschlagen war. Zum ersten Mal schien er gehemmt, er überlegte; und dass er darüber nachdenken musste, was er sonst instinktiv und mechanisch durchführte, verdarb ihm fast die Lust an ihrer Hinrichtung. Eine ungeheure, ja geradezu rettende Wut auf seine Schwäche stieg plötzlich in ihm hoch, die sich blitzschnell in einen brennenden Hass auf diese widerspenstige Sekretärin verwandelte; er riss die Tür des Metallschränkchens auf, in dem sich seine medizinischen Präparate, Impfstoffe und Narkotika befanden, entnahm ihm eines der zahllosen Fläschchen Zyanid, zog die Lösung auf eine Spritze und steckte sie sich in die Jackentasche. Dann zog er ein kleines, sehr scharfes Messer aus der Schublade seines Schreibtischs und betrat den Flur. Einen Augenblick blieb er vor der weißen Tür stehen, atmete kurz und heftig aus, dann öffnete er sie.

Als er die Augen wieder aufschlug, tauchte er aus einem Traum auf, den er schon einmal geträumt zu haben glaubte und dessen verstörenden Abgrund er noch in sich trug, ohne dass ihm etwas anderes geblieben wäre als das verschwommene Bild einer heftig hin und her schwingenden Glühbirne, die ein flackerndes Licht verbreitete.

Er war nur für Sekunden weggedämmert; die Schmerzmittel machten müde. Hinter den Fenstern des Gebäudes gegenüber brannten jetzt die elektrischen Lampen; die Nacht hatte sich schnell und unmerklich über die Stadt gelegt.

Plötzlich dachte er wieder an die Frage, die zwischen ihm und Madame Simon stehengeblieben war und deren Beantwortung am Tag zuvor der ruppige Aufmarsch der beiden Männer von der Sécurité verhindert hatte. Er drehte ihr wieder den Kopf zu und sah, dass sie Anstalten machte zu gehen.

»Bleib noch, Françoise«, bat Goullet und wies auf den Stuhl neben seinem Bett, von dem sie sich erhoben hatte. Ihm tat die Brust bei der kleinsten Bewegung weh. Zögernd setzte sie sich wieder. Dann faltete sie ihre Hände, und auf einmal sah sie aus wie ein Mädchen, das sich in aller Demut bereitmacht, etwas sehr Unangenehmes zu erfahren.

»Mein Großvater hieß tatsächlich Rudolf«, sagte er und zwang sich, ihr gerade in die Augen zu sehen. »Während des Weltkriegs war er drei Jahre in Frankreich, vor neunzig Jahren«, fuhr er noch ein wenig zögerlich fort und bemühte sich um eine feste Stimme. »Es wurde bei uns nie darüber gesprochen. Er starb kurz nach meiner Geburt; ich habe ihn also nicht wirklich kennengelernt, aber auch nach seinem Tod beherrschte er das Haus, in dem ich aufwuchs …«

Madame Simon rührte sich nicht, sie starrte ihn unverwandt an.

Langsam löste sich sein Unbehagen, und die Worte kamen ihm freier über die Lippen, bis er schließlich gar nicht mehr aufhören konnte zu erzählen. Von seinem verschlossenen Vater, seiner alten Tante, die noch lebte und ihm das wenige anvertraut hatte, das er wusste und seitdem wie ein Bleigewicht mit sich herumschleppte, und die sonst eisern für sich behielt, was kein Mensch je erfahren sollte.

Er sprach vom Arbeitszimmer seines toten Großvaters, das er später nie wieder betrat und das voller Geheimnisse steckte und vielleicht den Schlüssel zum Verständnis dessen bot, was sich wie ein schwarzes Tuch über ihr aller Leben gelegt hatte. Endlich berichtete er ihr auch von seiner toten Mutter, und dass er den Goullets gar nicht blutmäßig angehörte, sondern adoptiert worden war und nicht wusste, woher er stammte und wer er eigentlich sei.

Dann schwieg er für einen Moment, um danach nur noch rascher weiterzureden.

»Ich war schon einmal hier, Françoise; ich bin immer auch ein anderer. Ich war hier, und ich bin hier, und manchmal denke ich, es ist ein und dasselbe, als verliefe die Zeit nicht linear, sondern alles, Vergangenheit und Gegenwart, spielte sich gleichzeitig ab und wäre eins. Ich kann es nicht erklären … Ich weiß, ich sollte das alles lassen, und so wie du mir rätst, zurückfahren, aber es geht nicht mehr …«

Er war ganz blass geworden und redete wie im Fieber.

»Ich heiße Goullet, aber mein Name ist auch Genoux. Ich bin ein Arzt, der Leben vernichtet, und ich bin ein Mensch aus einem anderen Land, der keinen Beruf hat und auf einem Flohmarkt ein altes Photoalbum findet, in dem er sich dutzendfach selber sieht, und sich auf die Suche macht nach dem, der er einmal war und vielleicht immer noch ist … Ich habe in deiner Anrichte einen alten Zeitungsartikel gefunden mit einem Photo, auf dem Doktor Genoux abgebildet ist. Nach seiner Verhaftung mit ein paar Polizeibeamten. Er sieht aus wie ich. Ich sehe aus wie er. Was ich über ihn las, war mehr als schrecklich, es war …«

Er stockte, und dann kam ihm der Drohbrief an ihren Vater in den Sinn, den er in Madame Simons Holzkiste gefunden und an sich genommen hatte. Die beiden Bilder, von denen eins Antoinette und Genoux und das andere Courbets Gemälde zeigte.

»Was hatte dein Vater Georges mit ihm zu tun?«

Die Frage kam so geradeheraus und unerwartet, dass Madame Simon ihn verwundert ansah. Sie richtete sich auf und fuhr mit der Hand durch ihre schütteres graues Haar. Dass sie nicht geschminkt war und vielleicht auch deshalb älter wirkte, fiel Goullet erst jetzt auf.

»Mein Vater war damals Kriminalhauptkommissar oder so etwas Ähnliches und ermittelte gegen Genoux wegen verschiedener Delikte«, begann sie langsam und zögerlich. Sie gab ihrer Verstörung über Goullets Bericht keinen Raum und schien erstaunlich ruhig.

»Der Mensch war glatt wie ein Aal und redete sich aus allem heraus, und weil er einer Résistancegruppe um einen gewissen Pierre Lacroix angehörte, den er übrigens später an die Gestapo verraten hat, waren meinem Vater die Hände gebunden. Er steckte in einer Zwickmühle; er hasste die Deutschen, denen er ja unterstand, und hatte große Sympathien für den Widerstand, wusste aber auch, dass Genoux die Endstation vieler Flüchtlinge war, die sich ihm anvertrauten und nie wieder auftauchten. – Dann gab es eines Tages einen Brand in der Rue de la Main de Fer …«

Mitten im Satz ging plötzlich die Tür auf, und eine Krankenschwester ließ sie wissen, dass die Besuchszeit vorbei sei und das Abendessen gleich gebracht würde.

Madame Simon nickte, erhob sich mühsam von ihrem Stuhl und reichte Goullet die Hand.

»Komm morgen zurück in die Pension, wenn du dich besser fühlst, aber sei vorsichtig, sie beobachten mich. Ich erzähle dir dort den Rest der Geschichte.«

Dann beugte sie sich zu ihm hinunter und küsste ihn auf beide Wangen.

»Vielleicht finde ich Hélène«, fügte sie leise hinzu, »ich weiß, dass sie dich liebt …«

Damit verließ die alte Frau mit der unbeugsamen Kraft ihres großen Herzens das Krankenzimmer und ließ Goullet alleine zurück.

Hätte ihm der stechende Schmerz in der Brust nicht so zugesetzt, er wäre vor Freude aus dem Bett gesprungen.

Es war lang nach Mitternacht, als Genoux das Licht löschte. Erschöpft schlief er sofort ein und träumte von einer Autofahrt durch eine ihm unbekannte Stadt. Er saß auf der ledernen Rückbank einer schwarzen Limousine, eingequetscht zwischen zwei Männern in dunklen Anzügen, die stur geradeaus blickten und kein Wort sprachen. Im Fond unterhielt sich der Fahrer leise mit einer ihm nicht erkennbaren Person, die vor ihm saß.

Durch die schmale Heckscheibe bemerkte er ein weiteres vollbesetztes Auto, das ihnen folgte, und zwei Motorräder mit Beiwagen, in dem Bewaffnete saßen.

Wenig später hielten sie vor einer stattlichen Villa aus rotem Backstein, die etwas oberhalb der Straße auf einem kleinen Hügel stand. Das langgestreckte, dreistöckige Gebäude war eingerahmt von zwei hervortretenden, turmartigen Eckbauten. Sie trugen hohe, schiefergraue Mansardendächer und verliehen der ganzen Anlage ein schlossartiges Aussehen.

Die Türen gingen auf, und die beiden Männer sprangen aus dem Wagen. Sie warteten mit unbewegten Mienen, bis auch er ausgestiegen war. Dann sah er den Mann, der vor ihm gesessen hatte.

Er tauchte neben der Fahrertür auf und trug eine schwarze Uniform. Auffällig war seine ovale Brille. Auf der Schirmmütze, die er sich aufsetzte, prangte ein Adler mit ausgebreiteten Schwingen über einem Totenkopf. Er nickte den beiden Männern zu und entfernte sich.

Die Männer nahmen Genoux in ihre Mitte und stiegen die breite Steintreppe zum Eingang des Hauses hinauf. Immer wieder kamen ihnen Menschen entgegen, und andere überholten sie, meistens Zivilisten. Offensichtlich handelte es sich um eine Art Verwaltungsgebäude.

Das Erste, was ihm auffiel, als sie die Tür passierten und die Eingangshalle betraten, war der große Lüster aus Milchglas und verziertem Messing, der von der Decke hing. Er hatte die gleiche Form wie die Beleuchtungskörper im Bahnhof von Perpignan.

Darunter, in der Mitte der Halle, stand ein breiter Empfangstisch mit Telephonapparaten, einer Schreibmaschine, Karteikästen und Dokumentenmappen, hinter dem zwei uniformierte Männer saßen, die die eintretenden Personen registrierten und an die verschiedenen Abteilungen im Hause weitervermittelten.

Eine Treppe, deren Stufen mit rotem Teppich belegt waren, führte am Ende der Halle hinauf in die oberen Stockwerke. Der Zugang hinunter zu den Kellerräumen war durch ein Eisengitter verschlossen, vor dem ein Posten stand. Rechts und links befanden sich in spiegelbildlicher Anordnung je ein unbenutzter Kamin aus hellem Marmor und gleich daneben eine hohe, von zwei Soldaten bewachte Flügeltür.

Auf einen Wink des Mannes, der neben ihm stand, öffneten sie den rechten Flügel, und Genoux blickte in einen langen Flur, von dem beidseitig Zimmer abgingen. Er wurde hineingeschoben, und auf einmal bekam er es mit der Angst zu tun.

»Er freut sich schon auf Sie«, sagte einer der beiden Männer.

Der andere grinste und klopfte an das dunkle Holz. Von innen kam ein knappes »Herein!« Er öffnete die Tür. »Viel Vergnügen, Doktor!«

Damit betrat Genoux den Raum.

Die Tür fiel hinter ihm zu, und vom Schreibtisch, der an der Stirnseite des Raumes zwischen zwei Fenstern stand, erhob sich ein Mann in einer eng anliegenden, schwarzen Uniform, dessen Erscheinung, vom starken Hinterlicht überstrahlt, selbst zu leuchten schien.

Er winkte ihm, näher zu treten, und Genoux lief der schemenhaften Gestalt entgegen, hatte aber schnell das

Gefühl, dass sie sich immer weiter von ihm weg bewegte. Er beschleunigte seinen Schritt, aber er kam nicht von der Stelle, und schließlich war er so außer Atem, dass er mit offenem Mund stehen blieb.

Dann stand der Mann auf einmal direkt vor ihm, und es verwirrte Genoux, weil er nicht begriff, wie das hatte geschehen können. Es war derselbe Mensch, der im Auto vor ihm gesessen hatte, er wirkte alterslos, obwohl er nur wenig mehr als dreißig Jahre zählte, und besaß ein schmales, gut geschnittenes Gesicht. Die ovale Schildpattbrille verlieh ihm ein kultiviertes Aussehen und stand in seltsamem Widerspruch zu dem Totenkopf auf dem rechten Kragenspiegel seiner Uniformjacke. Das linke Gegenstück zeigte zwei Eichenblätter.

»Wie schön, dass wir es doch noch einrichten konnten, Sie zu uns zu holen, Doktor!«, sagte er, und seine Augen waren freundlich und zeigten nicht den leisesten Anflug von Ironie.

Er hielt ihm ein silbernes Zigarettenetui entgegen und forderte ihn mit einem Kopfnicken auf, sich zu bedienen. Sie zündeten sich beide eine Zigarette an.

»Wissen Sie«, fuhr der Mann dann fort und ließ Genoux in der Mitte des Raums stehen, während er selbst anfing, darin herumzuspazieren, »viel zu selten findet man einen Menschen, mit dem man seine Kunstbegeisterung teilt und dessen Geschmack vielleicht sogar ein wenig dem eigenen entspricht …

Was interessiert Sie so an Courbet, mein Lieber? Ist

es der unruhige, provokatorische Geist, der er war, oder sein einzigartiger Malstil, den wir an seinen Bildern lieben? Alle Gegenstände versammeln sich gleichwertig auf einer Fläche, keiner ordnet sich dem anderen unter, nicht wahr, nichts dominiert, die Farbe wird zum Gegenstand seiner Kunst, faszinierend …«

Er redete immer weiter, verglich Genoux' Aussehen mit Courbets Selbstbildnis als Verzweifeltem, sprach von der brutalen Offenheit seiner Figuren, die sich oft an der Grenze zur Karikatur befänden, und fragte ihn schließlich, ob er nicht auch dächte, dass dieser große Maler, dessen Motive nichts als die Ausströmungen der Erde seien, der eigentliche Wegbereiter der modernen Kunst wäre. Selbst wenn Genoux die Gelegenheit dazu gefunden hätte, was hätte er antworten sollen? Er war viel zu verwirrt und verunsichert, um die Situation, in der er steckte, einschätzen zu können, zumal der Mensch, dessen Namen und Funktion er immer noch nicht kannte, eine Peitsche in der rechten Hand hielt, mit der er sich in regelmäßigem Abstand und zunehmender Ungeduld auf den Schaft seines Reitstiefels schlug.

»Wussten Sie eigentlich, Doktor«, fragte er schließlich, »dass Courbets nackter Frauentorso, der Sie scheinbar ebenso begeistert wie mich, einen Kopf hatte, der irgendwann mit der Leinwand vom Bild abgetrennt wurde? Vielleicht wollte der Maler das Modell unkenntlich machen oder der Käufer seine prekäre Identität verschleiern?«

Es entstand eine winzige Pause; Genoux hob Schultern und Arme, als wollte er etwas sagen, aber der andere kam ihm zuvor.

»Malen Sie, Doktor?«, wollte er plötzlich wissen und sah Genoux in freudiger Erwartung an. Ohne auf eine Antwort zu warten, lachte er: »Ich tu's! Und wenn Sie erlauben, fertige ich später ein Bleistiftportrait von Ihnen an. Sie haben ein sehr ausdrucksvolles, altmodisches Gesicht, aber das sagte ich ja schon. Nun ja, ein Courbet bin ich nicht, nicht einmal ein Achenbach. Ich male mir zu Gefallen, wissen Sie, es lenkt meine Gedanken in lichtere Bereiche; es entspannt mich gewissermaßen, und das ist doch wichtig in einer Zeit, die uns allen sehr zusetzt, nicht wahr, Doktor? – Sehen Sie hier!«

Er winkte Genoux hinüber an die Wand, vor der er stand. Neben dem Portrait des deutschen Diktators und in gebührendem Abstand hing ein kleines ungerahmtes Ölgemälde, das einen Strand mit Uferböschung und Felsen im Abendlicht zeigte. Es war sehr ordentlich gemalt, besaß aber die Beliebigkeit von Bildern, die einem längst vergangenen Kunstgeschmack nacheifern und selbst in der gewinnendsten Ausführung unstimmig bleiben.

»Ich habe es letzte Woche am Strand von Paulilles gemalt, als meine Welt noch in Ordnung war.«

Genoux, der nicht verstand, was er damit meinte, und immer deutlicher fühlte, dass er endlich etwas sagen müsse, nur irgendetwas, trat an das Bild heran und beugte sich vor, um es besser betrachten zu können.

Er war indes viel zu nervös, als dass es ihn wirklich interessiert hätte, und tat es auch nur, um dem Menschen, in dessen Hand er sich befand, einen Gefallen zu tun und ihn günstig zu stimmen.

Da traf ihn ein Stoß in den Rücken. Er verlor das Gleichgewicht und wäre fast in das kleine Bild gestürzt. Der Mann in der schwarzen Uniform hatte ihm auf die Schulter geschlagen, ein wenig zu heftig für den Anlass: Ihm war plötzlich etwas Wichtiges eingefallen. Als amüsierte er sich über seine eigene Vergesslichkeit, klopfte er sich zweimal mit der flachen Hand an die Stirn. Dann griff er in seine Uniformtaschen, kramte darin herum, ging hinüber zum Schreibtisch, öffnete ein paar Schubladen, sah hinein und ließ seine Augen über die Arbeitsfläche schweifen, ohne zu finden, was er suchte. Sichtlich enttäuscht schlug er wieder mit seiner Peitsche gegen den Stiefelschaft.

»Ich muss Ihren Brief mit den beiden Bildern bei Monsieur Simon liegengelassen haben!«, sagte er kopfschüttelnd und drückte seine Zigarette in einem Aschenbecher aus. »Wie dumm von mir, ich werde doch nicht etwa schon alt und vergesslich! … Ach, habe ich Ihnen eigentlich erzählt, Doktor, dass Ihr wackerer Freund Simon der Bruder der Frau ist, die ich mehr als alles auf der Welt liebe?«

Er lächelte Genoux an, aber seine Augen hatten einen kalten Ausdruck angenommen, und zum ersten Mal blitzte etwas in ihnen auf, das Genoux an sich selbst kannte: ein abgrundtiefer Hass, der erbarmungslos vernichtet, was sich ihm in den Weg stellt.

»Er lässt Sie übrigens grüßen«, fuhr der Mann in der Uniform fort, »und bedauert außerordentlich, dass wir darauf bestehen mussten, ihm seine Arbeit abzunehmen …«

Der letzte Satz unterschied sich im Ton von allem, was bisher gesprochen wurde. Die feine Ironie, die sich in seine Worte geschlichen hatte, wich plötzlich einer schneidenden Kälte. Er kam wie aus dem Mund eines anderen Menschen.

Genoux suchte die Augen des Mannes und fand sie nicht mehr, die Brillengläser blitzten im Licht der Sonnenstrahlen, die durchs Fenster fielen, und gaben ihm das Aussehen eines riesigen Insekts. Er war nun völlig verwirrt und verängstigt und verstand immer weniger, worum es seinem Gegenüber ging.

»Hast du sie getötet?« Die Frage kam nach einem Augenblick der Stille leise und völlig unerwartet und stand wie eine Guillotine im Raum. Ihm blieb das Herz stehen. Da hob der Mann in der schwarzen Uniform blitzschnell seinen Arm, und ehe sich Genoux wegducken konnte, schlug er ihm die Peitsche mitten ins Gesicht.

Er fuhr auf und schaltete die Nachttischlampe ein. Er war schweißnass. Die Armbanduhr zeigte auf vier. Einen Moment stand ihm das Bild des Mannes in der schwarzen Uniform noch vor Augen, dann löste es sich auf. Wer war dieser Mann, und warum hatte er ihn geschlagen?

Als er seine Armbanduhr zurück auf die Ablage des Tischchens legte, erblickte er zwei goldene Ringe und eine Perlenkette mit zierlichem silbernen Verschluss, die neben seinem Aschenbecher lagen. Der Traum, der ihn eben noch so gefangenhielt, verflog, und er musste an die schöne Sekretärin des Funktionärs Herbsheimer denken, der sich jetzt wahrscheinlich schon auf dem Weg zurück in seine deutsche Heimat befand. Ihre Beseitigung hatte ihn furchtbar angestrengt und Stunden in Anspruch genommen.

Er ließ sich zurück aufs Kissen fallen und schloss für einen Moment die Augen, dann tauchte sie wieder vor ihm auf mit ihrem edlen, ebenmäßigen Gesicht, der glatten Haut, dem blonden Haar, das ihr so hübsch in die Schläfen hing und den vollen, sinnlichen Lippen. Wie schön sie war und mit welch bewundernswerter Tapferkeit sie ihr Leben verteidigte! Als ihre Augen brachen, hatte er sie ganz dicht vor sich gehabt und gefühlt, wie ihr Körper unter der tödlichen Wirkung seiner Spritze schlagartig nachgab und leblos zu Boden rutschte. Es war schade um sie.

Er richtete sich kurz auf in seinem Bett und räumte ihren Schmuck in die Schublade seines Nachttischs, dann schaltete er das Licht wieder aus.

Als Goullet am nächsten Morgen erwachte, erblickte er den Rücken einer Krankenschwester, die die Vorhänge aufzog und die Fenster öffnete. Sie wandte sich um und wünschte ihm einen guten Morgen. Draußen schien die Sonne. Wenig später eröffnete ihm ein junger Arzt, der mit einem Kollegen die Morgenvisite machte, dass sie nichts mehr für ihn tun könnten und ihn entlassen müssten, denn er sei nicht das einzige Opfer der gestrigen Anschläge, und das Krankenhaus wäre hoffnungslos überbelegt. Und dann sagte er noch, dass er unten an der Rezeption erwartet werde.

Goullets Herz machte einen Sprung; vielleicht war ja Hélène gekommen, um ihn abzuholen. Die Schmerzen in seiner Brust schienen wie weggeblasen, als er sich auf den Weg zur Anmeldung im Erdgeschoss machte.

Es waren zwei unauffällig gekleidete Männer in Zivil, die auf einer der Bänke im Empfangsbereich des Krankenhauses saßen und ihn schon im Blick hatten, als er den Fahrstuhl verließ. Dass es unangenehm würde, sah er sofort, aber seine Enttäuschung war weit größer noch als seine Angst.

Sie traten sofort an ihn heran und forderten ihn auf mitzukommen. Ihr Ton war bestimmt, aber nicht unhöflich.

Sie liefen durch eine Glastür neben dem Empfang, schoben ihn in einen Raum, der gleich rechts vom Flur abging, und wiesen ihm einen Stuhl zu. Dann schlossen sie die Tür und setzten sich hinter einen Tisch ihm gegenüber.

Der ältere von beiden holte eine kleine Schachtel aus der Tasche, die er bei sich trug, und entnahm ihr einen winzigen Gegenstand, den Goullet nicht erkennen konnte. Er brachte seine Hände vors Gesicht, bewegte sie hin und her, und als er sie kurz darauf wieder herunternahm, hatte sich die Iris seiner Augen verändert.

Es war ein scharfes Verhör, dem man ihn unterzog. Er musste etliche Fragen zu seiner Person beantworten und begriff schnell, dass sie viel mehr über ihn wussten, als er geahnt hatte. Schon seit einiger Zeit sei er auffällig, er verkehre mit Personen, die der Terroristenszene zugerechnet würden und wohne in der Pension der Dame Simon in der Rue Victor Hugo. Auch sie sei kein unbeschriebenes Blatt. Er sei außerdem am Tag zuvor in der Bar de la Marée gewesen, bis zu ihrer Zerstörung ein Anlaufpunkt subversiver Elemente, und hielte sich seit sechs Tagen illegal im Land auf. Ohne dass Goullet irgendetwas erwidern oder zu seiner Verteidigung anführen konnte, wurde ihm eröffnet, dass man mit Rücksicht auf seine ausländische Staatsangehörigkeit vorerst auf seine Verhaftung verzichte, ihn aber verpflichte, Frankreich innerhalb von vierundzwanzig Stunden zu verlassen, andernfalls er in das Lager L1 eingewiesen werde.

Goullet war sprachlos; dann stand der jüngere der beiden auf und klopfte an die Tür, die sich hinter ihrem Tisch befand. Kurz darauf betrat eine Krankenschwester den Raum. Goullet wurde aufgefordert, sein Jackett auszuziehen und den rechten Ärmel seines Hemds hochzukrempeln. Er wusste, dass es keinen Sinn machte, sich zu wehren und ließ geschehen, was er nicht verhindern konnte.

Die Krankenschwester lächelte ihn entschuldigend an, setzte ihm ein verchromtes Gerät, das einer kleinen Pistole ähnelte, auf den Oberarm und schoss ihm etwas unter die Haut. Er fühlte einen kurzen, stechenden Schmerz, der aber schnell wieder nachließ. Die kleine Wunde, die kaum blutete, wurde desinfiziert, dann ließen sie ihn gehen.

Benommen stand er wenig später im Foyer des Krankenhauses und bestellte sich ein Taxi. Was hatten sie ihm nur unter die Haut geschossen? Als er seinen Oberarm abtastete, fühlte er einen winzigen Knoten. Er vermutete, dass es ein Chip war, mit dem man ihn überall orten konnte.

Das Taxi, das kurz darauf eintraf, war führerlos, er gab die Daten ein und stieg am Bahnhof aus. Er bewegte sich langsam und vorsichtig, die Brust tat ihm wieder weh, und er hielt sich leicht nach vorn gebeugt, um Muskeln und Brustkorb zu entlasten.

Während der Zugfahrt nach Port-Vendres überlegte er, wann und wie er das Land verlassen wollte und ob es nicht doch noch irgendeine Möglichkeit gäbe, sich der Überwachung zu entziehen und den Chip in seinem Arm loszuwerden. Dass er sich damit auf etwas sehr Gefährliches einließ, war ihm klar, aber ein Wiedersehen mit Hélène rechtfertigte für ihn jedes Risiko.

Als er am späten Vormittag in der Pension eintraf, erwartete ihn Madame Simon schon ungeduldig.

Sie setzten sich in ihr Wohnzimmer, und er hatte zum

ersten Mal in seinem Leben das Gefühl, als käme er nach Hause. Sie brachte ihren wundervollen Kaffee und etwas Gebäck, und er erzählte von seinem Verhör im Krankenhaus, und dass er aufgefordert worden war, das Land noch in dieser Nacht zu verlassen. Dann zeigte er ihr die Stelle am Oberarm, wo sie ihm etwas implantiert hatten, das ihn vermutlich für jede gesuchte Person, mit der er zusammentraf, zum Risiko machte.

Madame Simon sah ihn an und schwieg. Dann versuchte sie ein Lächeln. Es misslang, und auch er wurde traurig, denn beiden wurde mit einem Mal klar, dass dies ihr letzter Tag war und sie das Rätsel ihrer beider Geschichte, die sie auf so seltsame Weise zusammengebracht hatte und miteinander verband, vielleicht nie lösen würden.

»Warte«, sagte sie plötzlich, »ich habe eine Idee. Trink deinen Kaffee und iss auch ein bisschen, du wirst immer dünner. Ich bin bald zurück.«

Sie stand auf und lief mit erstaunlicher Behendigkeit den Flur hinunter zur Rezeption. Dann hörte Goullet, wie die Haustür zufiel.

Er nahm einen Schluck Kaffee und starrte auf den Teller mit den Petits Fours und Croissants. Er dachte an Hélène und fragte sich, was dieser Tag für ihn wohl noch an Überraschungen bereithielte und ob er sie doch noch einmal wiedersehen würde. Er könnte den letzten Zug über Marseille und Nizza nach Italien nehmen oder besser gleich hinunter nach Barcelona fahren; das waren die beiden schnellsten Möglichkeiten, aus dem Land zu kommen.

Dann stand er auf und trat vor das Bild seiner Großmutter Antoinette und ihres Bruder Georges. Er betrachtete noch einmal jedes Detail, ihr getupftes Sommerkleid, die schwarzen Haare, die ihr ins Gesicht fielen, das lebendige Lachen der beiden, den Anzug, der sich um Georges' Körper spannte, die Büsche und Bäume hinter ihnen, in denen Schatten und Sonnenstrahlen einander umspielten, das Automobil rechts im Bild vor dem blühendem Rosenstrauch – und er ließ sich immer tiefer in den Zauber dieses unbeschwerten Augenblicks hineinziehen, der vor bald hundert Jahren festgehalten und konserviert worden war. Er schien all die Zeit nur darauf gewartet zu haben, dass er ihn sah und erkannte und am nämlichen Punkt wieder in Gang setzte, und sich alles, alles ganz anders entwickeln würde und das Schicksal es diesmal gut mit ihnen meinte. Und auf einmal wusste Goullet, dass er der Lösung des Rätsels ganz nahe war.

Dann kehrte der stechende Schmerz in seiner Brust zurück, oder er wurde ihm einfach nur wieder gegenwärtig.

Er verließ Françoises' Wohnung und ging hinauf in sein Zimmer, um eine Tablette einzunehmen. Es war schon eine halbe Stunde vergangen, seit sie das Haus verlassen hatte.

Er setzte sich aufs Bett, und weil er einen Anfall von

Müdigkeit verspürte, streckte er sich kurz aus. Es dauerte keine zehn Sekunden, und er war eingeschlafen.

Genoux erwachte an diesem Morgen später als gewöhnlich. Es war halb zehn. Er setzte sich auf, zog die Schublade aus seinem Nachttisch und nahm den Schmuck heraus. Einen Augenblick hielt er ihn betrachtend in der Hand; ohne Zweifel war er wertvoll und gut zu verkaufen.

Die Perlenkette hatte dem Schwanenhals der schönen Frau Bergmann perfekt gestanden und ihn so fasziniert, dass er lange brauchte, bevor er sie abnahm und ihren Kopf vom Rumpf trennte.

Er schüttelte den letzten Rest von Bedauern und Mitleid von sich und legte Ringe und Halskette wieder zurück. Dann ging er ins Badezimmer, wusch sich Hände und Gesicht, putzte die Zähne und stutzte seinen Schnurrbart mit der Schere. Dabei dachte er an Herbsheimers Privatsachen und den Koffer seiner Sekretärin, die noch zu entsorgen waren. Gaston musste er in der Stadt treffen und das restliche Geld geben, und auch bei Lacroix wollte er sich melden, bevor der ihm noch mehr Schwierigkeiten machte. In der Küche braute er sich schnell einen Kaffee, den ihm der umtriebige Fourrier besorgt hatte; dann verließ er seine Wohnung, leerte den Postkasten, in dem ein Brief lag, und trat kurz darauf hinaus auf die Straße. Es war niemand zu sehen, und im Licht der noch tief stehenden Sonne warfen die alten

Häuser ihre Schatten auf Straße und Trottoir. Sorgfältig verschloss er das Haustor.

Dass Rauch unter dem Schlitz der Kellertür hindurch ins Treppenhaus drang, hatte er in seiner Eile nicht bemerkt.

Er blieb kurz auf der Straße stehen, um den Brief zu öffnen, der an ihn adressiert, aber unfrankiert und ohne Absender war. Irgendjemand hatte ihn persönlich eingeworfen. Er kam von Lacroix, der ihn bat, am nächsten Tag in Port-Vendres zu sein; es gäbe drei Patienten, die an einer Infektion litten und dringend einen Arzt benötigten. Das war ihr Code für Flüchtlinge, die für eine Überquerung der Pyrenäen bereitstanden und warteten.

Genoux seufzte. Was sollte er tun? Er hatte die Nase gestrichen voll von diesen anstrengenden Touren, die nicht annähernd so viel abwarfen wie seine eigenen Unternehmungen. Sie schützten ihn nur im Notfall vor der französischen Polizei, die den Widerstand deckte. Bei ihren Nachforschungen ging sie entsprechend lax vor und behinderte die Gestapo, so gut sie konnte.

Im Grunde war es aber ganz einfach, sich Lacroix und die ganze leidige Angelegenheit vom Hals zu schaffen. Er müsste nur die Miliz oder die Deutschen informieren und Lacroix' Aufenthaltsort preisgeben; aber davor schreckte er noch zurück. Er würde später entscheiden, was zu tun war.

Er steckte den Brief wieder ein und lief los. In der Rue du Théâtre sprach ihn der Vater eines seiner kleinen

Patienten an, dem er nicht mehr hatte ausweichen können. Das Gespräch, in das er ihn verwickelte, war unangenehm und zeitraubend. Der Mensch bestand darauf, wissen zu wollen, wann er seine Praxis endlich wieder öffnen werde, und Genoux erklärte, dass ihm aufgrund der miserablen Versorgungslage die nötigsten Medikamente fehlten und er seine Arbeit erst wiederaufnehmen könnte, wenn die Engpässe behoben sein würden. Im Augenblick aber wäre seine Tätigkeit als Arzt unverantwortlich. Der Vater müsste eben mit seinem Sohn nach Montpellier oder Nîmes fahren, vielleicht sähe es mit der Versorgung dort besser aus.

Endlich ließ der Mensch von ihm ab, und Genoux trat in ein Café mit Telephon, um Gaston zu informieren, dass er im »Cheval Marin« auf ihn warten würde.

Gaston Nézondet war einer der wenigen, die einen Telephonanschluss besaßen, und weil sich seine Frau ihrer kleinen Kinder wegen meist zu Hause aufhielt, war es immer möglich, eine Nachricht für ihn zu hinterlassen. Jetzt aber erklärte sie Genoux, dass ihr Mann unterwegs sei, sie wüsste nicht wo, würde aber ihren Ältesten losschicken, ihn zu suchen.

Als er den Hörer einhängte, überlegte Genoux kurz, ob er versuchen sollte, Lacroix zu erreichen. Es konnte dauern, bis Gaston gefunden war.

Er bestellte ein Glas Rotwein und dachte nach. Im Spiegel gegenüber sah er sich an der Theke stehen und seinen Wein trinken, genauso wie am Tage zuvor in Jerômes Lokal in der Rue Lamer, als sich sein Spiegelbild plötzlich in einen anderen, ihm sehr ähnlich sehenden Menschen verwandelt hatte, um schließlich ganz zu verschwinden.

Er kniff die Augen zusammen und beobachtete genau, ob sich irgendetwas in der Reflexion veränderte. Er konnte nichts Ungewöhnliches entdecken; aber plötzlich erblickte er im Hintergrund zwischen zwei Glastüren, die auseinandergeschoben waren und den Blick auf einen weiteren Raum freigaben, einen Menschen in schwarzer Uniform und ovaler Brille. Er saß an einem kleinen, runden Tischchen vor einem Getränk und starrte in seine Richtung.

Genoux erschrak, und aus lauter Angst, der Mann könne wieder verschwunden sein, sobald er sich nach ihm umdrehte, warf er eine Münze auf die Theke und verließ fluchtartig das Lokal. Draußen auf der Straße fand er seine Reaktion lächerlich und übertrieben; es hätte genauso gut ein Offizier der Miliz sein können, nur hatte ihn diese Erscheinung eben an einen Traum der vergangenen Nacht erinnert, der in beunruhigenden Bildern immer wieder durch sein Hirn spazierte.

Er schwor sich, in nächster Zeit in keinen Spiegel mehr zu sehen.

Es war ein kühler, sonniger Herbstvormittag und der Himmel von einem Blau, das noch die ganze Größe des vergangenen Sommers in sich trug.

Er hörte ein leises Brummen und sah auf. Hoch oben

flogen ein paar Flugzeuge Richtung Süden, wahrscheinlich englische oder amerikanische Maschinen, die die Küste auskundschafteten. Seitdem die Alliierten einige Wochen zuvor in Süditalien gelandet waren, zeigten sich ihre Flugzeuge häufiger am Himmel. Lange würden sich die Deutschen nicht mehr halten können, aber ihre zunehmend prekäre Lage machte sie immer unberechenbarer und gefährlicher.

In der Rue de la Fusterie, kurz vor dem Place des Poilus versperrten ihm Menschen den Weg, die in einer langen Schlange vor einer Metzgerei anstanden. Wenn irgendwo eine Lieferung von Brot, Fleisch oder Butter eintraf, sprach sich das herum wie ein Lauffeuer, und die hungernden Menschen versuchten, mit ihren Lebensmittelmarken zu ergattern, was sie kriegen konnten.

Genoux selbst besorgte seine Lebensmittel auf dem Schwarzmarkt oder ließ sich von Fourrier oder Gaston beliefern. Seit er seine Geschäfte mit der Verzweiflung wohlhabender Flüchtlinge machte und sie nach Spanien oder in den Tod schickte, in jedem Fall aber ihren Besitz zum Teil oder ganz einbehielt, ging es ihm gut, und er konnte sich leisten, was er als Arzt niemals hätte haben können.

Er wechselte die Straßenseite, um voranzukommen, und von weitem schon sah er Gaston Nézondet vor der Tür des »Cheval Marin« stehen und nach ihm Ausschau halten.

Kaum hatte der ihn erblickt, rannte er auf ihn zu.

»Du musst weg, Prosper!«, sagte er leise, als er neben ihm stand. »Versteck dich irgendwo, die suchen nach dir …«

Sie liefen in die Rue des Augustins hinein, und Gaston zog Genoux in eine dunkle Toreinfahrt.

»Was ist los, verdammt nochmal?«, fragte Genoux und packte ihn an den Schultern. Er war wütend, Gaston hatte ihm einen ordentlichen Schreck eingejagt.

»Hast du nicht gehört, dass es in deinem Haus brennt?«, fragte der und entwand sich seinem Griff. »Maurice wollte heute Morgen zu dir, er kam eben ins ›Cheval‹ und hat es mir erzählt. Die Feuerwehr ist drin und auch Simon mit seinen Leuten. Zumindest stehen zwei Autos der Polizei vor deiner Tür.«

Das war keine gute Nachricht. Genoux fühlte sich mit einem Schlag elend. Irgendetwas musste mit dem Ofen im Keller passiert sein. Er hatte ihn noch einmal richtig eingeheizt und dann Füße, Unterschenkel und Hände von Herbsheimers Sekretärin hineingeworfen und, wie er glaubte, sorgfältig wieder verschlossen. Vielleicht war die Türe wegen des maroden Verschlusshakens einen Spalt weit aufgegangen und das Holz, das in der Nähe lag, vom Funkenflug in Brand gesetzt worden.

Vor ein paar Wochen hatte es schon einmal einen Schwelbrand gegeben, den er aber früh genug entdeckte und wieder löschen konnte. Seitdem passte er sehr auf, und nun wusste er beim besten Willen nicht, was schiefgelaufen war.

»Ich muss sofort hin und mir das ansehen«, sagte er zu Gaston und drückte ihm das restliche Geld in einem Briefumschlag in die Hand. »Geh nach Hause, Gaston, und warte dort; kann sein, dass ich heute noch weg muss und deine Hilfe brauche. Versuch, den Wagen von Fourrier zu kriegen, und besorg etwas Benzin. Und gib mir deine Mütze!«

Gaston sah ihn überrascht an. Genoux zeigte auf die Schiebermütze, die sein Kumpan wie immer schräg nach hinten gezogen auf dem Kopf trug. Gaston verstand: der Doktor, der ein sehr prägnantes Gesicht und pechschwarzes Haar hatte, wollte nicht erkannt werden. Er nahm die Mütze ab und reichte sie ihm. Genoux setzte sie sich auf und zog sie herunter bis zu den Augen. Dann griff er noch einmal in seine Jackentasche, kramte ein paar Banknoten heraus und drückte sie Gaston in die Hand.

»Hier, für deine Mühe«, sagte er und klopfte ihm auf die Schulter.

Er rannte los und verschwand um die nächste Straßenecke. Jetzt ging es für ihn um Leben und Tod.

Die Zimmertür öffnete sich, und Goullet schreckte aus einem Traum auf, der ihm so wirklich schien, dass er sich fragte, ob er tatsächlich nur geträumt hatte. Er war durch enge, schattige Gassen gerannt, über sonnenbeschienene Plätze, durch die halbe Stadt, und überall musste er Menschen ausweichen, die mit Fingern auf ihn zeigten oder ihn festzuhalten versuchten. Irgendwann kam er an ein

Haus mit vergitterten Fenstern und einem grünen Holztor, aus dem übelriechender Rauch quoll, der bis zum Dach hinaufzog. Eine Traube von schaulustigen Menschen stand davor und drehte ihm den Rücken zu. Sie sahen ihn nicht, und er drückte sich schnell in den Eingang eines Hauses auf der gegenüberliegenden Straßenseite, lief eine enge Holzstiege hinauf und läutete an einer Tür.

Als sie geöffnet wurde, blickte er zu seiner Überraschung in das Gesicht von Madame Simon, die sich über ihn beugte.

Er setzte sich auf und versuchte sich zu sammeln. Er befand sich in seinem Zimmer Nummer 7 im zweiten Stock in der Rue Victor Hugo und war nur kurz eingeschlafen.

In der Tür stand ein älterer Mann mit einem Arztkoffer in der Hand.

»Das ist Doktor Floriot«, sagte Madame Simon und richtete sich wieder auf, »ein alter Freund, der noch meinen Vater kannte. Er will sich deinen Arm ansehen.«

Goullet stand auf und streckte sich vorsichtig. Er hatte das Gefühl, dass seine Brust etwas weniger schmerzte. Dann reichte er dem Doktor die Hand.

»Man hat Sie also gechipt, junger Freund?«, fragte der und zog die Brauen in die Höhe. »Françoise hat mir erzählt, was passiert ist. Das machen sie seit einiger Zeit mit jeder verdächtigen Person. Lassen Sie mal sehen.«

Goullet hielt ihm den Oberarm hin, und Floriot tastete die Stelle ab, in die hineingeschossen worden war. Er nickte.

»Ich kann Ihnen das ohne weiteres herausschneiden, aber dann sind Sie Freiwild und dürfen sich nicht mehr erwischen lassen. Den Chip deponieren wir im nächsten Zug nach Perpignan, dort kann ihn jemand abholen und in die Bahn nach Marseille legen, damit verwischen wir Ihre Spuren für ein paar Stunden. Aber Sie müssen auch hier unsichtbar bleiben …«

»Ich habe mich lange mit Doktor Floriot besprochen«, schaltete sich Madame Simon ein, »uns scheint es das Beste, du steigst heute Nacht noch über die Berge nach Spanien, vorausgesetzt, du traust dir das mit deinen gebrochenen Rippen zu. Es ist die einzige Möglichkeit für dich, Hélène wiederzusehen.«

Goullet blieb fast der Atem stehen. Mit einer solchen Wendung hatte er überhaupt nicht mehr gerechnet, und beinahe wäre er Madame Simon um den Hals gefallen.

Er stand da mit rotem Kopf und offenem Mund, und sie musste lächeln und an die fernen Tage denken, in denen auch sie solche Gefühle überspült hatten.

Wo Hélène sich aufhielte und wie der Kontakt zu ihr zustande gekommen sei, wollte er wissen, und sie antwortete, dass sie eine telephonische Verbindung über eine dritte Person hatte herstellen können. Hélène hielte sich in den Hügeln oberhalb von Banyuls auf und würde ihn gegen Mitternacht in einer Hütte treffen, die versteckt an einer Schlucht läge und nur zu Fuß zu erreichen sei.

»Doktor Floriot holt dich hier um zehn Uhr ab und fährt mit dir nach Banyuls und dann die Schotterstraße in die Berge hinauf, so weit es geht. Du musst von dort noch etwas zu Fuß gehen. Er wird dir alles genau erklären. Dein Gepäck lässt du hier, nimm nur das Nötigste mit. Ich schicke es dir in ein paar Wochen, wenn sich die Dinge hier hoffentlich wieder etwas beruhigt haben, an deine Adresse nach Stuttgart.

Hélène kennt sich dort oben gut aus und wird dir den Pfad nach Spanien zeigen, der parallel zum offiziellen Wanderweg verläuft. Wir haben fast Vollmond, und der Himmel ist klar heute Nacht, du wirst also genug sehen, um dich nicht zu verirren.«

Goullet war mit allem einverstanden, dankte Doktor Floriot, und weil er sich wegen seiner Verletzung nicht traute, sie zu umarmen, küsste er Madame Simon überschwenglich auf beide Wangen.

Sie verließ sein Zimmer und sagte, dass sie ihn nach dem Eingriff unten im Wohnzimmer erwarte.

Als sie gegangen war, setzte sich Doktor Floriot neben ihn aufs Bett und stellte seine Arzttasche ab.

»Sie ahnen gar nicht, was Sie Françoise bedeuten, Monsieur Goullet«, begann er nach einem Augenblick des Schweigens und sah ihm gerade in die Augen. »Sie hat mir ein bisschen von Ihnen und Ihrer kuriosen familiären Verbindung erzählt und auch von Ihrer verblüffenden Ähnlichkeit mit diesem Arzt …

Wissen Sie, ich bin in derselben Straße groß geworden, in der auch die Simons wohnten und habe ihren Vater Georges gut gekannt. Er war ein sehr freundlicher, alter Herr und schon lange pensioniert. Ich habe damals in Marseille Medizin studiert und erinnere mich an ein Gespräch mit ihm, da war ich vielleicht zwanzig, in dem er mir von seiner Schwester erzählte, die er wohl sehr geliebt hatte und die zur gleichen Zeit verschwand wie auch dieser merkwürdige Arzt. Von beiden hat man nichts mehr gehört.

Jahre nach dem Krieg, irgendwann in den fünfziger Jahren, wurde in einer Hütte in den Bergen das Skelett einer Frau gefunden, und für einen Moment hatte er die Hoffnung, dass es sich bei den Knochen um die seiner toten Schwester handeln könnte. Aber weil der Kopf fehlte und keine weiteren Anhaltspunkte vorhanden waren, ist auch diese Spur im Sande verlaufen. Er ist mit der Geschichte nie fertig geworden, das merkte man ihm sofort an. Françoise ist davon überzeugt, dass Sie, Paul, den Schlüssel zur Lösung dieses Rätsels in der Hand halten. Vielleicht ist Ihnen das noch gar nicht bewusst, oder Sie werden diesen Schlüssel erst noch finden … Ich kenne Sie nicht, aber ich bewundere Ihren Mut und wünsche Ihnen, dass Sie heute Nacht unbeschadet über die Berge kommen und meiner alten Freundin am Ende ihres Lebens das geben können, wonach sie so lange gesucht hat.«

Damit stand er auf und ging mit seiner Tasche hinüber ins Badezimmer.

»Ziehen Sie schon mal Ihr Hemd aus!«, rief er ihm kurz darauf zu, und Goullet sah, dass er vor dem Spiegel über dem Waschbecken eine Spritze aufzog.

Unmittelbar nach der Injektion hörte die junge Frau auf zu zappeln.

Gaston löste die Handbremse und gab Gas. Im trüben Licht einer Straßenlaterne rumpelte Fourriers Renault die Rue du Four hinunter. Als sie in die Rue de la Caserne Saint-Martin einbogen, erblickte er im Rückspiegel den Schemen eines Mannes, der mit emporgerissenen Armen auf die Straße rannte, plötzlich stehen blieb und ihnen hinterhersah. Schnell verschwanden sie über den Boulevard des Pyrénées Richtung Süden.

Hinter Elne nahmen sie die Landstraße, die über Saint-André nach Sorède führte, vor Argelès ging es dann rechts in die Berge hinauf, ohne dass ihnen irgendein anderes Fahrzeug begegnet wäre. Genoux hatte Gaston von einem perfekten Versteck erzählt, einer alten Hütte aus Stein mit einer Wegkapelle, die am Rande einer Schlucht lag und an der er als Junge auf den Wanderungen mit seinem Vater öfter vorbeigekommen war. Von der schmalen Schotterstraße aus musste man noch etwa einen Kilometer auf einem gewundenen Pfad durchs Dickicht bergauf laufen. Dorthin wollten sie Simons Schwester bringen und als Druckmittel festhalten.

Das Unternehmen war lebensgefährlich; schon eine einzige Kontrolle durch französische Miliz oder deutsches Militär hätte ihr Ende bedeutet. Gaston atmete erleichtert auf, als sie das steile Sträßchen in zunehmender Dunkelheit hinauffuhren; er hatte viel Geld für diese Tour verlangt, und zu seiner Überraschung war Genoux darauf eingegangen.

Die hübsche, junge Frau mit den schwarzen Haaren, die zwischen ihnen saß, war immer noch bewusstlos, der Kopf hing ihr auf die Brust und baumelte bei jeder Bewegung des Autos hin und her. Ab und zu stöhnte sie leise und versuchte, sich aufzurichten, aber dann sank sie wieder kraftlos in sich zusammen.

Genoux sah schweigend zum Fenster hinaus auf die pechschwarzen Silhouetten der Pyrenäen, die sich im Mondlicht vor ihnen auftürmten wie riesige Gespenster.

Welch ereignisreicher Tag sich seinem Ende zuneigte!

Nachdem Gaston ihn über den Brand in seinem Haus unterrichtet hatte, war er panisch in die Rue de la Main de Fer gerannt und Zeuge des Menschenauflaufs und der Anwesenheit von Polizei und Feuerwehr geworden. Ihm war klar, dass die Männer, die das Feuer löschten, die Leichenteile im Keller und in der Kalkgrube entdeckt haben mussten.

Bevor ihn jemand erkennen konnte, verschwand er schnell im Eingang von Madame Girards Pension, die seinem Haus schräg gegenüberlag, lief die Treppe hinauf in den zweiten Stock und klingelte an ihrer Wohnungstür. Er kannte sie seit der Eröffnung seiner Praxis vor acht Jahren, sie war ihm gewogen, war eine Patriotin alten Schlags und wusste, dass er sich der Résistance angeschlossen hatte.

Als sie ihn im Flur erblickte, erschrak sie, aber er redete beruhigend auf sie ein und erzählte ihr etwas von Kollaborateuren und Besatzungssoldaten, die er in seinem Keller eingesperrt und ihrer gerechten Strafe zugeführt hätte, und jetzt würden Gendarmen und Gestapo in gemeinsamer Aktion sein Anwesen am liebsten in Schutt und Asche legen.

Madame Girard schlug entsetzt die Hand vor den Mund und ließ ihn sofort in ihre Wohnung, und so konnte er ungestört durch eines ihrer Fenster beobachten, was draußen vor sich ging.

Der Brand war bald gelöscht, die Feuerwehr zog wieder ab, aber erst Stunden später verließen Kommissar Simon und drei weitere Beamte der Kriminalpolizei sein Haus, setzten sich in das letzte Auto, das noch auf der Straße stand und fuhren davon.

Zwei Männer blieben zurück, die vor dem grünen Eingangstor ihren Posten bezogen.

Kurz darauf verließ Genoux Madame Girards Haus und lief mit tief ins Gesicht gezogener Mütze stadtauswärts. Er war ratlos, ja mehr als das, er war verzweifelt und überlegte fieberhaft, was er nun tun sollte. Am Ende blieb ihm doch nur die Möglichkeit, nach Spanien zu fliehen, wie es all diejenigen getan hatten, die den Deutschen und ihm selbst entkommen waren.

Er hatte genug Geld, sich ein Visum und eine Überfahrt nach Amerika zu besorgen, und dort würde er wieder ganz von vorne anfangen. Die Idee schien verlockend und erfüllte ihn plötzlich mit Hoffnung und dem Gefühl, dass er damit richtig lag und von nun an sein Leben ändern und vollkommen neu aufstellen musste.

Mit diesen Gedanken im Kopf, die er immer weiter ausbaute und verfeinerte, war er ziellos durch die Straßen gelaufen, bis er in der Rue des Troubadours wieder zu sich kam und stehen blieb. Vor ihm erhob sich der mächtige Palast der Könige von Mallorca, eine gut erhaltene, mittelalterliche Ruine, die er noch nie betreten hatte. Er starrte auf die hohe Wehrmauer mit ihren Zinnen und dem viereckigen Turm, der sich mittig über dem Eingangstor erhob und traf eine Entscheidung.

Er würde jetzt zu Gaston gehen, der in der Rue de la Lanterne wohnte, und ihn bitten, ihn noch heute Nacht nach Banyuls zu bringen. Vielleicht hatte er ja schon wie verabredet Kontakt mit Fourrier aufgenommen, der einen kleinen Lieferwagen, einen Renault Fourgonnette, besaß. Fourrier unterhielt gute Beziehungen zur Miliz und den Deutschen, und darum war sein Fahrzeug auch noch nicht konfisziert worden. Für Geld tat er alles. Darin unterschied er sich in nichts von Gaston. Sosehr sie ihm nutzten, so sehr verachtete er beide dafür, und der Tag würde kommen, an dem er ihnen ihre Raffgier und Charakterlosigkeit heimzahlte.

Das Nächste, was er tun musste, war, ungesehen in sein Haus zu gelangen und das restliche versteckte Geld,

Kleidung und andere wichtige Dinge, die sich hoffentlich noch in seiner Wohnung befanden, in einen Koffer zu packen und mitzunehmen. Den Pass trug er glücklicherweise bei sich.

Es gab einen geheimen Zugang zum Dachboden seines Anwesens über ein rückwärtiges Haus in der Rue de la Vieille Intendance. Das wäre machbar, solange es nicht zu dunkel würde. Er durfte kein Licht machen, um nicht die Aufmerksamkeit der beiden Posten auf der Straße zu erregen.

Er sah auf seine Armbanduhr. Sie zeigte halb vier. Er hatte also noch gut zwei Stunden, bis das Tageslicht allmählich anfing, schwächer zu werden. Er machte sich auf den Weg.

Als er in die Rue des Commères lief, sah er vom anderen Ende der Straße her eine große, schwarze Limousine auf sich zurollen. Unmittelbar vor ihm bog sie in die Rue du Four und verlangsamte ihr Tempo. Im Fond saßen zwei uniformierte Männer, und auf der Rückbank befand sich eine junge Frau.

Einer plötzlichen Eingebung folgend, schlich er hinterher und drückte sich schnell in eine Toreinfahrt, um zu beobachten, was geschehen würde. Es war ein Mercedes, der nach etwa dreißig Metern vor einem Haus mit schmalem Vorgärtchen zum Stehen kam. Auf dem Nummernschild erkannte er die Runen der SS.

Der Beifahrer, in schwarzer Uniform und Reitstiefeln, stieg aus und sah sich um. Er hielt eine Pistole in der

Hand. Dann öffnete er die hintere Tür des Wagens. Die junge Frau, der er auf die Straße half, war außerordentlich hübsch und trug ein Jäckchen aus Pelz über einem eng anliegenden Rock. Sie richtete sich auf, fuhr sich mit der Hand durch ihr schwarzes Haar, warf den Kopf zurück und verschwand schnell im Haus hinter dem niedrigen Eisengitter.

Genoux ahnte sofort, dass es die Schwester von Georges Simon sein musste, sie entsprach genau der Beschreibung, die er von ihr hatte. Welch ein ungeheurer Zufall, der alles völlig auf den Kopf stellen würde!

Er starrte hinüber und wartete. Wenig später ließ der Fahrer den Motor wieder an, der SS-Mann, der die Umgebung während der ganzen Zeit beobachtet hatte, stieg ein, und der Wagen fuhr langsam davon.

Genoux steckte sich eine Zigarette an und rauchte sie mit zitternden Fingern, so angespannt war er. Als er nur noch einen Stummel in der Hand hielt, warf er ihn weg und trat vorsichtig hinaus auf die Straße. Er sah sich um. Außer einer Mutter mit ihrem Kind und einem Radfahrer war niemand zu sehen. Ein Schwarm Tauben flatterte auf und verschwand über den Dächern der umliegenden Häuser. Er überquerte die Rue du Four so rasch und unauffällig wie möglich und näherte sich dem Anwesen, in dem die junge Frau verschwunden war. Über den Zaun hinweg konnte er den Namen lesen, der auf einem Emailleschild groß neben der Türe stand: Simon. Da Georges Simon auf der anderen Seite des Flusses Têt im Bas-Vernet-Viertel wohnte, konnte es sich hier nur um das Haus der Eltern handeln, die von ihrer Tochter besucht wurden. Sie war gut bewacht von ihren Nazi-Freunden aus Toulouse gekommen und würde sich vermutlich den Abend über bei ihrer Familie aufhalten.

Plötzlich hörte er Schritte, und als er sich umwandte, kam ein Mann mit Hut und Spazierstock die Straße herunter. Er war groß und massig und blickte in Gedanken versunken vor sich auf den Bürgersteig.

Genoux erkannte sofort Kommissar Simon, der ihm seit geraumer Zeit das Leben sauer machte. Blitzschnell drehte er ihm den Rücken zu und lief in die entgegengesetzte Richtung davon, stellte sich hinter ein Auto, das in einiger Entfernung auf der anderen Straßenseite stand, und zündete sich eine neue Zigarette an.

Simon hatte ihn nicht gesehen und betrat das Haus seiner Eltern.

Genoux überlegte fieberhaft, was er tun sollte. Den Gedanken, nach Spanien zu fliehen, hatte er in der Sekunde aufgegeben, als er die junge Frau erblickte und sein Blut zu zirkulieren begann. Schlagartig war der Jäger in ihm erwacht, der nicht eher aufgeben würde, als bis er seine Beute zur Strecke gebracht und alles vernichtet hatte, was ihr lieb und teuer war. Und auch dieser verfluchte Dickwanst von Kommissar musste dann endlich nach seiner Pfeife tanzen und mit ihm seine ganze Sippschaft, im Feuer seines Hasses würden sie alle qualvoll verbrennen. Seine Augen wurden ganz schmal und glänzten schwarz und kalt wie die eines lauernden Reptils. Hätte er sich in diesem Augenblick ins Gesicht sehen können, er wäre vor sich selbst erschrocken.

Keine zwanzig Minuten später trat Simon zu seiner Überraschung wieder aus dem Haus und lief die Rue du Four hinunter, so wie er gekommen war.

Kaum war er seinem Blick entschwunden, machte sich Genoux auf den Weg zu Gaston. Die Zeit drängte, und alles musste jetzt wie am Schnürchen klappen, wenn sein Plan aufgehen sollte. Simons Schwester war allein bei ihren Eltern.

Er hatte keine Ahnung, wie lang sie bleiben würde, über Nacht oder nicht, und wie alt ihre Eltern sein mochten. Er schätzte Anfang siebzig; sie würden also kein größeres Problem darstellen.

Alles ließ sich gut an. Gaston hatte den Renault von Fourrier bekommen und auch das nötige Benzin besorgt. Wie immer beklagte er sich über die hohen Preise, die Fourrier aufrief, aber als ihm Genoux erklärte, was er vorhatte, verlangte er, ohne mit der Wimper zu zucken, zweitausend Francs für seine Teilnahme. Das Ganze käme einem Himmelfahrtskommando gleich, ließ er ihn wissen, und dass er es sich als Vater von vier Kindern eigentlich gar nicht leisten könne. So etwas hätte eben seinen Preis.

Genoux war versucht, ihm ins Gesicht zu spucken, doch weil er ihn brauchte, zügelte er sich und sagte ihm die Summe zu. Gaston Nézondet nutzte jede Notlage für sich aus, aber der Tag würde kommen, an dem ihm seine Raffgier im Hals steckenbliebe.

»Sei in einer Stunde in der Rue du Four«, sagte Genoux und presste die Zähne zusammen. »Das Haus liegt zwischen der Rue des Commères und der Rue de l'Hôpital auf der rechten Seite und hat einen kleinen Vorgarten mit einem niedrigen Zaun. Park den Wagen dort in der Nähe. Ich beeile mich. Und bring deine Pistole und ein paar Stricke mit!«

Damit rannte er los, denn es wurde schon allmählich dunkel. Er baute darauf, dass ihn auch diesmal sein Glück nicht im Stich ließ. Auf dem Weg in die Rue de la Vieille Intendance fiel ihm plötzlich ein, dass Monsieur Roubaix, der in der Mansarde des Hauses Nr. 15 wohnte, womöglich gar nicht mehr lebte.

Roubaix, schon damals betagt, war vor ein paar Jahren nach einem Sturz bei ihm in der Praxis aufgetaucht; er hatte ihn umsonst behandelt und dabei erfahren, dass sie zwar in zwei verschiedenen Straßen, aber doch gewissermaßen Rücken an Rücken miteinander lebten. Es existiere überdies in einem der hinteren Zimmer seiner Mansarde ein Durchgang, sagte er, der sein Haus mit dem Genoux' in der Rue de la Main de Fer verbinde. Man hatte ihn vor langer Zeit in die Mauer gebrochen, warum, wisse er auch nicht, und später vergessen, ihn wieder zu verschließen, und so sei er noch immer vorhanden und nur durch eine simple Holztür verriegelt. Der Schlüssel dazu befände sich in seinem Besitz.

Genoux rannte die Treppe zu Monsieur Roubaix' Wohnung hinauf und klingelte nervös an seiner Tür. Zu seiner großen Erleichterung öffnete ihm der alte Mann, der zwar klapprig, aber noch sehr lebendig war und sich sichtlich über seinen Besuch freute. Vom Brand auf der rückwärtigen Seite seiner Wohnung hatte er offensichtlich nichts mitbekommen. Genoux erzählte ihm, er habe dummerweise seinen Schlüssel verloren, und er sei im Augenblick der Einzige, der ihm helfen könne, in seine Wohnung zu gelangen. Leider sei er sehr in Eile, und er müsse auf demselben Weg gleich wieder zurück.

Über den Dachboden erreichte er schnell das Treppenhaus seines Anwesens. Er blieb einen Augenblick auf der obersten Stufe stehen und horchte, ob sich jemand im Haus aufhielt.

Alles war still. Dann schlich er in seine Wohnung hinunter. Man hatte sie durchsucht, das sah er sofort. Im Schlafzimmer waren Schränke und Schubladen durchwühlt worden, ein Teil des Inhalts lag auf seinem Bett verstreut. Sein Blick fiel auf Courbets nackten Frauentorso, der als Postkarte hinter der Nachttischlampe an der Wand gehangen hatte und jetzt auf dem Boden lag. Er hob sie auf und steckte sie ein.

Der Schmuck von Herbsheimers Sekretärin in seinem Nachttisch fehlte, aber das Versteck unter der Matratze, das er als Nächstes untersuchte, war glücklicherweise unentdeckt geblieben.

Er nahm das Geld heraus, das er in Umschlägen dort

hineingeschoben hatte, und packte es in einen kleinen Koffer.

Dann holte er seine Photoausrüstung und ein Stativ aus der Dunkelkammer neben dem Bad, ein paar Wachskerzen und eines der großen Fleischermesser aus der Küche.

In der Praxis im ersten Stock war es wesentlich dunkler, aber er sah noch genug, um zu erkennen, dass Simon und seine Leute auch hier gewütet hatten. Seine Arzttasche war verschwunden, die Schränke mit den medizinischen Präparaten schienen jedoch unberührt, und er entnahm ihnen ein paar Fläschchen Chloroform, Evipan und Zyanid, die er zusammen mit zwei Spritzen zu den anderen Sachen in den Koffer legte.

Als er sich von Monsieur Roubaix verabschiedet hatte und wieder auf der Straße stand, war es schon fast Nacht. Bis jetzt hatte alles reibungslos geklappt, es gab also keinen Grund, nervös zu werden.

Er blickte die Straße hinunter; niemand war zu sehen, alles schien ruhig. Dann zog er sich Gastons Mütze wieder tief ins Gesicht, nahm sein Gepäck in die Hand und lief los.

Wenig später bog er in die Rue du Four, und schon von weitem erkannte er die Silhouette von Fourriers Renault, der auf der rechten Straßenseite keine dreißig Meter vor dem Haus der Simons stand.

Genoux hatte während des ganzen Weges nur an Simons Schwester gedacht und sich dabei bis zur Besessenheit in ihre Erscheinung verliebt, obwohl er sie hasste, oder vielleicht gerade darum. Aber dieser Widerspruch war ihm geläufig und nicht aufzulösen, und mit der unerbittlichen Konsequenz eines physikalischen Prozesses steigerte er seine Gier bis zu ihrem Siedepunkt.

Gaston sah Genoux' Schatten im Rückspiegel; schnell stieg er aus und öffnete die hinteren Türen des kleinen Lieferwagens.

Genoux verstaute sein Gepäck, entnahm dem kleinen Koffer je ein Fläschchen Chloroform und Evipan und steckte sie mit einer Spritze in seine Jackentasche. Dann richtete er sich wieder auf und sah sich um.

Die Lampen, die an an den Fassaden der Häuser in unregelmäßigen Abständen angebracht waren, tauchten Straße und Bürgersteig in ein warmes bernsteinfarbenes Licht. Aus einem Hauseingang schräg gegenüber trat ein Mann und entfernte sich rasch auf dem Trottoir. Einen Augenblick noch hörte er seine Schritte, dann wurde es wieder still. Sterne blinkten am Himmel; der Mond war noch nicht aufgegangen.

Genoux stieg zu Gaston in den Wagen. Eine Weile saßen sie stumm nebeneinander. Dann zündete sich Genoux eine Zigarette an und blies den Rauch gegen die Scheibe. In ihm tobte ein gewaltiges Durcheinander an Gefühlen. Er war nervös, verärgert und verblüfft, wie sehr ihn diese junge Frau beschäftigte.

»Hast du die Pistole und die Stricke dabei?«, fragte er schließlich, und Gaston nickte.

»Gut, also hör zu …«, begann Genoux, und Stück für Stück erklärte er ihm seinen Plan. Er sprach leise, und Gaston sah ihn mit zusammengezogenen Brauen an. Die Sache schien ihm noch viel riskanter als gedacht, und er fragte sich, ob es nicht ein großer Fehler war, sein Leben für die lächerliche Summe von zweitausend Francs aufs Spiel zu setzen. In gewisser Weise hatte er Genoux in der Hand, und es wäre ein Leichtes, sich seine Verschwiegenheit später noch weiter vergolden zu lassen. Aber er wischte den Gedanken fürs Erste beiseite.

Sobald sie das Mädchen in ihrer Gewalt hatten, mussten sie so schnell wie möglich aus der Stadt verschwinden, bevor sich irgendwer auf ihre Spur setzte.

Sie warteten schweigend eine weitere Minute und beobachteten die Straße. Kein Mensch zeigte sich. Genoux gab das Zeichen, und Gaston startete den Motor.

Langsam rollten sie vor das Haus der Simons.

Gaston nahm die Pistole aus seiner Jackentasche, und Genoux befeuchtete sein Taschentuch mit Chloroform. Er zog Evipan auf eine Spritze und legte sie vor sich ins Handschuhfach. Dann öffneten sie leise die Türen und stiegen aus.

Beiden klopfte das Herz bis zum Hals; die Unwägbarkeit dessen, was geschehen würde, zerrte an ihren Nerven. Im Falle, dass Simons Vater öffnete, so hatten sie verabredet, müsste ihn Gaston sofort ins Haus zurückdrängen und mit der Pistole in Schach halten, während

Genoux sich um die Tochter kümmerte. Das war die ungünstigste Variante, denn sie wussten nicht, wie sich Simons Vater verhalten würde. Die alte Dame, Georges Simons Mutter, wäre sicher kein größeres Problem.

Vorsichtig öffneten sie die kleine Eisentür des Vorgärtchens, und Gaston drückte sich mit entsicherter Pistole an die Wand neben dem Eingang.

Genoux klingelte.

Es dauerte einen Augenblick, bis sie im Inneren des Hauses Schritte hörten. Dann wurde es plötzlich hell über ihren Köpfen, die Tür ging auf, und Antoinette Simon stand im Licht einer Blechlaterne, die über dem Eingang hing. Sie hatten nicht damit gerechnet, dass sie so unvorsichtig sein würde, selbst zu öffnen.

Mit einem Satz sprang Gaston hinter ihren Rücken und stieß sie in Genoux' Arme, der sie wie ein Raubtier packte und herumriss. Bevor sie auch nur einen Schrei von sich geben konnte, hatte er ihr schon das Taschentuch mit der betäubenden Flüssigkeit auf Mund und Nase gepresst und schleifte sie zum Wagen.

Gaston zog die Haustür zu, rannte um das Auto herum und warf sich hinters Steuer. Er wartete, bis Genoux die nach Luft schnappende Frau ins Innere geschoben und sich neben sie gesetzt hatte. Sie hielten sie fest, und Genoux spritzte ihr das Evipan in die Armbeuge.

Die örtliche Betäubung war stark genug, dass Goullet den Schnitt nicht spürte. Es dauerte nicht lange, bis Doktor

Floriot den Chip mit einer Pinzette zu fassen kriegte und aus der offenen Wunde herauszog. Er tat ihn in ein Glasröhrchen, wischte das Blut vom Oberarm, desinfizierte die Wunde und vernähte sie mit ein paar Stichen.

»So, das wäre fürs Erste geschafft«, sagte er und ging ins Badezimmer, um sich die Hände zu waschen. »Packen Sie jetzt alles, auf das Sie verzichten können, in Ihren Koffer und behalten Sie nur, was Sie unbedingt brauchen und am Körper tragen können. Falls die Sécurité hier einfällt und nach Ihnen sucht, darf nichts darauf hinweisen, dass Sie noch in der Nähe sind. Ihren Koffer nehme ich mit; ich werde ihn Françoise zurückbringen, sobald wir Nachricht haben, dass Sie sicher in Deutschland angekommen sind.«

Während der Doktor seine Instrumente zusammensuchte und in seiner Tasche verstaute, schärfte er Goullet ein, Punkt zehn Uhr Madame Simons Haus durch den Hinterausgang zu verlassen, falls die Rue Victor Hugo unter Beobachtung stünde; er würde in seinem Auto in der rückwärtigen Rue Lamartine auf ihn warten. Bis dahin solle er sich versteckt halten, am besten in einem der Kellerräume, für den Fall, dass es doch zu einer Durchsuchung käme.

»Und bringen Sie Ihre Sachen gleich hinunter zu Françoise«, sagte er, nickte ihm zu und verließ das Zimmer Nummer 7, in welchem Goullet in den letzten Tagen Schutz gefunden hatte, so rasch, dass Goullet noch nicht einmal Zeit fand, sich zu bedanken.

Kurz darauf stieg er unter Schmerzen in Madame Simons Wohnung hinab, übergab dem Doktor seinen Koffer und holte seinen Dank nach.

»Junger Mann«, antwortete Doktor Floriot, »dass ich Ihnen helfe, ist mir ein Anliegen, aber auch ein Geschenk an meine alte Freundin hier, denn viel mehr, als diejenigen zu unterstützen, die gegen diesen Irrsinn angehen, kann ich nicht tun.«

Dann verabschiedete er sich, küsste Françoise auf beide Wangen und verließ die kleine Pension mit seiner Arzttasche, in der sich Goullets Chip befand, den er bald auf seine sonderbare Reise schicken würde.

Madame Simon, klein und eingefallen, saß am Tisch in ihrem Wohnzimmer und lud ihn mit einer Handbewegung ein, ebenfalls Platz zu nehmen.

»Ich werde Hélène heute Nacht wirklich wiedersehen?«, fragte Goullet, obwohl sie es ihm ja schon versichert hatte, aber er war aufgeregt wie ein Halbwüchsiger und konnte seine Unruhe und Freude kaum zügeln.

Madame Simon musste lächeln und streckte ihm ihre schmale, alte Hand hin, die er nahm und festhielt.

»Aber ja«, antwortete sie und nickte, »Hélène wird dich in der kleinen Hütte oben in den Bergen erwarten. Doktor Floriot weiß Bescheid und wird alles dafür tun, dass nichts schiefläuft.«

Sie entzog ihm ihre Hand und zündete sich einen Zigarillo an. Dann sah sie dem jungen Mann aus Deutschland lange in die Augen.

Er ähnelte auf so furchtbare Weise dem Menschen, den ihr Vater gejagt hatte und der ihm am Ende doch entkommen war. Sie konnte es immer noch nicht fassen.

Und weil Goullet genau spürte, dass sie wieder in den Abgrund blickte, der ihrer beider Leben miteinander verband, und es sie drängte, darüber zu sprechen, bat er sie, den Faden ihrer Geschichte an derselben Stelle wiederaufzunehmen, an der sie im Krankenhaus unterbrochen worden war.

Sie zog an ihrem Zigarillo und blies den Rauch nach einer Weile, die ihm ewig schien, als dünnes Wölkchen wieder aus. Dann schloss sie kurz die Augen.

»Als der Brand in Genoux' Haus in der Rue de la Main de Fer ausbrach«, begann sie und sah ihn wieder an, »war er unterwegs. Nachbarn riefen die Polizei, es muss furchtbar gestunken haben. Polizei und Feuerwehr brachen ins Haus ein und entdeckten im Keller einen qualmenden Ofen, aus dem menschliche Überreste heraushingen. Das Feuer hatte das ganze untere Stockwerk in Brand gesetzt. Im Hinterhof fanden sie dann eine abgeschlossene Grube mit ungelöschtem Kalk, die voll zersetzter Leichenteile und Knochen war …«

Sie hielt inne und fing an, heftig zu husten. Nach einem Moment hatte sie sich wieder beruhigt.

»Genoux war verschwunden«, fuhr sie, sich räuspernd, fort, »alle, Gestapo und französische Polizei, suchten jetzt nach ihm.

Kurz darauf traf ein Brief ein, der an meinem Vater

adressiert war. Es gibt ihn noch, er liegt irgendwo in meinem Schrank. Darin war ein Photo seiner Schwester Antoinette, die sich in der Gewalt dieses Menschen befand. Er hatte sich und sie photographiert, eine Warnung an meinen Vater, ihn nicht weiter zu verfolgen. Es war ihr letztes Lebenszeichen. Er hat es mir später immer wieder erzählt, und jedes Mal standen ihm die Tränen in den Augen …«

»Hat er meinen Großvater Rudolf getroffen?«, fragte Goullet leise, als er merkte, dass sie innehielt. Es war verrückt, aber der ganze Vorfall lag jetzt bald einhundert Jahre zurück, und noch immer besaß er seine ungebrochene, dämonische Kraft und würde sie behalten, solange sie beide nicht wussten, was sich damals wirklich abgespielt hatte und was aus Antoinette geworden war.

»Hat er ihn gesehen?« Goullet wiederholte seine Frage. »Er war der Gestapochef von Toulouse«, fügte er noch schnell hinzu, »und zuständig für die ganze Region. Und er war der Liebhaber seiner Schwester. Er hatte ein Kind mit ihr, meinen Vater, und dein Vater Georges wusste es.«

»Ja«, sagte sie leise, »er wusste es, es hat ihn ja schier in den Wahnsinn getrieben. Immer wieder hat er seiner Schwester klarzumachen versucht, dass sie sich trennen müsse, dass sie ihr Land verrate und Schande über ihn und die ganze Familie bringe. Es nutzte nichts; sie war diesem stattlichen Mann aus Deutschland verfallen.«

Sie lächelte ihn traurig an, und Goullet spürte, dass sie

ihre Tante in Schutz nehmen und ihre fatale Schwäche verstehen wollte. Mit einem Seufzer drückte sie den Zigarillo im Aschenbecher aus.

»Kurz nachdem die zwei Bilder mit der Drohung angekommen waren«, fuhr sie fort, »wurde Genoux in Port-Vendres verhaftet.

Mein Vater hat ihn stundenlang verhört, um herauszufinden, wo sich Antoinette befand, aber er biss sich an ihm die Zähne aus. Genoux schwieg eisern. Er verlangte Geld, einen neuen Pass und ein Ausreisevisum, vorher würden sie kein Sterbenswörtchen von ihm hören.

Mein Vater wusste, dass er keine Wahl hatte und dass es schnell gehen musste, also leitete er die entsprechenden Schritte ein.

Aber dann kam alles ganz anders. Noch am selben Tag fuhren drei schwarze Limousinen an seinem Kommissariat vor, die von Motorrädern der deutschen Feldpolizei begleitet wurden. Rudolf Goullet, dein Großvater, der sein Hauptquartier in Toulouse am Ende kaum noch verließ, kam persönlich nach Perpignan. Er ließ Genoux' Haus von oben bis unten durchsuchen, konfiszierte, was ihm wichtig schien, und nahm den windigen Doktor, der aus allen Wolken fiel, als er begriff, mit wem er sich da in Wirklichkeit angelegt hatte, mit sich nach Toulouse.

Das war das Letzte, was mein Vater von ihm sah. Kurz darauf ist dann auch dein Großvater mit Antoinettes Kind aus Frankreich verschwunden. Er hat sich wohl versetzen lassen …«

Plötzlich läutete es an der Tür. Sie sahen sich mit großen Augen an, und Goullet erschrak. Er hätte sich schon längst verstecken sollen. Madame Simon erhob sich langsam und wies mit dem Kopf auf den Vorhang, der die Nische hinter ihm abdeckte, in der er sich schon einmal verborgen hatte.

Zum zweiten Mal stellte er sich hinein und wartete mit klopfendem Herzen, was passieren würde.

Er hörte, wie Madame Simon ihre Wohnungstür und kurz darauf die Haustür öffnete. Jemand betrat das Foyer, und er vernahm leise Stimmen. Da es nichts wirklich Beunruhigendes hatte, entspannte er sich etwas. Dann war von draußen ein heftiger Knall zu hören und kurz darauf Schüsse, die weiter oben in der Stadt abgegeben wurden.

Die Tür fiel zu, und Madame Simon kam mit einem großen Umschlag zurück.

Antoine, ein Freund von Serge, sei vorbeigekommen, sagte sie, um sie zu warnen. Bis zum Abend würden in der ganzen Stadt Razzien durchgeführt, und sie solle ein paar Dokumente bei sich verstecken.

Sie gingen ins Foyer, und Madame Simon holte den Kellerschlüssel aus einer Schublade hinter der Rezeption.

»Es ist nicht sehr gemütlich dort unten«, sagte sie, »aber es gibt eine Lampe und einen Stuhl. Nimm am besten etwas zu lesen mit, um dir die Zeit zu vertreiben. Du hast noch einige Stunden, bis der Doktor dich abholt. Es ist wirklich am sichersten so.«

Sie ließ ihn im Foyer stehen und lief noch einmal zurück in ihre Wohnung, langsam und gebückt, und ihr Gesicht war blass und noch eingefallener als sonst. Sie wirkte ruhig und souverän wie immer, nur die Kraft, all diesen Anwürfen zu widerstehen, schien sie allmählich zu verlassen. Im Flur hörte er sie lange husten.

Goullet öffnete die Haustür einen Spalt und sah hinaus. Es sah ein paar Menschen panisch die Straße hinunterrennen und über den Platz mit dem Obelisken hasten. All das wirkte gespenstisch an diesem Nachmittag, an dem die Sonne schien und die Platanen im Seewind rauschten, als sei die Welt friedlich und in bester Ordnung.

Dann hörte er wieder Schüsse, und kurz darauf das Brummen herannahender Helikopter.

Schnell schloss er die Tür, und als er sich umdrehte, stand Madame Simon vor ihm und drückte ihm ein Buch und eine Flasche Wasser in die Hand.

»Komm, Paul«, sagte sie und winkte ihn in den rückwärtigen Teil des Foyers.

Links neben der Treppe, etwas nach hinten versetzt und im Schatten nicht ohne weiteres zu erkennen, befand sich eine niedrige Tür, die sie aufschloss. Sie machte Licht und hakte sich bei ihm unter. Er musste sich bücken, und vorsichtig stiegen sie die Stufen hinunter in den Keller.

Auf der Hälfte der Treppe blieb sie stehen. Er müsse damit rechnen, sagte sie, zu Hause einen Hexenkessel vorzufinden, ob er schon davon gehört hätte?

Goullet sah sie überrascht an und schüttelte den Kopf.

Russische Streitkräfte seien vor ein paar Stunden in Litauen einmarschiert, fuhr sie fort, und ein Flüchtlingsstrom wäre bereits nach Westen unterwegs. Auch aus Polen würden sie in Massen fliehen. Das hätte sie eben von Antoine erfahren.

Goullet schüttelte den Kopf, er wusste zwar von den Spannungen im Baltikum, dass es sich aber so dramatisch zugespitzt hatte, war ihm neu und erschreckend.

Als ob nicht alles schon schlimm genug wäre, seufzte sie, und setzte sich wieder in Bewegung.

Der Raum, in den sie ihn brachte, war winzig und fensterlos. Er lag nicht einsehbar hinter der Heizungsanlage und wurde offensichtlich hin und wieder genutzt, um Menschen zu verstecken. Eine Glühbirne hing von der Decke, und es roch stark nach Schimmel. Neben einem Tischchen stand ein Stuhl.

Goullet dankte Madame Simon und führte sie wieder die Treppe hinauf in ihre Wohnung, dann stieg er aufs Neue hinunter und schloss die Tür hinter sich ab.

Lange saß er auf dem Stuhl neben dem Tisch und starrte in die Glühbirne, die über seinem Kopf hing. Irgendwann beschlich ihn das Gefühl, in einem Raum zu sitzen, den er kannte.

Er schloss die Augen, aber der Lichtpunkt verharrte auf seiner Netzhaut und begann sich hin und her zu bewegen, schnell und immer schneller, bis er schließlich in rasender Geschwindigkeit zwischen zwei Polen pendelte und gleißend hell wie eine Sonne in einem gewaltigen

Feuerball zerbarst. Aus der zerrinnenden Glut stiegen die Umrisse eines weiblichen Gesichts, fratzenhaft und entstellt, mit aufgerissenem Mund.

Er rang nach Luft und schlug die Augen auf, der ganze Raum drehte sich um ihn wie ein Jahrmarktskarussell. Es war nicht sein erster Panikanfall, aber dieser schien ihm der schlimmste, und wie ein Fallender, der nach allem greift, was ihm Halt gibt, klammerte er sich an seinen Stuhl. Er wartete einen Augenblick, bis er wieder freier atmen konnte, dann nahm er die Flasche Wasser vom Tisch und trank sie zur Hälfte aus. Langsam beruhigte er sich.

Nach einer Weile konnte er wieder klar denken, und die irrlichternde Energie, die ihn durchströmt hatte, ebbte allmählich ab.

Er zog sein Hemd aus der Hose und wischte sich mit einem Zipfel den Schweiß vom Gesicht.

Es war sein letzter Tag in Port-Vendres, und in wenigen Stunden würde er Madame Simon verlassen, in der er seine Tante Françoise gefunden hatte, und die Frau treffen, die er liebte und nicht mehr vergessen konnte.

Er hatte so viel erlebt und dabei Schicht auf Schicht eines Bildes freigelegt, das eine verwirrende Oberfläche besaß, und er war doch der Bedeutung dessen, was es zeigte, noch immer nicht auf die Spur gekommen. Und musste er nicht vielleicht auch in Erwägung ziehen, dass unter der letzten, tiefsten Schicht gar keine Grundierung vorhanden war und ein eigentlicher Sinn überhaupt nicht existierte? Dass das, was er sich nicht ohne einen tieferen

Zusammenhang vorstellen konnte, womöglich nichts anderes war als eine schillernde, zufällige Zusammenballung von Geschehnissen höchst erratischer Natur und nur vermeintlicher Sinnhaftigkeit?

Vielleicht spielte das Schicksal mit ihm, so wie der Wind ein losgerissenes Blatt vor sich hertreibt und durch die Luft wirbelt, bis es irgendwann zur Erde fällt und wieder verrottet.

Solche und andere Gedanken gingen ihm durch den Sinn, die schlechte Luft und das diffuse Licht taten ihr Übriges, der Kopf wurde ihm bald so schwer von alledem, dass er ihn auf den Tisch legte und einschlief.

Genoux fuhr erschreckt auf, als die Frau an seiner Seite eine plötzliche Bewegung machte und ihm dabei den Arm ins Gesicht schlug.

Er war kurz eingenickt und hielt sie sofort mit beiden Händen fest. Sie sackte wieder in sich zusammen und fing an, unverständliche Worte zu murmeln.

Er sah zu Gaston hinüber, der mit vorgebeugtem Oberkörper hinter dem Steuerrad saß, auf das holprige Sträßchen vor sich starrte und den Wagen bergauf lenkte. Der volle Mond stand über den schwarzen Rücken der Pyrenäen.

»Halt einen Augenblick an!«, sagte Genoux leise, und Gaston sah ihn überrascht an. »Die Kleine hier braucht noch einen Nachschlag.«

Gaston brachte den Wagen zum Stehen, und Genoux

zog eine zweite Spritze auf, nahm den anderen Arm der jungen Frau, schob ihren Ärmel hinauf und injizierte das Evipan. Sie seufzte kurz auf und war sofort wieder still.

Dann fuhren sie schweigend weiter; es ging immer steiler hinauf, das Sträßchen wurde zum Waldweg und war schließlich kaum noch zu befahren.

Endlich erblickte Genoux im Lichte des Mondes und der Scheinwerfer die Steineiche, an der der schmale Pfad hinauf zur Hütte begann.

Er gab Gaston ein Zeichen. Sie waren am Ziel.

Der Wagen hielt an, und sie stiegen aus. Doktor Floriot gab Goullet die Hand und wünschte ihm Glück. Dann zeigte er ihm den Weg, der hinter einem hohen, alten Baum bergauf führte. Er war vom Buschwerk so zugestellt, dass Goullet den Eingang im Mondlicht kaum erkennen konnte.

»Danke, Doktor!«, sagte er leise. »Ich werde mich melden, wenn ich wieder zu Hause bin. Ich hoffe nur, dass es Hélène geschafft hat und auch wirklich dort oben ist.«

Floriot musste lächeln. »Glauben Sie mir, Paul, Hélène ist eine starke Frau. Wenn sie etwas verspricht, dann hält sie das auch.« Er wies mit der Hand die dunklen Berge hinauf. »Nach etwa einem Kilometer kommen Sie an eine Schlucht, durch die im Winter ein Bach rauscht. Rechts oberhalb liegt die Hütte in einer Felsspalte. Sie werden sie im Mondlicht sehen. Aber seien Sie vorsichtig, Paul. Ich glaube zwar nicht, dass uns jemand gefolgt ist, aber wer weiß schon, was sie mit ihren Drohnen und all diesem Zeug anstellen können. Für den Fall, dass etwas schiefgeht, laufen Sie immer weiter bergauf, halten Sie sich rechts und versuchen Sie, zwischen den beiden Kämmen dort oben auf die andere Seite zu kommen. Dann sind Sie schon bald in Spanien. Ich muss jetzt los. Es ist besser, hier nicht zu lange mit dem Auto stehenzubleiben.«

Er nickte ihm noch einmal zu, setzte sich in seinen Wagen, wendete und fuhr langsam den Berg hinunter. Eine Weile noch leuchteten die roten Rücklichter im Dunkeln, dann waren sie verschwunden.

Jetzt stand Goullet ganz allein in einer stillen, monochromen Welt der Scherenschnitte und war nur noch eine schwarze Silhouette vor dem kalten, weißen Licht des Mondes.

Gaston fuhr den Renault zwischen zwei Büsche, und schaltete den Motor ab.

Dann zerrten sie die leblose junge Frau vom Vordersitz, Genoux zog sie zu sich hinauf, ging in die Knie und legte sie sich über seine Schulter. Sie wog nicht viel, fühlte sich aber gut an; ihr Körper war straff, auch wenn er jetzt ohne jede Spannung von ihm herabhing.

Das helle Geröll, das den Pfad bedeckte, schimmerte im Mondlicht, so dass sie auf ihrem Weg bergauf gut sehen konnten. Schritt für Schritt kämpften sie sich nach oben.

Auf der Hälfte der Strecke blieben sie stehen; Genoux war völlig außer Atem. Er übernahm von Gaston den Koffer und das Stativ, Gaston lud sich Antoinette auf die Schulter. Dann ging es langsam weiter, bis sie das Steinhaus oberhalb der Schlucht sahen, die sich wie ein pechschwarzer, bodenloser Spalt vor ihnen auftat.

Als sie endlich vor der Hütte standen, ließ Gaston die junge Frau langsam zu Boden gleiten. Sie war immer noch bewusstlos.

Rechts der im Schatten liegenden Holztür war ein kleiner Altar mit einer Madonna in die Mauer eingelassen, er leuchtete im Mondlicht wie ein Tabernakel, und die heilige Jungfrau aus glasiertem Terrakotta sah sie an, als freute sie sich über ihren nächtlichen Besuch.

Genoux wandte sich ab, er ertrug ihr sibyllinisches Lächeln nicht, es ärgerte ihn, ja machte ihn wütend, denn es war von einer geradezu herausfordernden Freundlichkeit.

Er rüttelte an der hölzernen Eingangstür, sie klemmte; unter Aufwendung seiner ganzen Kraft gelang es ihm schließlich, sie aufzureißen. Dann nahm er aus seinem Koffer die beiden Kerzen, zündete eine von ihnen an und hielt die Hand davor, um zu verhindern, dass sie ein Windstoß ausblies.

So trat er vorsichtig ins Innere der Hütte. Als sich seine Augen etwas an das Dunkel gewöhnt hatten, erkannte er im flackernden Licht der Kerze zwei Stühle, die am Boden neben einem kleinen Holztisch lagen. Ansonsten schien der Raum leer. Es war klamm und roch nach feuchter Erde und Schimmel.

Neben dem Tisch lehnte ein Besen, und aus den Ritzen zwischen den Steinplatten, die den Boden bedeckten, wuchsen Moos, kleine Pilze und graue, kränkliche Pflanzen. In einer Steinspüle an der Wand lagen ein paar blinde Gläser und übereinandergestapelte Teller, die irgendjemand benutzt und dann stehen gelassen hatte. Aber das musste schon lange her gewesen sein.

Er ließ etwas Wachs auf den Holztisch tropfen, um die beiden Kerzen darauf zu befestigen. Einen Augenblick stand er still und starrte in den dunklen Raum. Die Schatten, die ihn umstanden, wichen zurück, dann rückten sie wieder näher heran, und er hörte sein Herz klopfen und fühlte, wie das Blut schneller durch seine Adern floss und seine Not und Ungeduld immer größer wurden.

Plötzlich kam von draußen ein Geräusch, ein dünnes, hohes Wimmern, und als er sich umwandte, stand Gastons Silhouette in der Tür.

»Prosper«, sagte er, und der Mond hinter ihm leuchtete hell wie eine falsche Sonne, »ich glaube, das Mädchen wacht auf. Lass uns das Photo machen, dann binden wir sie fest und hauen hier so schnell wie möglich ab. Ich will zu Hause sein, bevor es hell wird.«

Genoux sah den Schatten an, der Gaston war, und schwieg.

»Hast du gehört, Prosper?«, wiederholte der, und Genoux merkte, dass er nervös war und Angst hatte und es wahrscheinlich bereute, mitgemacht zu haben. Gaston war ein verdammtes Risiko, das wurde ihm immer klarer, aber im Augenblick brauchte er ihn noch.

Antoinette Simon starrte ihn mit aufgerissenen Augen an, als er sich draußen über sie beugte. Sie sah ein Gesicht, aber es war meilenweit entfernt und hatte einen Schnurrbart und schwarze Augen, sie wusste nicht, wem es gehörte, und verstand auch nicht, was es von ihr wollte oder wo sie sich befand.

Dann wurde es wieder dunkel um sie, und sie hatte das Gefühl, als würde sie emporgehoben und schwebe durch die Luft, und plötzlich durchfuhr sie ein eisiger Schrecken, denn sie begriff, dass ihr etwas Furchtbares widerfuhr, und sie fing an, laut zu schreien und um Hilfe zu rufen.

Genoux zog ihr sein Taschentuch durch den Mund und verknotete es mit einem Ruck an ihrem Hinterkopf. Dann nahmen sie die Stricke aus dem Koffer und banden sie auf einem der beiden Stühle fest.

Da saß sie nun, kriegte kaum Luft und sah mit Schrecken auf das, was um sie herum geschah.

Genoux klappte das Stativ auf und stellte es in die Mitte des Raums. Während er die Kamera daraufschraubte, erklärte er Gaston die Anwendung des Beutelblitzes, den er zünden musste, um genügend Licht für eine Aufnahme zu erhalten.

Dann richtete er das Objektiv auf Simons Schwester,

nahm den Besen, der am Tisch lehnte, drehte ihn um, so dass die Seite mit den verfilzten Borsten nach oben zeigte und drückte ihn Gaston in die Hand. Den mit Blitzlichtpulver gefüllten Papierbeutel zog er an einem Faden zwischen den Borsten hindurch und band ihn fest. Dann entrollte er einen am Beutel befestigten Papierstreifen, der als Lunte für die Auslösung des Blitzes diente.

Das Bild, das er von sich und Simons Schwester machen wollte, musste funktionieren. Das war der ganze Sinn dieses Unternehmens. Für den Fall, dass es schiefging, würde er Gaston nach Hause schicken und die Nacht allein mit der hübschen, jungen Frau verbringen. Er könnte dann am nächsten Tag über die Berge Richtung Küste wandern und sich erst einmal bei Fourrier in Cerbère verstecken. Alles andere würde sich finden.

Inzwischen hatte Antoinette Simon begonnen, an den Stricken zu zerren, die fest um ihre Arme und Beine gezogen waren. Sie versuchte, etwas zu sagen, aber es waren nur kehlige Laute, die sie von sich gab.

»Ich glaube, sie hat Durst«, sagte Gaston und wies mit dem Kopf Richtung Spüle.

Genoux ging vor der jungen Frau in die Knie, legte seine Hände sanft auf ihre Oberschenkel und sah ihr in die Augen, die so schön und voller Angst waren, dass sein Herz vor Freude höher schlug.

Sie verstummte auf der Stelle.

»Hören Sie, Madame Simon«, begann er langsam und sehr freundlich, »ich gebe Ihnen jetzt etwas zu trinken, aber Sie müssen mir versprechen, nicht zu schreien, ja? Versprechen Sie mir das?«

Sie blickte kurz zu Gaston, dann sah sie ihn wieder an und nickte.

»Dass Sie die Ehre haben, unser Gast zu sein«, fuhr Genoux mit einschmeichelnder Stimme fort, »haben Sie sich im Übrigen selbst zuzuschreiben. Man gibt sich nicht mit den Bôches ab, ohne dafür zu zahlen. Ich mache jetzt ein Photo von uns beiden. Das schicken wir Ihrem Bruder Georges, und wenn er sich klug verhält, sind Sie spätestens übermorgen wieder frei. Glauben Sie mir, ich habe nicht die Absicht, Ihnen weh zu tun, geben Sie mir aber bitte keinen Anlass, böse zu werden. Haben Sie mich verstanden?«

Wieder überkam sie eine Schwäche, die sie an den Rand der Besinnungslosigkeit brachte, aber bevor ihr die Augen zufielen, nickte sie schnell.

Genoux nahm ihr den Knebel aus dem Mund, dann band er ihre Arme los, die hinter der Lehne des Stuhls gefesselt waren.

Gaston öffnete den rostigen Wasserhahn über der Spüle, aus dem eine dünne, braune Flüssigkeit trat. Er ließ das Wasser eine Weile laufen, füllte eins der Gläser damit und reichte es Antoinette.

Sie richtete sich etwas auf und trank es in einem Zug aus. Dann fing sie an zu husten.

»Bring ihr noch eins, Gaston«, sagte Genoux zu seinem Kumpan.

»Das Wasser schmeckt schrecklich«, sagte sie plötzlich, »oder wollen Sie mich vergiften?«

Gaston sah schnell zu Genoux und musste grinsen.

»Wir wollen Sie nicht über Gebühr quälen, Madame«, antwortete der und ließ sich nicht anmerken, wie überrascht er war, dass sie einen so klaren, deutlichen Satz gesprochen hatte, »wenn Sie also bereit sind, machen wir jetzt das Photo …«

Sie antwortete nicht, sondern blickte nur stumm von einem zum anderen, als versuche sie zu verstehen, mit wem sie es da zu tun hatte. Dann wurde ihr wieder schwarz vor Augen. Genoux stand auf und stellte sich links neben sie. Weil sie nach vorne sackte, griff er mit der rechten Hand in ihren Nacken, richtete ihren Kopf auf und hielt ihn gerade in die Kamera. Gaston brachte ein brennendes Streichholz an die Zündschnur, öffnete den Kameraverschluss und schloss ihn wieder in der Sekunde, als der Blitz zündete.

Goullet blieb stehen. Er war den Pfad zur Hütte schon einige hundert Meter hinaufgelaufen, hatte das dichte, dornige Buschwerk des Eingangs hinter sich gelassen und einen etwas breiteren Weg beschritten, als er vor sich ein helles Licht bemerkte. Es blitzte für den Bruchteil einer Sekunde auf, erlosch und kam nicht wieder. Was mochte es sein?

Er blickte sich vorsichtig um und glaubte auf einmal, schwarze Gestalten zu sehen, die sich im Unterholz und vor den dunklen Felsen langsam und geduckt am Boden entlangbewegten. Oder war es nur das verwirrende Spiel aus Licht und Schatten, das in dieser seltsamen Vollmondnacht jeden Busch oder Baum zu einer bizarren Erscheinung machte?

Es war still, nur ein paar Grillen zirpten, und hin und wieder erklang der Schrei eines nächtlichen Vogels.

Langsam lief er weiter, und jeder Schritt, den er vor den anderen setzte, klang ihm wie Hé-lène-Hé-lène-Hé-lène …

Sein Herz schlug schneller, je höher er stieg, und plötzlich stand er vor dem gähnenden Abgrund einer Schlucht, an deren Rand der Weg ein Stück weit entlangführte. Sie war nicht besonders groß, aber sehr tief, und er starrte hinunter in das klaffende Nichts, das mit schwarzen Fingern nach ihm zu greifen schien. Erschrocken wich er einen Schritt zurück, und als er den Kopf hob, erblickte er die steinerne Hütte, die sich keine dreißig Meter weiter oberhalb in eine Felsspalte drückte, als wollte sie das grelle Mondlicht fliehen.

Von Hélène keine Spur.

Vorsichtig ging er näher, wobei er sich dicht an die verkrüppelten Bäume rechter Hand hielt, um nötigenfalls sofort zwischen Büschen und Felsen zu verschwinden.

Er erinnerte sich noch genau an Doktor Floriots Worte und wusste schon, wie er zu laufen hatte, um die spanische Grenze zu erreichen. Sosehr er sich aber auch auf die Schattenwelt um ihn herum konzentrierte, er konnte nichts entdecken, was seinen Verdacht bestätigte, dass sich nämlich da draußen etwas bewegte und ihn nicht mehr aus den Augen ließ. Zugleich überlegte er, wie er es wohl aufnähme, wenn Hélène gar nicht auftauchte, aber er wischte den Gedanken sofort wieder beiseite, er war nichts als Theorie, spürte er doch, dass sie ganz in seiner Nähe war und nur auf den rechten Augenblick wartete, sich zu zeigen.

Als er vor der Hütte stand, konnte er kaum glauben, dass es dieselbe war, die er schon einmal im Arbeitszimmer seines Großvaters gesehen hatte, auf dem kleinen Ölbild nämlich, das auf der Kommode neben dem Bücherschrank an der Wand lehnte.

Es lief ihm kalt den Rücken herunter, denn sein Großvater musste an genau derselben Stelle gestanden haben wie er jetzt. Nur dass es bei ihm Tag gewesen war. Die große Holztür mit dem Eisenring allerdings gab es nicht mehr, man hatte den Eingang zugemauert, aber genau wie auf dem Gemälde befand sich rechts davon, eingefasst von einem halbrunden Rahmen aus verwittertem Sandstein, der kleine Wegaltar und in seiner Mitte die sitzende Madonna ohne Kopf.

Plötzlich hörte er ein Geräusch hinter sich, ein Knacken von Ästen und Rascheln trockener Blätter. Er vernahm deutlich die Schritte eines Menschen. Dann wieder Stille.

Er hielt den Atem an und drehte sich langsam um. Nicht weit vom Rand der Schlucht entfernt stand eine schwarze Gestalt im Halbschatten und sah unverwandt zu ihm hinauf.

Genoux zündete sich eine Zigarette an, zog den Rauch tief in die Lunge und stieß ihn hinaus in die kühle Nachtluft. Er war vor die Hütte getreten, um für einen Augenblick dem dunklen, stickigen Raum zu entkommen, in dem sich seine Phantasien und Gefühle zu sehr aufluden. Er konnte den Anblick der jungen Frau kaum noch ertragen, alles in ihm war zum Zerreißen gespannt, und er musste sich mit aller Kraft zusammennehmen, um Gaston nichts merken zu lassen.

Mit dem Photo war alles gutgegangen, sie hatten den Blitz dreimal ausgelöst, und er durfte davon ausgehen, dass es unter den drei Aufnahmen wenigstens eine gab, die er entwickeln und abziehen lassen konnte. Eine würde er sofort ans Kommissariat in Perpignan schicken und eine zweite für sich behalten.

Wieder nahm er einen Zug aus seiner Zigarette und sah hinauf in einen Himmel ohne Sterne. Der volle Mond überstrahlte alles in dieser Nacht und beleuchtete eine von Schatten und Schimären bevölkerte Welt, die nur in seinem mittelbaren Licht existierte.

Dann hörte er einen Schrei.

»Du elendes Miststück, was hast du gemacht?! Ich schlag dich tot!« Gaston brüllte so laut, dass Genoux herumfuhr. Er warf seine Zigarette zu Boden und rannte zurück in die Hütte.

Gaston hielt ihm seine rechte Hand entgegen, sie blutete; die junge Frau hatte ihn gebissen, als er ihre Arme wieder festbinden wollte, und versuchte sich jetzt mit aller Gewalt von ihrem Stuhl loszureißen.

»Halt sie fest, Gaston!«, rief Genoux.

Als Antoinette Simon sah, dass er eine neue Spritze aufzog, brach sie in Tränen aus. Dann flehte sie beide an, ihr nichts zu tun und sie gehen zu lassen, rief nach ihrem Kind und warf den Kopf hin und her. Es dauerte keine drei Sekunden, bis die Wirkung des Narkotikums einsetzte, sie schloss die Augen, schnappte noch einmal kurz nach Luft und sackte in sich zusammen.

Die beiden Männer standen eine Weile stumm nebeneinander, dann gingen sie nach draußen. Gaston band ein Taschentuch um die Wunde an seiner Hand und verzog das Gesicht. Der Biss tat höllisch weh.

»Was machen wir hier nur?«, platzte es plötzlich aus ihm heraus. »Das Ganze ist ein Scheißspiel, Prosper, ich versteh's nicht. Erklär mir, was du vorhast! Du kannst die Kleine doch hier nicht über Tage allein lassen! Sie braucht zu essen und zu trinken. Ist dir das klar, oder willst du, dass sie verhungert …?!«

»Halt die Luft an, verdammt!«, fuhr ihm Genoux barsch über den Mund. »Und sag mir nicht, du hättest nicht gewusst, worauf du dich einlässt! Du kriegst 'n Haufen Geld dafür.«

»Bestimmt nicht genug!«, giftete Gaston zurück. »So was fliegt schneller auf, als du denken kannst, und gedacht hast du dir vermutlich nicht viel, du weißt ja nicht mal, von wem sie das Kind hat, ich riskier doch nicht mein Leben für zweitausend Francs! Du zahlst mir den gleichen Betrag noch mal, wenn du sicher sein willst, dass ich dichthalte und diesen Wahnsinn hier weiter mitmache …«

Er war so wütend, dass er Genoux' bösem Blick standhielt. Er hatte mit einer scharfen Reaktion gerechnet, doch nichts geschah.

Genoux lächelte ihn nur eigenartig dünn an, drehte sich um und ging zurück in die Hütte.

Gaston bekam plötzlich Angst, er könnte zu weit gegangen sein, und folgte ihm.

»Hör zu, Prosper«, versuchte er ihn zu beschwichtigen, »ich hab's ja nicht so gemeint, es ist nur … Du weißt doch, meine Familie … eine kleine Gefahrenzulage, und natürlich werde ich nichts …«

Aber Genoux hörte ihm gar nicht mehr zu, er starrte die junge Frau an, die reglos und schlaff auf ihrem Stuhl hing. Etwas stimmte nicht mit ihr. Er fühlte ihren Puls am Hals und schob die Augenlider nach oben, um nach Lichtreflexen zu sehen, dann band er ihre Arme los, ergriff eine Hand und suchte auch hier nach ihrem Herzschlag. Aber er fand ihn nicht, und auch ihren Atem spürte er nicht mehr.

Antoinette Simon war tot.

»Was ist los?« Gaston hatte sich neben ihn gekniet, schob seine Hand unter ihr Kinn und hob den Kopf etwas an. Er war schwer und fiel sofort zurück auf ihre Brust, als er ihn wieder losließ. Dann drohte ihr ganzer Körper, der noch an Waden und Füßen gefesselt war, zur Seite und vom Stuhl zu kippen.

Genoux hielt sie fest und zuckte mit den Schultern.

»Herzstillstand«, sagte er leise und fühlte eine maßlose Enttäuschung in sich aufsteigen, »wahrscheinlich hat sie das Evipan nicht vertragen …«

»Was heißt das?«, fragte Gaston und starrte ihn an. »Heißt das, sie ist tot?«

Seine Lippen bebten, und selbst das trübe Licht der Kerzen konnte nicht verbergen, wie blass er auf einmal geworden war.

»Du hast ihr zu viel gespritzt, Prosper, du hast sie umgebracht, verdammt nochmal …!«

Er sprang auf und fing an zu schreien. Keine Worte, es waren Laute der Wut, der Verzweiflung und der totalen Fassungslosigkeit, und wie von Sinnen begann er, auf den Tisch einzutreten, ergriff den anderen Stuhl, schleuderte ihn mit aller Gewalt an die Wand, dass er zersplitterte, und stürmte, seine Teilnahme an dem ganzen Unternehmen laut verfluchend, hinaus ins Freie. Er konnte ja nicht ahnen, wie wenig Genoux das Leben eines Menschen bedeutete und dass ihm das Sterben einer jungen Frau in höchste Verzückung versetzte. Gaston wollte Geld verdienen, egal wie, nur war ihm Totschlag ein Tabu und

Mord eine Grenzüberschreitung, die für ihn geradewegs in den Abgrund führte.

Genoux war vom Nervenzusammenbruch seines Kumpanen nicht sonderlich überrascht, höchstens von seiner Heftigkeit. Er selbst war ruhig geblieben, ja er fühlte mit einem Mal eine Kühle und Gleichgültigkeit, die seinen ganzen Körper ausfüllte und ihm so etwas wie Halt und Sicherheit gab.

Nachdem er Antoinette Simon losgebunden und auf dem Steinboden der Hütte abgelegt hatte, ging auch er nach draußen.

Gaston kniete im Mondlicht auf der Erde und hielt sich die Hände vors Gesicht. Er hatte ihm den Rücken zugewandt und schien zu weinen.

Genoux ging langsam auf ihn zu, hob einen großen, scharfkantigen Stein vom Boden auf und trat geräuschlos an ihn heran. Dann holte er weit aus und schlug ihm den Stein mit aller Wucht auf den Hinterkopf.

Mit einem kurzen, kehligen Aufschrei kippte Gaston nach vorn, und Genoux, der jetzt über ihm kniete und ihn mit der linken Hand zu Boden drückte, schlug und schlug auf seinen Schädel ein, bis er fast vollständig zertrümmert war und die Erde sich vom ausströmenden Blut schwarz färbte wie Teer.

Dann richtete er sich auf, außer Atem von der gewaltigen Anstrengung, und sah sich um.

Die Schatten der Berge und Felsen starrten ihn schweigend an, und hoch droben am Himmel zog der

Mond still seine Bahn, als ginge ihn nicht an, was in seinem Licht geschehen war. Ein frischer Nachtwind wehte, und er hörte nichts als das leise Rascheln der Blätter in Büschen und Bäumen.

Kühl und planvoll begann er nun, darüber nachzudenken, wie er weiter vorgehen wollte. Fourriers Wagen musste er nach Cerbère zurückbringen; sollte jemand nach Gaston fragen, so hatte er ihn noch in der Nacht in Perpignan abgesetzt und danach nicht mehr gesehen. Den Film mit den Photographien konnte Fourrier nach Banyuls zum Entwickeln bringen, dort gab es ein Fachgeschäft, das er kannte. Er selbst würde am nächsten Tag Kontakt mit Lacroix in Port-Vendres aufnehmen, auf dem Weg dorthin die Photos abholen und abschicken und dann in einem der beiden Städtchen untertauchen. Die nötigen Papiere für seine Flucht nach Spanien (denn dazu hatte er sich jetzt endgültig entschlossen) musste er sich über Lacroix beschaffen oder sie im Falle seiner Entdeckung Kommissar Simon und seinen Leuten abpressen. Solange niemand wusste, dass Antoinette Simon tot war, hatte er das perfekte Druckmittel in der Hand.

Allmählich fiel die Angst von ihm ab, und er begann sich wieder besser zu fühlen, denn er hatte entschieden, auch aus dieser vertrackten Situation als Sieger hervorzugehen.

Er betrachtete Gastons Körper, der unter ihm lag; er schien aus der Erde gequollen und an die Oberfläche gedrückt worden zu sein wie ein riesiger Wurm.

Er hob die Leiche auf, schleppte sie hinunter an den Rand der Schlucht und ließ sie hinabfallen. Irgendwo in der schwarzen Tiefe schlug sie auf und zog ein Geräusch nach sich, als rutsche sie über Fels und Geröll noch weiter abwärts, bis nichts mehr zu hören war.

Antoinettes Körper würde er unkenntlich machen und in der Hütte zurücklassen. Das war sein nächster Gedanke. Sie hatte es weiß Gott nicht verdient, bei Regen und Wind zu vermodern oder den wilden Tieren als Nahrung zu dienen.

In Fourriers Auto hatte er eine Wolldecke auf dem Rücksitz gesehen, in die er sie einhüllen konnte. Ihren Kopf allerdings musste er abtrennen und irgendwo auf dem Rückweg verschwinden lassen.

Auf dem Weg zurück zur Hütte sah Genoux, dass die Holztür in den Schatten gesunken war, der kleine Altar daneben aber, der noch das Mondlicht fing, umso heller strahlte. Die Madonna glänzte und schimmerte in ihrem Sternengewand und lächelte ihn an.

Er trat vor sie hin, und plötzlich war ihm, als verschmolzen die Gesichter all der Frauen, die er auf dem Gewissen hatte, in diesem einen Antlitz, dessen mildes Lächeln ihm viel bedrohlicher erschien als die grauenerregendste Fratze des Teufels. Entsetzen packte ihn, und er wandte sich ab. Wenige Meter vor ihm lag der Stein, mit dem er Gaston getötet hatte.

Er ging hin, hob ihn auf, trat wieder vor die heilige Jungfrau und schlug ihr den Kopf vom Rumpf.

»Hélène!«, rief Goullet, nicht laut, aber doch kräftig genug, dass man es auf die Entfernung hören konnte. Sein Herz flog, und die Erregung, die ihn durchströmte, die Erwartung und Vorfreude, sie in die Arme zu nehmen, war mit nichts zu vergleichen, was er jemals im Leben gefühlt hatte.

Noch einmal rief er ihren Namen, und diesmal hob die Gestalt vor der Schlucht ihre Hand und setzte sich in Bewegung. Nun lief auch er ihr entgegen, und bald waren sie sich so nahe, dass er ihre Augen im Halbschatten sehen konnte und ihren vom Atmen geöffneten Mund.

Plötzlich hörte er ein leises Geräusch, wie ein Wassertropfen, der in ein gefülltes Becken fällt, plopp, und sie stürzte mitten in der Bewegung auf ihre Knie.

Mit ausgestreckten Armen rannte er auf sie zu, sie sah ihn mit großen, erstaunten Augen an, und ihr zitternder Mund formte seinen Namen. »Paul«, flüsterte sie, »sauve-toi!«

Dann fiel sie vornüber auf ihr Gesicht. Blitzschnell breitete sich eine Blutlache unter ihrem Körper aus, und als er sie berührte, war sie schon tot.

Goullet starrte in die Dunkelheit. Es war, als liefen Tiere knackend durch das schwarze Unterholz, Steine zerbarsten und Äste splitterten, aber er hörte keinen Abschuss, kein lautes Geräusch und konnte auch die Richtung nicht ausmachen, aus der der Angriff kam.

Dann pfiff eine Kugel unmittelbar an seinem Kopf

vorbei, er spürte den Luftzug und wusste, dass er eben um Haaresbreite dem Tod entronnen war.

Er rannte los, immer bergauf, stürmte durch Büsche und Gestrüpp, duckte sich unter die verkrüppelten Bäume, riss sich von den Dornen der Hecken los, in denen er sich verfing, stolperte über Geröll, sprang über Felsen und Gräben, rutschte ab, stürzte, richtete sich wieder auf, lief weiter und lief, bis er nicht mehr konnte und auf einer Lichtung irgendwo knapp unter dem Kamm des Berges zusammenbrach. Er blieb flach am Boden liegen. Sein Herz schlug wild und drohte ihm im Leib zu zerspringen. Unter ihm wuchs Gras, das er in den Mund nahm. Er riss ein Büschel mit den Zähnen ab, spuckte es wieder aus und fing an hemmungslos zu weinen. Trauer und Zorn übermannten ihn und die tiefe Verzweiflung darüber, dass er für immer verloren hatte, was ihm im Wahnsinn der letzten Tage geschenkt worden war, einen Menschen, schöner und kostbarer als alles andere auf der Welt.

Allmählich kam er wieder zu Atem und wurde etwas ruhiger. Und weil er sich auf seiner Flucht hinauf in die Berge total erschöpft hatte und vom Leben und den Menschen nichts mehr wissen wollte, ließ er los, und es dauerte nicht lange, bis er im Gras ausgestreckt in einen tiefen Schlaf sank.

Der Traum, der ihn bald darauf heimsuchte, war so wirklich und lebensecht, dass er sich später noch an fast jedes Detail erinnerte, und als er am nächsten Morgen erwachte, beschlich ihn das seltsame Gefühl, erst jetzt einzuschlafen.

Die Tür in der Mitte eines Eisengitters flog auf, das war das Erste, was geschah, und ihm zeigte sich eine breite Treppe, die hinunter in ein von elektrischen Lampen erleuchtetes Kellergewölbe führte.

Ein junger Soldat in graugrüner Uniform sah ihm kurz in die Augen, dann richtete er seinen Kopf wieder geradeaus. Er hatte ein blasses, ausdrucksloses Gesicht.

Jemand stieß ihn in den Rücken, und als er sich umwandte, erblickte er zwei Männer in der gleichen graugrünen Uniform, aber mit Reitstiefeln. Sie standen unmittelbar hinter ihm. Mit energischem Kopfnicken bedeutete ihm einer der beiden, die Stufen hinabzusteigen.

»Vorwärts, beweg dich!«, fuhr er ihn an. Sein scharfer Ton verhieß nichts Gutes.

Bevor sich Goullet in Bewegung setzte, erhaschte er einen kurzen Blick auf eine große, elegante Eingangshalle, die hinter dem Eisengitter lag. Darin herrschte die gediegene Geschäftigkeit eines Bürogebäudes, Menschen liefen hin und her, einige in Zivil und mit Akten unter dem Arm, sie durchquerten den Raum, verschwanden hinter bewachten Flügeltüren oder standen wartend vor Tischen, an denen uniformierte Männer saßen und telephonierten. Der Raum selbst war mit Säulen und Marmorkaminen ausgestattet und von der hohen, stuckverzierten Decke hing ein riesiger Lüster aus Milchglas und Messing.

Dann stieg er schnell die Treppe hinab, und am Absatz angekommen, drängten ihn die beiden Uniformierten nach links an die Wand, denn von oben folgten polternd zwei weitere Personen, ein junger Mann in Zivil mit zerschlagenem, blutigem Gesicht und drei Stufen hinter ihm ein Offizier in schwarzer Uniform, der eine Pistole in der rechten Hand hielt und ihn vor sich her stieß.

Goullet sah zu ihnen hinauf, und plötzlich hob der Offizier seine Waffe und schoss der Person vor ihm in den Hinterkopf, dass sein Schädel auseinanderflog und der Mann, sich mehrfach überschlagend, die restlichen Treppenstufen hinabstürzte und mit dumpfem Aufprall vor ihm liegen blieb.

An der grünen Tweedjacke glaubte Goullet Lacroix zu erkennen, den Mann, der wie ein Gespenst an den merkwürdigsten Plätzen aufgetaucht und ihm zuletzt im Foyer von Madame Simon erschienen war.

Entsetzt wich er einen Schritt zurück.

»Räumt das weg!«, befahl der Offizier den beiden Soldaten, die hinter ihm standen, und stieß die Leiche mit der Stiefelspitze an.

Goullet sah, dass er unter seiner Schirmmütze mit dem Totenkopf eine ovale Brille trug. Er war jung, höchstens dreißig, und sein Gesicht war schmal und kantig. Die grauen Augen, die sich plötzlich auf ihn richteten, wirkten hinter den geschliffenen Brillengläsern größer als in Wirklichkeit und verliehen ihrem stechenden Blick eine geradezu hypnotische Kraft.

Goullet starrte ihn an, und plötzlich hatte er das Gefühl, dieses Gesicht zu kennen, und ihm kam ein so furchtbarer Verdacht, dass er ihn sofort wieder fallen ließ. Fassungslos blickte er auf Lacroix, diese seltsame Traumfigur, dessen blutige Überreste nun vor ihm lagen und ihn an der Realität dieses Moments zweifeln ließen.

Auf einmal hatte er den metallischen Geschmack von Blut im Mund, er fuhr sich mit der Zunge über die Oberlippe und fühlte, dass sie stark geschwollen war und ihm sein rechter Schneidezahn fehlte. Er musste gestürzt oder geschlagen worden sein. Der Schmerz, den er verspürte, war echt und ihm der eindeutige Beweis, dass er nicht träumte, sondern dies alles um ihn herum tatsächlich geschah.

»Ihr Freund hier war sehr charakterstark oder außerordentlich vergesslich für sein Alter, er konnte sich an keinen seiner tapferen Mitstreiter erinnern, nicht ein einziger Name fiel ihm ein, nicht mal Ihrer, Doktor, stellen Sie sich vor!«, sagte der Mann in der schwarzen Uniform und lachte. »Kommen Sie jetzt mit, wir wollen uns noch ein wenig unterhalten.«

Damit wandte er sich um und lief den schwach beleuchteten Gang entlang, von dem rechts und links Türen abgingen.

Goullet schloss die Augen, als er über Lacroix' Leiche hinwegstieg, und ging ihm zögerlich hinterher. Er warf einen Blick über die Schulter und sah, dass ihm zwei Männer in dunklen Anzügen folgten.

Die massive Holztür, hinter der der Mann mit der schwarzen Uniform verschwunden war, stand halb offen, und Goullet blieb wie versteinert davor stehen, als wäre sie das Tor zur Hölle. Sie hatte die gleiche Form wie die Arbeitszimmertür seines Großvaters und besaß auch ihre kassettenhaften Vertiefungen.

Dann traf ihn ein heftiger Stoß in den Rücken, und er stürzte auf den Boden eines fensterlosen Kellerraums.

Als er sich wieder erhob, sah er den Mann mit der ovalen Brille neben einem Tisch sitzen, auf dem Lederriemen, Spritzen, Knüppel und verschiedene grobzinkige Instrumente lagen, deren Bedeutung er nicht kannte. In der Ecke standen zwei Badewannen, Blecheimer und ein Gasofen mit Schürhaken.

Die beiden Männer schlossen die Tür und setzten sich auf die zwei Stühle neben dem Eingang. Für ein paar Sekunden herrschte eisiges Schweigen im Raum.

Goullets Herz schlug bis zum Hals, denn er wusste absolut nicht, warum er sich hier befand und was der Mann, der ihm gegenübersaß, im Schilde führte. Er hatte seine Mütze mit dem Totenkopfemblem auf den Tisch gelegt und hielt einen Papierblock in der Hand, in den er mit einem Bleistift etwas hineinzeichnete.

»Wo ist meine Frau?«, fragte er leise und blickte auf. Dabei kniff er die Augen zusammen und betrachtete ihn wie ein Maler sein Modell, das er in all seinen Merkmalen und Eigentümlichkeiten zu erfassen sucht.

Goullet starrte ihn an.

Wen meinte er? Was sollte er sagen?

Er hob die Schultern und öffnete den Mund, nur antworten konnte er nicht.

Stumm stand er plötzlich wieder vor dem Portrait im Arbeitszimmer seines Großvaters und sah in dieselben Augen, sah dieselbe Brille, und Antoinettes gerahmtes Bild lächelte von der Wand neben dem verschlossenen Fenster.

»Sie haben sicher nichts dagegen, dass ich ein Portrait von Ihnen anfertige, während Sie überlegen, Doktor«, fuhr der Mann in der schwarzen Uniform fort, »aber beeilen Sie sich, Sie wissen selbst, dass wir nicht viel Zeit haben.«

Seine Stimme war immer noch ruhig und höflich, doch Goullet witterte die Mordlust, die in ihr auf der Lauer lag. Seine Gedanken rasten, aber so sehr er auch überlegte, er hatte keine Ahnung, wer die Frau sein sollte, nach der er sich erkundigte, und was hinter dieser Frage steckte.

Und so brachte er schließlich nichts anderes heraus als: »Verzeihen Sie, aber ich weiß wirklich nicht, wen Sie meinen …«

Dabei bemühte er sich, seine Stimme so fest wie möglich klingen zu lassen.

Der Mann in der schwarzen Uniform ließ seinen Zeichenblock sinken und legte ihn neben seine Mütze auf den Tisch. Dann nickte er den beiden Männern neben der Tür zu. Sie standen von ihren Stühlen auf und traten hinter Goullet, drehten ihm die Arme auf den Rücken und fesselten sie mit Handschellen. Einer der beiden stieß ihm in die Kniekehle, so dass er zu Boden stürzte. Er wollte sofort wieder aufspringen, doch sie waren stark und hielten ihn fest.

»Sie müssen sich schon etwas bemühen«, sagte der Mann mit der schwarzen Uniform und stand auf. Er nahm einen Holzstock mit einer scharfkantigen Eisenspitze vom Tisch, trat vor hin und schlug ihm damit ins Gesicht.

Schon bei diesem ersten Schlag hätte Goullet fast die Besinnung verloren. Es war, als explodierte sein Kopf. Er spürte, dass seine Nase brach und ihm ein Schwall Blut in den Mund schoss.

Ein zweiter und dritter Schlag trafen die Stirn und sein rechtes Auge, er sah nichts mehr und schrie vor Schmerz: Es war kein Traum, nein, es war kein Traum, er wurde getötet, und er konnte sich nicht wehren.

Und dann ging es weiter und weiter und schien nicht mehr aufhören zu wollen, bis er irgendwann nichts mehr fühlte, keinen Schmerz, keine Angst, nichts.

Sein rechtes Auge war blind, aber durch sein linkes sah er einen verschwommenen, schlierigen Raum, der sich um ihn krümmte, als stünde er unter Wasser. Ein schwarzer Schatten schwamm darin wie ein Fisch.

»Wo ist meine Frau, wo ist Simons Schwester, wo hast du sie versteckt, du verdammter Drecksack?«

Von weit her drang die brüllende Stimme zu ihm, aber

sie war so gedämpft und leise, dass sie ihn nichts mehr anging.

Langsam sank er zu Boden und verlor sein Bewusstsein.

Er wachte auf, weil ihn fror und es anfing, hell zu werden. Er sah den grauen, dunstigen Morgenhimmel über sich und schloss daraus, dass seine Augen intakt waren. Er befühlte sein Gesicht, aber auch das schien in Ordnung zu sein. Die Brust tat ihm weh, aber das waren seine lädierten Rippen, die sich wieder meldeten. Er hatte also nur einen furchtbaren Traum gehabt.

Vorsichtig richtete er sich auf und blickte sich um. Und erschrak, denn keine zehn Schritte von ihm entfernt saß ein Mensch auf der feuchten Erde wie er und starrte ihn an.

Goullet sprang mit einem Satz auf, während sich der andere vor ihm ebenfalls erhob. Er tat es hingegen langsam und ließ ihn dabei nicht aus den Augen. Dann schlug er sich die Erde und das welke Gras von der Hose. Sie war aus grünem Tweed wie seine Jacke.

Einen Augenblick standen sie sich still gegenüber, und plötzlich machte der Mann im grünen Anzug einen Schritt auf ihn zu.

Goullet wich zurück, aber da hatte ihn der andere schon erreicht und hielt ihn an den Schultern fest.

»Lacroix!«, flüsterte Goullet erschrocken, und der andere nickte.

Er blickte ihm lange und tief in die Augen, schließlich lächelte er, und sein schmaler Schnurrbart zog sich in die Breite. Der Mund öffnete sich einen Spalt weit, und Goullet sah, dass er keine Zähne hatte.

»Sei beruhigt«, sagte Lacroix leise. »Du bist nicht der, der du denkst, der du bist.«

Er betonte Wort für Wort, und trotzdem klang es seltsam dumpf und schwer verständlich.

Er lächelte immer noch, dann drückte er Goullet plötzlich fest an sich, und so standen sie beide eine Weile reglos aneinander gepresst.

»Ich muss zurück«, fuhr er fort, nachdem er sich wieder von Goullet gelöst hatte, »wir werden uns nicht mehr sehen, du bist auf deiner Reise schon weit gekommen, jetzt geh deinen Weg zu Ende.«

Goullet war viel zu verwirrt, um zu antworten, er nickte nur, drehte sich um und lief den steinigen Pfad in schnellen Schritten weiter bergauf. Als er sich kurz darauf umdrehte, um noch einmal nach dieser rätselhaften Erscheinung zu sehen, war sie verschwunden. Die Lichtung lag keine fünfzig Meter unter ihm, aber er konnte keine Menschenseele mehr darauf entdecken.

Eine knappe Stunde später stand er auf dem Gipfel und sah am Fuß der schroff abfallenden Felsen die spanische Küste, die sich in weitem Bogen nach Süden hinzog und in der noch dämmrigen Ferne verlor. Tief unter ihm lag das Meer wie eine riesige Fläche aus Glas. Das fahle Licht des beginnenden Tages spiegelte sich darin.

Er setzte sich auf einen Stein und blickte hinaus in die grenzenlose, majestätische Weite und sah den Himmel, das Wasser und das Land.

Dann schloss er die Augen und fühlte, wie ihm die kühle Morgenbrise, vom Meer heraufwehend, übers Gesicht strich, und auf einmal stand Hélène wieder neben ihm und lachte ihn an. Ihr Haar flog im Wind, ihre Wangen glühten, und er war so glücklich wie in jenem Augenblick, als sie nebeneinander die Treppe zum Hafen von Port-Vendres hinunterstiegen.

Er fühlte, dass ihm die Tränen kamen, denn plötzlich begriff er, dass sie tot war und er sie nie wiedersehen würde. Der Schmerz, den er empfand, war tief, aber es war kein dumpfer, verzweifelter Schmerz, es lag auch etwas Tröstliches darin, weil er doch wusste, dass sie für immer bei ihm blieb.

Sie hatte ihn der Dunkelheit entrissen, und mit ihr schien der Abgrund, den er in sich trug, verschwunden. Sie war seine Rettung und Teil seines Lebens geworden, und so fühlte er weniger Wut oder Erbitterung über ihren gewaltsamen Tod als Trauer und Dankbarkeit, dass es sie gegeben hatte.

Er bedeckte sein Gesicht mit den Händen und hielt sie dort für lange Zeit; schließlich wischte er sich die Tränen aus den Augen und blickte wieder hinaus aufs Meer.

Das Licht hatte sich verändert, der Himmel war hell geworden, und ein erster Sonnenstrahl blitzte auf und warf sich glitzernd auf die spiegelglatte Wasserfläche;

dann kam der nächste und noch einer, und bald war es schon ein ganzes goldfunkelndes Bündel, das den Horizont in Brand setzte, bis er in hellen Flammen stand und die Sonne langsam ihr rundes, glühendes Haupt erhob.

Zwei Tage später stieg er in Stuttgart aus dem Flugzeug. Schon in Barcelona war ihm die Unruhe unter den Reisenden aufgefallen; in Trauben standen sie nervös an den Abflugschaltern oder saßen in Gruppen beisammen und sprachen erregt miteinander. Der stete, zielgerichtete Fluss sich bewegender Menschen war ins Stocken geraten.

Auf den Abflugs- und Ankunftstafeln standen viele gestrichene Flüge, die meisten aus Osteuropa. Grelle Bilder flirrten im Sekundentakt über die Bildschirme, denen man in keinem Winkel des Gebäudes entkommen konnte, und zeigten den martialischen Aufmarsch von Soldaten und Einsatz von Panzern, Flugzeugen und Raketen, die mit tödlicher Präzision ihre Ziele in die Luft jagten.

Ein amerikanischer Nachrichtensender berichtete von militärischen Operationen im Baltikum, und Goullet, der einen Augenblick hinsah, obwohl er es hatte vermeiden wollen, erinnerte sich daran, was ihm Madame Simon gesagt hatte. Russische Streitkräfte waren unter Hinweis auf den Schutz ihrer dort lebenden Landsleute nach der Besetzung Estlands und Lettlands in Litauen eingedrungen, hatten die gesamte elektronische Infrastruktur des Landes zerstört und bedrohten die polnische Ostgrenze, während sich das westliche Verteidigungsbündnis, geschwächt und zerstritten, zu keiner Gegenwehr mehr aufraffte.

Goullet ahnte, in welchen Schwierigkeiten sein Land steckte, das nun auch noch die polnische Massenflucht würde schultern müssen.

In Stuttgart zeigte sich ihm ein ähnliches Bild. Überall sah er in sorgenvolle Gesichter von Menschen, die gestrandet schienen und nicht wussten, wie es weitergehen sollte. Noch funktionierten die Infrastrukturen, hoben Flugzeuge ab, fuhren Züge und Autos, aber die Angst, dass all das zusammenbrechen könnte, lag spürbar in der Luft.

Wer wusste schon, was in den nächsten Tagen geschehen würde.

Als er am frühen Abend endlich vor seinem Elternhaus stand, fing es schon an, dunkel zu werden. Die Wolken hingen tief, es war viel zu kühl für die Jahreszeit, und ein heftiger Wind blies von den Anhöhen über der Stadt.

Keine zehn Tage war er fort gewesen, aber ihm schien eine halbe Ewigkeit seit seiner Abreise vergangen zu sein.

Lange stand er vor dem eisernen Eingangstor, hinter dem sich der schmale Kiesweg hinauf zum Haus schlängelte. Es erhob sich zwischen Büschen und Bäumen, und das Mansarddach, dessen kuriose Form er immer gemocht hatte, zeichnete sich scharf gegen den fahlen Himmel ab.

Die Fenster im ganzen Haus waren dunkel, nur hinter

dem kleinen vergitterten Rautenfenster in der hölzernen Eingangstür brannte Licht. Seine alte Tante war also noch wach und wartete irgendwo im Haus auf ihn.

Er hatte sie am Morgen von Barcelona aus angerufen und wissen lassen, dass er noch an diesem Tage zurückkehre. Ihre Stimme klang schwach, aber ihm schien, dass sie sich freute.

Leise lief er ums Haus herum und stieg auf der rückwärtigen Seite die kleine Steintreppe hinauf auf die Terrasse, sah die Silhouette der alten Wellingtonie mit ihrem gekappten Wipfel am Ende des Gartens, die dunklen Häuser am Abhang und tief unten im Talkessel die erleuchtete Stadt.

Er stand eine ganze Weile da und horchte in sich hinein. Was empfand er nur, jetzt da er wieder zu Hause war? Der Efeu an der Hausmauer raschelte im Wind, und als er die Augen kurz schloss, meinte er wieder das Klavierspiel seines Vaters zu hören. Das, was er fühlte, hätte er nie in Worte fassen können.

Ihn fror.

Im Haus selbst war es noch viel kälter, als er es erwartet hatte, und stockdunkel, nur die kleine Deckenlampe im Eingang brannte.

Er öffnete die Tür mit dem geschliffenen Glaseinsatz am Ende des Flurs und trat in den Salon, von dem alle anderen Zimmer abgingen und die breite Holztreppe hinauf in die beiden oberen Stockwerke führte. Er machte Licht. Die alte Standuhr mit dem bemalten Ziffernblatt, die niemand mehr aufzog, sah ihn schweigend an, und er erblickte sich schemenhaft im Spiegel über der filigranen Biedermeierkonsole. Einen Augenblick stand er da und lauschte.

»Elsbeth?«

Er erschrak vor seiner eigenen Stimme; sie fuhr in den stillen Raum wie ein Windstoß in eine staubige Kammer und scheuchte die müden Schatten auf, die sich auf alles gelegt hatten.

Er horchte, aber es kam keine Antwort. Dann rief er ein zweites Mal nach seiner Tante, diesmal mit etwas mehr Nachdruck, und weil er wieder nichts hörte, öffnete er die Tür zum Speise- und Wohnzimmer. Auch hier war alles dunkel und still.

Die hölzernen Stufen knarrten unter seinen Füßen, als er langsam die Treppe hinaufstieg. Elsbeths Schlafzimmer lag im ersten Stock ganz am Ende des Flurs, dem Badezimmer direkt gegenüber.

Als er den Treppenabsatz erreicht hatte, sah er zu seiner Überraschung, dass die Tür zum Arbeitszimmer seines Großvaters einen Spalt weit geöffnet war. Es drängte ihn, hineinzugehen, aber gleichzeitig hatte er Angst, es könnte etwas dahinter lauern und ihm eine Falle stellen.

Und plötzlich wusste er auch warum.

Die offene Tür, die wie eine seltsame Aufforderung wirkte, einzutreten, glich exakt der Tür in seinem Traum, hinter der der Mann mit der schwarzen Uniform auf ihn gewartet hatte.

Goullet drückte sie etwas weiter auf und tastete mit ausgestrecktem Arm nach dem Lichtschalter. Die Lampe an der Decke flammte auf, und vorsichtig schob er den Kopf hinein.

Seine Verblüffung hätte kaum größer sein können: Der Raum war leer. Kein einziges Möbelstück stand mehr darin, nichts, und dort, wo die Bilder und Photoportraits gehangen hatten, sah er die hellen Stellen an der Wand.

»Elsbeth?«

Er war den Flur weiter hinuntergelaufen und klopfte leise an die Schlafzimmertür seiner Tante.

Von drinnen kam ein unterdrücktes, trockenes Husten. Leise öffnete er und trat ein.

Seine Tante lag im Bett unter einer der dicken, weinroten Steppdecken, die seit jeher die Leiber der Goullets in diesem Haus zudeckten. Auf ihrem Nachttisch brannte eine kleines Lämpchen mit gelbem Schirm.

»Paul!«, sagte sie leise und versuchte, sich aufzurichten. Sie trug ein beiges Nachthemd, das lange, weiße Haar, das sie sonst in einem Knoten bändigte, war offen und ihm schien, als sei sie schon länger nicht mehr aufgestanden.

»Bleib bitte liegen, Elsbeth!« Sanft drückte er sie zurück auf ihr Kissen und setzte sich neben sie auf die Bettkante. Sie hatte sich in den wenigen Tagen, die er fort war, auffällig verändert, war eingefallen und wirkte so schwach und hinfällig, dass er erschrak.

»Du bist wieder da, wie schön«, flüsterte sie schließlich und hustete.

»Ja, ich bin wieder da«, bestätigte er und ergriff ihre Hand, die ihm schmaler noch und zerbrechlicher schien als die von Madame Simon.

Es ist fast wie damals, dachte er, als sie nach meinem Einbruch in Großvaters Arbeitszimmer neben mir am Bett saß und zum ersten Mal von Antoinettes Existenz erzählte, nur dass jetzt sie daliegt und ich neben ihr sitze.

»Ich habe sein Zimmer ausräumen lassen, Paul«, sagte sie plötzlich, als hätte sie seine Gedanken erraten, »vorgestern kamen die Männer und haben alles mitgenommen.«

Er sah sie ungläubig an und wusste nicht, was er antworten sollte. Es war eine Katastrophe. Alles war damit verloren, die Bilder, die Zeichnungen, die Photos, Briefe, Dokumente und andere Beweisstücke, die er noch einmal hätte sichten können, um das ganze Ausmaß ihrer Geschichte zu verstehen und seine Erlebnisse mit ihnen abzugleichen.

Er dachte sogar an die schwarze Ledertasche mit den seltsamen Initialen und dem geheimnisvollen Manuskript. Aber andererseits war es vielleicht auch gut, so konnte er loslassen, was schon lange vergangen und ohnehin nicht mehr zu ändern war. Wie sonst sollten die gequälten Geister je ihren Frieden finden?

Eine Weile lang sagten sie nichts, ihre Hand lag in der seinen und zitterte.

Sie ist froh, dass ich wieder bei ihr bin, dachte er, aber sie hat Angst.

»Warum hast du das getan?«, fragte er schließlich und bemühte sich möglichst beiläufig und nicht vorwurfsvoll zu klingen. »Alles fortgeworfen, auch Antoinettes Bild, warum?«

Sie sah ihn mit ihren blassen, rotgeränderten Augen an, und plötzlich fing sie an zu weinen, ganz still. Die Tränen liefen ihr eine nach der anderen die faltigen Wangen hinab, und ihre Hand krampfte sich fest in die seine.

»Weißt du es nicht, Paul?«

Nach einer Weile nickte er, natürlich wusste er es. Und dann tat er etwas, was ihm früher nie eingefallen wäre, er streichelte ihre Hand, langsam und zärtlich, und begann zu erzählen, was ihm seit seiner Abreise nach Frankreich zugestoßen war.

Er berichtete von der Entdeckung des Photoalbums in Paris, von seiner unheimlichen Ähnlichkeit mit dem darin abgebildeten Arzt, seiner Reise nach Perpignan, Port-Vendres und Banyuls, er erzählte von Hélène, die vor seinen Augen erschossen wurde, Françoise Simon, der alten Chansonsängerin, die seine Tante war, und der Widerstandsgruppe um Mathieu. Nichts ließ er aus und er wunderte sich am Ende selbst, was er in dieser kurzen Zeit alles erlebt hatte.

Als er schließlich auf Antoinettes Entführung durch Doktor Genoux zu sprechen kam und ihrer beider rätselhaftem Verschwinden, entzog sie ihm abrupt ihre

Hand, hob sie beschwörend in die Luft und bat ihn zu schweigen.

Sie hatte ihm atemlos zugehört und war dabei immer blasser geworden, aber sie weinte nicht mehr. Dann schloss sie die Augen und drehte ihren Kopf zur Wand. Sie lag ganz still und Goullet glaubte schon, sie sei eingeschlafen.

Er hörte den Wind, der durch den dunklen Garten wehte, ums Haus pfiff und an den Fensterläden rüttelte.

Dann machten sich auch seine Gedanken auf und davon und flogen die französische Küste hinunter bis an die Côte Vermeille, und Hélènes träumendes Gesicht tauchte wieder auf und ruhte auf einem weißen Kissen dicht vor dem seinen. Wie ein Marmorbild lag sie da im Mondlicht, das durch die Fenster der kleinen Pension in der Rue Victor Hugo auf sein Bett fiel, und schlief. Mitten in der Nacht war er aufgewacht und hatte sie zu seiner Überraschung neben sich gefunden.

Er richtete sich auf und konnte sein Glück nicht fassen; lange betrachtete er sie, dann küsste er sanft ihre Stirn; sie bewegte sich, flüsterte etwas, das er nicht verstand, und schmiegte sich eng an ihn.

Der Schmerz in seiner Brust kehrte mit einem Mal zurück. Immer wieder erlebte er diese Momente, in denen ihm alles weh tat. Es war zuallererst das Erschrecken über ihren Tod, das ihn in unregelmäßigen Abständen heimsuchte und in quälenden Aufruhr versetzte. Und dann spürte er auch die Folgen seiner Verletzung, die er bei dem Attentat auf die Bar de la Marée davongetragen hatte.

»In der Nacht, als Vater starb, war ich bei ihm«, sagte Elsbeth plötzlich und zerriss die Stille, in der sie beide ihren Gedanken nachhingen.

Sie hatte ihm wieder ihren Kopf zugewandt und blickte ihn an, klarer und offener als zuvor. Goullet spürte, dass sie sich in einem ungeheuren Kraftakt noch einmal sammelte, um ihm zu sagen, was sie ihm sagen musste.

»Etwa eine Woche vor seinem Tod hörte er auf zu essen«, fuhr sie fort, »und bald darauf begann er zu delirieren, aber dann hatte er wieder Augenblicke von großer Klarheit. Er fürchtete sich nicht nur vor dem Sterben, er hatte im wahrsten Sinne des Wortes Todesangst davor. Nachts saß er aufrecht im Bett und starrte zitternd ins leere Zimmer, als stünde der Leibhaftige selbst im Raum, um ihn zu holen. Er konnte nicht loslassen, und ich bat ihn, mir doch zu sagen, was ihn so sehr beunruhigte, da begann er plötzlich, von Frankreich und Toulouse zu sprechen …«

Sie schloss die Augen und schwieg.

»Er war ein Mörder und Folterer«, sagte Goullet nach einer Weile leise, »er war der Chef der Gestapo in Toulouse …«

»Ja«, erwiderte sie, »es ist furchtbar. Aber er war auch mein Vater, ein Mensch mit brillanten Begabungen, und ich habe ihn trotz allem geliebt …«

Einen Augenblick herrschte wieder Stille. Dann fing

sie an zu husten, und ihr zerbrechlicher Körper wurde von einem Anfall geschüttelt, der schier nicht mehr aufhören wollte.

Als sie sich etwas beruhigt hatte, strich ihr Goullet sanft die Haare aus dem Gesicht und wischte ihr mit seinem Taschentuch den Schweiß von der Stirn. Sie musste unbedingt ins Krankenhaus, vielleicht hatte sie eine Lungenentzündung. Er würde sich gleich am nächsten Morgen darum kümmern.

»Du warst damals schon ein halbes Jahr im Haus«, nahm sie den Faden kurz darauf wieder auf, und ihre Stimme war noch leiser und schwächer als zuvor, »meist in der Mansarde deiner Mutter unterm Dach. Es ging ihr ein bisschen besser, seit sie und Richard dich adoptiert hatten. Immer wieder wollte er dich sehen und sie brachte dich an sein Bett. Er hielt dich dann in seinen Armen und sprach mit dir und sagte Dinge, die wir nicht verstanden.

Er hatte dich unter drei Säuglingen, die deinen Eltern zur Adoption angeboten wurden, selbst ausgesucht. Das war weniger als ein Jahr zuvor, als es ihm noch gutging, und was er wollte, das wurde getan. So ist es bei uns immer gewesen. Der Grund dafür war dein Leberfleck über der rechten Braue. Wir haben nie verstanden, warum ihn dieses Mal so faszinierte, aber er verband etwas damit, das ich erst jetzt langsam begreife …«

Plötzlich überfiel Goullet ein Gedanke, der ihm völlig absurd erschien, aber dennoch erschreckte, weil er nicht ganz von der Hand zu weisen war: Konnte es sein, dass er leibhaftig von diesem Arzt abstammte, dass er auf verschlungenen, nicht mehr nachvollziehbaren Wegen drei Generationen später irgendwie in Deutschland aufgetaucht und zur Adoption freigegeben worden war?

Er verwarf den Einfall aber sogleich wieder, denn er wusste ja nicht einmal, ob Genoux überhaupt Kinder gehabt hatte; es war eher unwahrscheinlich.

»Was hat er von Antoinette erzählt«, fragte er stattdessen, »von ihrer Entführung und Doktor Genoux?«

»Er hat diese Französin über alles geliebt«, antwortete sie, »und konnte sie nie vergessen. Am Ende sprach er fast nur noch von ihr, von meiner Mutter, seiner zweiten Frau, aber kaum mehr.

Als dieser Arzt verhaftet wurde, der dir, wie du sagst, so ähnlich sah, hat er ihn persönlich nach Toulouse geholt und verhört. Er wusste, dass Antoinette in seiner Gewalt war und er sie irgendwo versteckt hielt, um die örtliche Kriminalpolizei zu erpressen. Über die Einzelheiten hat er sich nie ausgelassen, aber ich weiß, dass er diesen Arzt noch am selben Tag zum Sprechen brachte. Sie rasten sofort mit mehreren Autos in die Berge, wo Genoux sie in einem alten Steinhäuschen eingeschlossen hatte.

Als sie die Tür aufbrachen, fand er sie nur noch tot. Ihre Leiche lag auf dem Fußboden und war eingerollt in eine Wolldecke. Der Arzt hatte ihren Kopf abgetrennt und mitgenommen. So hat er es mir erzählt.«

Sie hielt kurz inne und hustete wieder. Alle Farbe war

aus ihrem schmalen Gesicht gewichen, und die hervorstehenden, blauen Adern zeichneten sich überdeutlich an ihren Schläfen ab. Sie atmete flach und angestrengt, als bekäme sie nicht genügend Luft.

»Dort, wo er sie entdeckte, hat sie auch ihre letzte Ruhe gefunden«, fuhr sie dann tapfer mit ihrem Bericht fort, »sie haben sie unter den Steinplatten des Fußbodens begraben. Als er wieder zurück in Toulouse war, erschoss er den Arzt im Keller seiner Behörde. Am nächsten Tag fuhr er mit seiner Staffelei und den Ölfarben ein letztes Mal hinauf in die Pyrenäen und hat ihr kleines Mausoleum gemalt. Dann ließ er den Eingang der Hütte zumauern. Das Bild hing später in seinem Büro im Stuttgarter Ministerium und nach seiner Pensionierung hier im Haus. Kurz darauf wurde er versetzt und ist mit seinem kleinen Sohn, deinem Vater, noch vor der Zerstörung unserer Stadt zurückgekehrt …«

Goullet saß da wie versteinert. Elsbeths Stimme war leise und rau geworden und hatte am Ende fast ganz ihren Dienst versagt.

Flüsternd bat sie ihn um ein Glas Wasser. Als er das Zimmer verließ, um hinunter in die Küche zu gehen, rief sie noch einmal seinen Namen.

Er drehte sich im Türrahmen um und sah, dass sie versuchte sich aufzurichten. Es kostete sie große Mühe, denn ihr ganzer Oberkörper zitterte. Dann hob sie ihre rechte Hand und winkte ihm kurz zu, bevor sie wieder zurück in die Kissen sank.

Goullet hatte ein ungutes Gefühl, als er die Treppe hinunterstieg. Während er in der Küche noch das Wasser in eine Karaffe füllte, begriff er plötzlich, dass sich Elsbeth von ihm verabschiedet hatte. Er ließ die Karaffe stehen, rannte die Treppe wieder hinauf, hastete den Flur entlang und stand kurz darauf an ihrem Bett. Sie lag ganz friedlich da und hatte ihre Augen geschlossen.

Als er sie vorsichtig berührte, merkte er, dass sie tot war.

Noch in derselben Nacht kontaktierte er ein Bestattungsinstitut mit Namen »Frieden« und besprach alle Modalitäten ihrer Beerdigung am Telephon, das noch immer seinen Platz auf der kleinen Konsole im Salon hatte.

Früh am nächsten Morgen kam ein Arzt, der ihren Tod feststellte, wenig später wurde ihre Leiche abgeholt und für die Einäscherung vorbereitet.

Dann befand er sich wieder allein in diesem großen Haus, das nun ganz ihm gehörte, der Ort, an dem er aufgewachsen und der ihm immer fremd geblieben war. Außer ihm gab es niemanden mehr.

Lange saß er auf dem Sofa im Wohnzimmer, versunken in den tiefen Polstern wie der kleine Junge von damals, und betrachtete die Gemälde seines Großvaters, die zwischen den schweren Möbeln an den Wänden hingen und von den heiteren Landschaften und Menschen Südfrankreichs schwärmten.

Wie war es möglich, dass jemand, der solches Unheil

angerichtet hatte, so viel Licht und Schönheit in sich trug?

Er war, ohne es zu wissen, dem Auftrag dieses januskŏpfigen Menschen gefolgt, der ihn dazu bestimmt hatte, seine ungesühnte Schuld zu entdecken und sichtbar zu machen, um der qualvollen Einsamkeit seiner Verdammnis zu entkommen und vielleicht so etwas wie Vergebung zu erlangen.

Später setzte er sich an den alten Flügel im Kaminzimmer. Er hob den Deckel von der Tastatur und schlug einen Ton an.

Plötzlich meinte er seinen Vater wieder singen zu hören und lauschte seiner Stimme wie damals draußen auf der windigen Terrasse:

Heut Nacht pfeift der Wind
vor meinem Fenster,
und es tanzen die Gespenster
im Kamin wie kalter Rauch.
Heut Nacht singt der Wind
die Melodien,
die das kalte Haus durchziehen
und verschwinden wie ein Hauch.

Was bleibt zurück von jener Zeit?
Wo ist sie hin, Vergangenheit?
Ein altes Bild, vergilbtes Bild
aus frohen Tagen.

Ein Liebesbrief und dunkles Haar
in einem Buch, das deines war.
Ein stummer Blick, ein Schatten flieht,
ohne zu klagen.
Haare im Wind, verwehtes Lied,
das wie die Wolken weiterzieht.
Was bleibt zurück von alledem?
Oh, sag es mir …

Er verbrachte den ganzen Tag im Hause seiner Eltern und wanderte durch die verlassenen Räume seiner Kindheit wie durch ein Museum, dessen verstaubte Exponate zu niemandem mehr sprachen und von einer Welt kündeten, die einmal im Licht einer lebendigen Gegenwart existiert und doch immer nur ein Schattendasein geführt hatte.

Als es anfing, draußen zu dunkeln, stieg er hinunter in den Heizungskeller und unterbrach die Gaszufuhr ins Haus, indem er den Haupthebel neben dem Gaszähler umlegte. Das verzinkte Eisenrohr, das zum Heizkessel und von dort nach oben in die Küche führte, durchtrennte er mit einer Eisensäge und bog es ein wenig zur Seite. Dann öffnete er wieder den Hebel und ließ das Gas ausströmen.

Beim Weg hinauf in den ersten Stock achtete er darauf, dass alle Türen offen standen.

In der Küche füllte er eine kleine Glasflasche mit Spiritus und steckte einen Docht hinein, den er aus einer zerrissenen Stoffserviette fertigte.

Dann öffnete er alle Durchgangstüren, schloss einen noch offenen Flügel des großen, rundgebogenen Wohnzimmerfensters und verließ mit raschen Schritten das Haus.

Fast eine Stunde saß er draußen auf dem Steinmäuerchen, das die Terrasse umschloss, und schaute in die heraufziehende, mondlose Nacht und die von unzähligen Lichtern erleuchtete Stadt unten im Talkessel, deren monotoner, geschäftiger Grundton nie zur Ruhe kam.

Das Leben ist ein Abgrund, dachte er, in dem jeder mit dem anderen zusammenhing, ein unendlich fein verzweigtes, unterirdisches Geflecht, das die Erde seit Jahrtausenden durchzog und alles Böse und Gute, Tote und Lebendige miteinander verband.

Aber es erschreckte ihn nicht mehr, denn er war stärker geworden. Er hatte Hélène verloren und sich gefunden. Er liebte sie, auch wenn sie nicht mehr lebte, und das verlieh ihm eine große Kraft und Klarheit.

Als er glaubte, dass es an der Zeit war und genügend Gas sich im Keller und den unteren Räumen verteilt hatte, stand er auf, lief ums Haus herum, nahm einen Stein in die Hand und zerschlug eine der unteren Scheiben des großen Sprossenfensters, das vom Wohnzimmer hinaus in den Garten ging.

Er entzündete die Glasflasche mit dem Spiritus und warf sie ins Innere des Hauses. Durch das dunkle Fenster sah er den flackernden Widerschein der Flamme, dann zerriss es das Gefäß.

Er rannte den Kiesweg hinunter und durch das Eingangstor hinaus auf die Straße, die er rechts bergab lief, bis sie nach ein paar hundert Metern in eine steil ansteigende, verkehrsreiche Ausfallstraße mündete.

Eine Straßenbahn glitt lautlos an ihm vorbei; er überquerte die Fahrbahn und erblickte von der gegenüberliegenden Seite aus die Silhouette seines Elternhauses, das auf der Anhöhe hoch über allen anderen Gebäuden thronte.

Plötzlich aber bewegte sich dort oben etwas. Er sah ein flackerndes Licht, dann loderte Feuer auf und für ein paar Sekunden waren alle Fenster gleißend hell erleuchtet. Das Haus schien tief Luft zu holen, dann zerbarst es in einer gewaltigen, ohrenbetäubenden Explosion, und Dach und Mauerteile flogen funkenstiebend in den Nachthimmel wie brennendes Spielzeug.

Im selben Augenblick erloschen alle Lichter um ihn her, Autos fuhren krachend ineinander, Straßenbahnen blieben quietschend stehen, und die Stadt unter ihm versank mit einem Schlag in totaler Finsternis, als hätte jemand einen Schalter umgelegt und jegliche Stromzufuhr unterbrochen. Nichts war mehr zu sehen als ein paar irrlichternde Scheinwerfer.

Dann brach eine Kakophonie panischer Geräusche im Finsteren los, und Goullet dachte an ein tödlich getroffenes Tier, das im Dunkeln brüllend zusammenbricht.

Er stand da und starrte auf sein brennendes Elternhaus. Wie eine einsame Fackel erleuchtete es den pechschwarzen Himmel.

Nachwort

Weil die Wirklichkeit Geschichten schreibt, die sich nicht einmal die kühnste menschliche Phantasie ausdenken könnte, habe ich mich bei der Entstehung dieses Buches natürlich auch aus dem reichhaltigen Fundus menschlicher Abgründe und Untaten der Vergangenheit bedient.

So ist die Figur des Prosper Genoux inspiriert von Dr. Marcel Petiot, der während des Zweiten Weltkriegs im besetzten Frankreich als Arzt und vorgeblicher Widerstandskämpfer Verbrechen beging, vor denen selbst die Schandtaten eines Prosper Genoux verblassen. Er versprach verzweifelten Menschen, die auf der Flucht vor Krieg und Verfolgung Hilfe bei ihm suchten, Rettung und Freiheit und nahm ihnen ihr Geld und ihr Leben. Vermutlich mehr als sechzig Menschen sind seine Opfer geworden, darunter eine ganze Familie.

Am 25. Mai 1946 wurde Marcel Petiot von Scharfrichter Jules-Henri Desfourneaux mit dem Fallbeil vom Leben zum Tode gebracht.

Rudolf Goullet, Pauls Großvater, hat seinen Ursprung in der Lebensgeschichte des Dr. Rudolf Bilfinger, eines württembergischen Verwaltungsjuristen und SS-Sturmbannführers, der von Juni bis Dezember 1943 Leiter des SD-Einsatzkommandos in Toulouse war. Seit April 1937 stand er im Dienst der Gestapo und wurde im März 1940 zum Oberregierungsrat ernannt.

Wegen seiner Tätigkeit als Gestapochef von Toulouse verurteilte ihn ein französisches Militärgericht in Bordeaux im Juni 1953 zu acht Jahren Zuchthaus. Weil man ihm die seit 1945 erlittene Untersuchungshaft anrechnete, musste er seine Strafe nicht antreten und wurde wenig später vom baden-württembergischen Innenministerium in das höchste Verwaltungsgericht des Landes, den Verwaltungsgerichtshof Mannheim, berufen. Im Juni 1965 trat er aufgrund von Ermittlungen, die man gegen ihn einleitete, in den vorzeitigen Ruhestand.

Dramatis personae

Paul Goullet
1998–

Prosper Genoux, Kinderarzt
1902–1943

Rudolf Goullet, Großvater
1910–1999

Elsbeth Goullet, Tante
1947–2033

Richard Goullet, Vater
1942–2020

Goullets Mutter
1959–2004

Antoinette Simon, Richards Mutter und Schwester von Georges Simon
1916–1943

Françoise Simon, Pensionswirtin und Tochter Georges Simons
1946–

Georges Simon, Kriminalkommissar

1905–1976

Hélène, Schauspielerin und Kämpferin
im Widerstand

1997–2033

Pierre Lacroix, Fabrikerbe und
Widerstandskämpfer

1912–1943

Ort und Zeit der Handlung

Deutschland und Frankreich
2033 und 1943

Mein besonderer Dank gilt Verena und Klaus Schmitt sowie Professor Hubert Böhrer für medizinische Beratung, Natascha Petrinsky für Rat und Zuspruch, Ari Hantke, der mir Port-Vendres, Banyuls und Portbou zeigte, Ulrich Mayer, Günter Märtens und Zazie de Paris für ihre Hilfe bei der Recherche, Krista Maria Schädlich, Jürgen Hosemann, Rüdiger Ladwig, Thomas Montasser und Manfred Jürgens. Vor allem danke ich meiner Frau Katharina, die mit mir über die Pyrenäen wanderte und ohne die ich dieses Buch nicht hätte schreiben können.

Abdruck der Chansontexte mit freundlicher Genehmigung der Rechteinhaber.

Für »Prosper« (S. 96):
Musik: Vincent Baptiste Scotto
Text: Geo Koger & Vincent Telly
Musikverlag: Editions Salabert France

Für »Que reste-t-il de nos amours« (S. 107 f., 291 f.):
Ulrich Tukur & Die Rhythmus Boys: »Was bleibt zurück?«
Dt. Text: Ulrich Tukur
Original: »Que reste-t-il de nos amours«
Musik & Text: Charles Trenet